CALABRE
BASILICATE
ROMANES

Professeur Chiara Garzya Romano

Traduit de l'italien par Dom Norbert Vaillant

Photographies inédites de Zodiaque

CALABRE ET

BASILICATE
ROMANES

MCMLXXXVIII
ZODIAQUE

la nuit des temps

PRÉFACE

CALABRE et Basilicate, ces deux régions limitrophes constituent le lien entre la Sicile et les Pouilles, derniers volumes publiés dans notre série sur l'Italie romane. C'est dire qu'avec cet ouvrage le parcours de l'Italie méridionale se voit achevé.

Régions de transition, ces deux provinces ont été marquées nécessairement, dans leur histoire et leur art, par leurs voisines. On ne saurait s'étonner de trouver en ce livre de multiples allusions à la Sicile et aux Pouilles. C'est la raison pour laquelle il ne convenait de le publier qu'après la Sicile et les Pouilles romanes.

Moins connues sans doute que ces dernières, la Calabre et la Basilicate romanes constitueront pour beaucoup de véritables découvertes. Dans un cadre austère et souvent misérable, les églises de ces lieux témoignent de multiples influences. Comme toujours en Italie, les courants les plus divers s'y conjuguent de façon plus ou moins heureuse : l'Antiquité, sensible en nombre de plans et formes basilicaux ; Byzance, spécialement présente en Calabre où certains monuments, tels Stilo ou Rossano, jettent une note orientale au cœur des paysages ; l'Islam encore, mais aussi la France au travers de la conquête normande et du rayonneemnt des grands foyers monastiques.

Il reste, en Calabre et Basilicate, comme partout ailleurs dans l'Europe occidentale de ce temps, que l'on ne peut manquer d'admirer la façon dont les hommes d'alors, même dans les terres les plus ingrates, ont tenu à édifier, avec la pierre ou la brique, des hymnes de louange et des témoignages de prière qui, en dépit des siècles écoulés, savent nous toucher et nous parler encore.

NOTE

Les planches en noir et blanc de cet ouvrage, comme du reste toutes celles des livres de cette collection et la quasi-totalité de ceux de notre édition, ont été réalisées en héliogravure.

Cette technique, seule, permet d'atteindre à une telle intensité et profondeur des noirs, à un tel rendu des ombres et des lumières, à une restitution aussi parfaite du grain de la pierre, du relief des masses.

C'est pourquoi, en dépit de son coût relativement élevé, nous lui restons fidèles, bien qu'elle soit peu à peu abandonnée par presque tous les éditeurs d'art.

Nous nous permettons de signaler le fait à nos lecteurs. L'héliogravure à feuilles, sauf miracle, semble condamnée à plus ou moins brève échéance. Il nous semble inadmissible que cela puisse se produire dans l'indifférence générale. La qualité devrait l'emporter sur toute autre considération et la disparition d'une telle technique d'impression représenterait une perte irréparable.

Nous tenons à remercier les imprimeurs qui, par amour de leur métier, résistent courageusement aux engouements de la mode et aux facilités tentantes de ce que l'on présente comme progrès.

TABLE

Calabre romane

L'ART ROMAN EN BASILICATE ET CALABRE

La région de la Basilicate a joui au cours des temps d'une double dénomination. A la première, Lucania (du nom des habitants, italiques de souche samnite présents en ce lieu à partir du milieu du Ve siècle av. J.-C.) succéda quinze siècles plus tard environ la dénomination actuelle, en relation évidente avec l'adjectif grec *basilikòs,* de *basileus,* titre officiel de l'empereur romain d'Orient. Celui-ci, de son siège constantinopolitain (Constantinople ou Byzance, la «nouvelle Rome») exerça avec des fortunes diverses la juridiction sur une partie de l'Italie pendant quelques siècles encore après la chute de l'empire romain d'Occident (476 ap. J.-C.). La dénomination byzantine s'est maintenue jusqu'à aujourd'hui, à part de brèves interruptions sous la République parthénopéenne (1799) et pendant la révolution napolitaine de 1820, ainsi que de 1932 à 1947.

La désignation de la région de Calabre n'a pas non plus été univoque au cours des temps. Le territoire actuel, rattaché dans la suite (avec la Lucanie) à la *Regio III* de l'Italie romaine, fut occupé à partir du VIe siècle av. J.-C. par les *Bruttii* ou *Brettii,* population italique de souche lucanienne et porta le nom de *Bruttium* jusqu'aux environs du VIIe siècle ap. J.-C., moment où l'administration byzantine étendit à cette contrée la dénomination de Calabre, qui jusque-là avait été réservée au pays des Messapiens et des Iapygiens (l'actuelle péninsule salentine, jadis partie de la *Regio II* et qui perdit son nom ancien au temps des Lombards).

Notre étude s'en tient naturellement aux limites administratives actuelles des deux régions. Si la Lucanie romaine était circonscrite grosso modo par le cours du Sele et du Laus, du Crathis et du Bradanus, et s'étendait autour d'un axe allant du mont Vulture à la mer Ionienne, la Basilicate actuelle a un territoire un peu plus restreint, comprenant entre le massif du Vulture et le mont Pollino, les vallées des cinq fleuves ioniens (Bradano, Basento, Cavone, Agri, Sinni) et du fleuve thyrrénien Noce (avec son cours inférieur appelé Fiumara di Castrocucco et le torrent Prodino). Cependant, dès l'Antiquité, l'extension géographique et la zone d'influence de la région entraînait, abstraction faite du bloc compact du Potentino, des formes naturelles d'échange culturel ou de symbiose avec les Pouilles (Vulture, Materano) d'un côté, avec la Campanie (Lagonegro) de l'autre. Ce n'est pas par hasard qu'Horace de Venouse disait se sentir *Lucanus an Apulus anceps* (*Sat* II 1,34) (Lucanien ou Apulien, la chose est indécise); ni que la région de Matera, dans la division administrative du royaume de Naples, ait été longtemps incorporée au pays d'Otrante et que Vallo della Lucania soit aujourd'hui en Campanie. Dans leur déploiement naturel et au cours de l'histoire, les frontières de la Calabre sont beaucoup plus stables, étant déterminées en grande partie par la mer (la frontière avec la Basilicate est marquée au Nord par le Pollino, à l'Ouest par le bas Noce, à l'Est par le petit torrent San Nicola).

La superficie de la Basilicate et de la Calabre est faite de plaine dans la proportion de 8 % pour l'une et de 9 % pour l'autre, de collines pour 45 % et 49 %, de montagne pour 47 % et 42 %. Le trait saillant de la physionomie géographique des deux régions est donc son caractère montagneux. Une autre caractéristique commune aux deux, d'un grand poids dans leur histoire générale, et en particulier dans celle de l'art et des monuments, c'est la tendance marquée aux éboulements de terrain : celle-ci concerne 70 % des lieux habités de la Basilicate et un très grand nombre de ceux de la Calabre, avec les plus graves conséquences en tout domaine. Autre calamité qui sévit dans l'une et l'autre, mais avec un triste record pour la deuxième : les secousses sismiques. Les tremblements de terre importants ne se comptent plus, et si celui de 1783 est demeuré mémorable entre tous, c'est parce qu'il a bouleversé par une série d'événements catastrophiques toute la zone comprise entre Filadelfia (au Sud de Catanzaro) et Reggio.

L'histoire ancienne des deux régions est, dans ses lignes générales et avec les notes propres à chacune, celle de l'Italie méridionale, dite Grande Grèce : opposition des autochtones aux colonisateurs grecs tout d'abord, puis résistance aux Romains, vouée à l'échec. La Lucanie tomba sous la domination de Rome peu après la défaite de Pyrrhus en 272 av. J.-C.; c'est alors que commença son isolement, les plus importantes voies consulaires, telles la voie Appienne (Rome-Brindisi) et la Popilienne (Capoue – Reggio Calabria) ne passant qu'à la lisière de la province, et l'abandon général contraignant à une vie encore plus pauvre ou à l'émigration (ainsi déjà le père d'Horace!). Le sort du Brutium se régla avec la fin des guerres puniques (202 av. J.-C.) qui avaient vu la région militer du côté des Carthaginois : une grande partie des terres furent réduites, comme en Lucanie, à l'état d'*ager publicus;* on procéda au déboisement systématique; l'économie, même maritime, la culture, la vie civile connurent un déclin progressif, et le mouvement de dépeuplement fut irrésistible.

L'Antiquité tardive et le haut Moyen Age connaissent la prolongation de cet état : le passage d'envahisseurs, la guerre gréco-gothique (535-553), des incursions sarrasines n'étaient assurément pas faites pour faciliter un processus de rétablissement. L'unique élément positif est l'avance incessante de la christianisation. Prédications, établissements monastiques, présence des Églises romaine et byzantine en sont les phénomènes saillants. Si dans la Basilicate s'épaulaient l'élément bénédictin et l'élément «basilien», la Calabre présente des accents et des tendances plus spécifiquement orientaux. L'influence orientale provoqua partout d'une part le réveil de la vie spirituelle, sous le signe du mysticisme d'abord érémitique puis communautaire, d'autre part, surtout en Calabre, une certaine reprise de l'économie grâce aussi à l'importation d'Orient de la culture du mûrier et des activités séricicoles qui lui sont liées. On en sentit les conséquences non seulement dans la liturgie et l'iconographie religieuse, mais aussi dans les systèmes de constructions des établissements religieux, même rupestres. L'arrivée en Occident de nombreux moines iconodules pendant la période de la lutte iconoclaste (726-843) amena une intensification ultérieure de la «byzantinisation» de la Calabre dans tous les secteurs de la vie culturelle et religieuse. Le détachement de l'Église par rapport à Rome fut alors presque complet et dura pendant au moins deux siècles.

La position de la Basilicate au sein de l'empire byzantin n'est pas très claire. Elle a dû faire partie en tout cas du thème de «Lombardie», constitué en entité administrative à part vers 892 (après avoir été rattaché pendant près d'un siècle au thème de Céphalonie), et comprenant théoriquement toute l'Italie méridionale, pratiquement presque toutes les Pouilles (le siège du stratège était Bari) et d'autres villes isolées ayant échappé à la domination lombarde. La Calabre, par contre, en un premier temps duché du thème de Sicile (créé au début du VIIIe siècle), devint un thème à part (avec sans doute pour capitale Reggio Calabria) après la chute de la Sicile sous le pouvoir des Arabes (dès 902, mais définitivement en 969). Dans la restauration de la domination byzantine en Italie méridionale, exposée depuis la disparition des Lombards à la menace musulmane, le général Nicéphore Phocas, envoyé par Basile Ier à la tête d'un corps expéditionnaire, joua un rôle important. Il s'agissait cependant d'un résultat certes précaire, mais il eut quand même des effets bénéfiques, surtout en Calabre, parmi lesquels la fondation ou la refondation de plusieurs centres urbains (par exemple Catanzaro), et l'apparition de grandes figures d'ascètes, tel Nil de Rossano, homme de culture et d'action tout à la fois, dont l'influence dépassa les limites de l'Italie méridionale.

Il faut probablement rattacher à la descente en Italie des empereurs de la maison de Saxe (X^e-XIe siècles) la pénétration de motifs germaniques dans l'architecture du Sud. Ce qui devait imprimer un tournant décisif à la vie des deux régions, ce fut cependant la venue des Normands, avec laquelle devait débuter la nouvelle ère du bas Moyen Age.

Comme on le sait, le premier groupe normand se fixa en Italie vers 1028. De 1042 date la prise de Melfi : la ville acquit rapidement un très grand prestige ; elle fut, entre autres, le siège de conciles de l'Église latine (1059, 1089) et devint le centre de la souche normande des Hauteville installée dans la zone Sud et Sud-Est de l'Italie méridionale. Le processus d'expansion prit naissance dans la Molise, la Basilicate et les Pouilles et il devait atteindre son apogée avec la création du royaume de Sicile (1130). La pénétration en Calabre se développa graduellement au cours d'une dizaine d'années, à partir de 1052 (premières manœuvres de Robert Guiscard) et jusqu'à la prise de Reggio (1060, grâce à Roger, frère de Robert). En 1077, le domaine des Hauteville s'accrut encore de Salerne avec sa principauté.

La venue des Normands marqua un grand renouveau : dans les institutions et dans les coutumes, dans l'économie, dans les manifestations de la culture. Aux institutions patronales et seigneuriales, datant du Bas-Empire, solidement enracinées dans les pratiques et les mentalités, fut substitué, au moins en principe, le régime féodal nouvellement organisé, fondé essentiellement, comme en Normandie, sur le «service» (prestation militaire en hommes et en armes de la part du vassal) plutôt que sur l'acquittement de redevances foncières. Certains comtes, sans renoncer à la juridiction sur leur comté, commencèrent à résider dans les centres urbains, même modestes. Ce qui amena, après des siècles d'abandon, une renaissance de la ville et de son activité architecturale : palais, châteaux, églises, clochers, etc. Et la vie des affaires ne tarda pas non plus à renaître : agricoles, commerciales, et aussi, sur les côtes jadis désertées par crainte des Sarrasins, maritimes. Sur ce point, l'Italie du Sud s'inscrivait dans un mouvement général de reprise de la vie civique en Europe. Il convient de remarquer que les Normands, peut-être en raison même de leur faiblesse numérique, n'étaient pas nécessairement portés aux innovations et encore moins à l'imposition par la violence. La vie tranquille était leur premier objectif, et tant mieux si pouvait contribuer à l'obtenir le maintien de structures préexistantes, soit dans les titres des fonctionnaires urbains (ainsi demeurèrent par exemple les «strategi» et «stratigoti» byzantins, les «vicecomiti», «sculdasci», «guastaldi» lombards, etc.), soit dans les prérogatives de la petite noblesse, d'origine byzantine ou autochtone, surtout dans les zones qui n'avaient pas encore été féodalisées ; soit dans le style des communications interpersonnelles. S'il est un domaine où l'action des Normands se montra décisive et radicale, non sans dommage parfois, c'est le domaine religieux. Après l'accord célèbre de Melfi (1059) entre le pape Nicolas II et Robert Guiscard, celui-ci devenu légitimement *Dei gratia et sancti Petri dux Apulie et Calabrie et utroque subveniente futurus Sicilie,* s'employa, ayant mis fin aux frictions antérieures, à soutenir l'Église dans l'acquisition et le maintien des *regalia sancti Petri,* et d'autres biens. Ce qui signifiait non seulement l'expansion des Hauteville dans toute la Calabre (d'abord à San Marco Argentano, puis peu à peu à Cosenza, Bisignano, Martirano, etc., jusqu'à Reggio), accélérant ainsi un processus déjà commencé de façon encore sporadique et timide ; mais aussi la «reconquête» religieuse de la région ; celle-ci était certainement pour les Normands bien moins importante que l'élimination de la domination byzantine (et plus tard celle des Arabes) mais tenait autrement à cœur à l'Église. Et c'est ainsi que se répandit «l'œuvre de recatholicisation (surtout de la Calabre, la plus orientalisée des deux régions)» dont parlent les historiens. A Mileto, où se trouvait le comte Roger et son *palatium,* fut créé en 1081 un important siège épiscopal latin, auparavant à Vibo; la même chose se produisit pour de nombreuses autres églises et communautés, ou établissements religieux, en accord avec la tâche confiée par le pape Alexandre II (1067) à Robert Guiscard : *ut de monasteriis grecorum monachorum edificaret latina monasteria.* Parmi les nouvelles fondations monastiques prestigieuses, il y eut la chartreuse bénédictine de Serra San Bruno (1091) par saint Bruno, et environ un siècle plus tard l'abbaye de Flore de l'abbé Joachim, qui y établit une nouvelle règle, du genre cistercien, destinée à se répandre dans toute la Calabre à partir de Flore. Très remarquables aussi la Très Sainte Trinité de Venosa (pl. 4 à 15) et celle, aujourd'hui détruite, de Mileto. Aux ordres religieux d'Occident auxquels furent confiés les nouveaux centres de culte, les Normands accordèrent des biens, des privilèges, parfois des pouvoirs féodaux, appauvrissant en contrepartie les fondations basiliennes, qui par leurs diverses activités agricoles s'étaient déjà solidement attaché les masses paysannes, où se mêlaient éléments autochtones et immigrés byzantins (ce n'est pas par hasard que les basiliens servaient souvent à Byzance de véritables agents de subversion antilatine); ils allégeaient par ailleurs les populations de l'exorbitante fiscalité byzantine.

Les limites chronologiques de notre étude sont en substance celles de la prospérité normande. Mais comme on peut déjà trouver avant l'an mille des prémonitions de la nouvelle période historique et artistique, de même l'année 1194 (l'année du mariage d'Henri VI et de Constance de Hauteville, avec une relative fusion des deux couronnes) n'en fera pas disparaître toute permanence au siècle suivant (pensons par exemple à la cathédrale de Matera, en 1270). Une fois passée l'étape normande, les expériences antérieures seront à leur tour à la base de réalisations nouvelles dans la ligne des apports du gothique.

Dans le cadre d'une période qui fut celle d'une rénovation dans la paix et parfois une ère de splendeur (que l'on pense aux témoignages de l'Arabe Edrisi sur Melfi, l'« Amalfi continentale » en raison de ses commerces, sur Matera, Potenza, Montepeloso) l'activité architecturale prend une signification de première importance. Cependant c'est seulement depuis peu que l'attention des historiens se tourne vers elle avec l'application et l'ampleur qui conviennent.

Pendant des siècles, les rares voyageurs, spécialement en Calabre, étaient exclusivement frappés par la sauvage beauté du paysage et ne faisaient qu'effleurer ses monuments et ses ruines. C'est à un niveau seulement épisodique, mais valable, que demeura l'intérêt manifesté par des pionniers tels que E. Schulz (1860, œuvre posthume) ou D. Salazaro (1871-1875) ou par un évocateur de souvenirs historiques tel que F. Lenormant (1881-1883), pour ne rien dire de quelque érudit local. Sur un plan plus scientifique, on trouve Ch. Diehl (1894) mais dans une optique uniquement byzantinologique. Le véritable fondateur de la recherche sur l'art de la Basilicate et de la Calabre dans son ensemble est E. Bertaux (1904) auquel il faut joindre P. Orsi, chercheur infatigable et promoteur d'initiatives culturelles en tout genre pendant des décennies.

Bertaux comme Orsi se rendirent bien compte que la culture artistique de la zone normande péninsulaire ne pouvait se rattacher tout entière à une origine byzantine, mais ils n'ont pas eu l'idée d'autres grilles de lecture des phénomènes divergents, en dehors de leur référence aux exemples siciliens. Dans une telle interprétation ont joué tant le caractère très brillant de ces derniers face aux exemples lucaniens et calabrais, que le vieux préjugé sur la stérilité et l'arriération des deux provinces méridionales. C'est à une appréciation tout à fait différente que sont parvenus entre 1940 et 1950 H.M. Schwarz (1946) et S. Bottari (1948, 1953). Le premier a rapproché la Très Sainte Trinité de Mileto et Santa Eufemia près de Nicastro de la solution adoptée pour le chœur dans l'architecture bénédictine clunisienne (chœur à échelonnements) propre à Cluny II, reconnaissant en même temps la présence d'éléments dérivés du style romain tardif et paléochrétien (basilique de Didier au Mont-Cassin) et d'autres éléments, campaniens et apuliens. D'autre part, cet auteur relevait une singulière ressemblance entre la Très Sainte Trinité et la cathédrale de Cefalù et concluait en traçant une ligne directrice Cluny II (Bourgogne)-Normandie (Saint-Evroul-en-Ouche d'où essaima en Italie un petit groupe de moines architectes et maçons à la suite de l'abbé Robert de Grandmesnil)-Calabre-Sicile. A un tel renversement de positions parviennent également Bottari et, une dizaine d'années plus tard, E. Calandra et W. Krönig. Cette thèse a également trouvé une consécration dans le livre classique qu'est celui d'A. Venditti (1967), mais la discussion reste ouverte à ce sujet (C. Bozzoni, par exemple, a fait des réserves [1974] dans son volume fondamental sur la Calabre normande, et des éléments nouveaux ont été apportés par les recherches pénétrantes de G. Occhiato); et dans tous les cas il ne semble plus permis de séparer, comme s'il s'agissait d'un phénomène isolé, l'architecture religieuse (l'architecture civile est un chapitre presque entièrement inexploré) en Italie méridionale de la grande renaissance du bâtiment en Europe.

La reprise actuelle des études a déjà donné – et, espérons-le, continuera à donner toujours davantage – un élan au travail d'inventaire, de conservation, de récupération et de restauration des monuments des deux régions (Frangipane, Dillon, Galli, Lojacono, Martelli). Des tremblements de terre et autres catastrophes naturelles, mais aussi l'incurie ou la gestion malhabile des hommes ainsi que divers facteurs d'ordre socio-économique et politique ont causé au cours des siècles la perte totale ou partielle, la détérioration, l'altération d'innombrables pièces d'une mosaïque que l'on tente aujourd'hui de reconstituer, ne serait-ce qu'en partie. Et l'œuvre de dévastation ne s'est pas limité aux monuments de pierre, de bois, de métal : elle a touché aussi les documents, moyens indispensables de la connaissance des premiers. Des archives entières ont été dispersées du fait d'une déplorable négligence ou sont demeurées inaccessibles par suite d'une méfiance à courte vue, ou bien ont été aliénées de gaieté de cœur. Pourtant combien les sources documentaires et littéraires sont précieuses aussi pour la reconstitution historique et artistique : on en a depuis toujours des preuves manifestes. En effet monument et document concourent au même titre à la restauration, dont nous sommes responsables, de cette «unité culturelle qui semble désormais bien compromise» et qui est essentielle pour «que puissent coexister habitat actuel, habitat ancien et beauté de la nature» (Venditti).

La mise en lumière de sa genèse explique aussi les caractéristiques générales du roman de Basilicate et de Calabre. Les deux régions ont des caractères propres, évidemment, comme en a tout monument, mais les traits communs ne manquent pas. Pour les décrire on peut employer l'expression de méthode expérimentale, dont l'adoption se révéla particulièrement féconde dans les deux provinces, signe d'ouverture spirituelle et de recherche artistique sans préjugés, et aboutit à un syncrétisme (le vieux Schulz avait déjà parlé de *mélange de style*), très original. Les composantes, tantôt présentes en même temps tantôt successivement, en sont la proportion même des structures, symbole d'une vocation ecclésiale de prestige tout à fait occidentale; la sévère et extrême sobriété des lignes toute marquée de simplicité basilienne; la surface rugueuse, rude parfois et la facture revêche en raison du contexte, des griefs humains, de la nature des matériaux. Le propos englobe aussi les éléments du décor. Rares sont les exemples de cycles picturaux – ceux-ci reflètent toujours l'art de Byzance ou de ses provinces. Sont parvenus jusqu'à nous de façon assez complète ceux de Saint-Adrien à San Demetrio Corone (pl. 98 à 101), et ceux de Santa Maria d'Anglona (pl. 27 à 30). Les sculptures sont elles aussi peu nombreuses et ne revendiquent presque jamais la moindre autonomie, leur rôle se bornant à servir de support à l'architecture, tout en faisant grand usage de matériau de remploi. Le décor plastique se concentre avant tout sur les chapiteaux; provenant souvent en Calabre de ruines antiques, en Basilicate par contre ils sont le plus souvent l'œuvre de sculpteurs imaginatifs du temps. La Basilicate, en particulier les régions tournées vers les Pouilles, se distingue en effet par une décoration plus riche, qui se porte aussi généreusement sur l'extérieur, animant les bordures de fenêtre, les portails, les grandes roses (Matera) et développant parfois un programme iconographique précis. On ne peut non plus exclure la présence d'équipes non recrutées sur les lieux, comme les équipes françaises peut-être présentes sur le chantier d'Acerenza. En Calabre les reliefs sculpturaux sont rares et par ailleurs ne sont faits que de simples motifs végétaux ou à entrelacs, ou humains et végétaux (qui cependant n'illustrent jamais un récit, peut-être en raison d'une habitude contractée pendant la crise iconoclaste et prolongée dans la suite), les constructeurs calabrais préférant faire appel au chromatisme des matériaux pour le décor externe. La production de mobilier liturgique apparaît elle aussi passablement limitée dans les deux régions. Des réalisations isolées ou presque nous restent avec par exemple la cuve baptismale de Santa Maria del Patir, d'ascendance nordique, et les panneaux, malheureusement fragmentaires, provenant de Sainte-Marie de Terreti (plaques de la clôture du *bêma*?, revêtement de l'autel?), réalisés en stuc – le matériel le plus courant dans l'ornementation plastique calabraise – décorées de motifs aniconiques probablement dérivés de modèles de tissus grecs de lointaine ascendance sassanide. Dans la pauvreté de l'ensemble, ressort d'autant plus le splendide pavement de mosaïque tel que nous en trouvons à Saint-Adrien de San Demetrio Corone (pl. 102 à 104 et pl. coul. p. 295), à Santa Maria del Patir (pl. 87 à 90 et pl. coul. p. 277), à l'église actuelle des Optimates (Reggio Calabria) qui regroupe des fragments de mosaïque du pavement de Sainte-Marie de Terreti et de celui de l'église détruite des Optimates. A Santa Maria del Patir on trouve aussi un témoignage du goût, originaire de Campanie, pour les marqueteries géométriques polychromes, spécialement répandu, sous diverses formes, en Basilicate aussi (en Calabre, il est présent dans la cathédrale de Tropea).

Désirant marquer dans le temps le tracé idéal du parcours de notre roman, nous chercherons à caractériser certains de ses visages particuliers, en Basilicate et en Calabre. Un tel parcours ne sera cependant pas envisagé dans un sens trop strict, car tout processus historique comporte des déviations et des repliements, des retours, des concomitances et des notes discordantes. Il en est de même pour toute indication de typologie ou de concordance dans le temps : elle aura un caractère indicatif et contribuera à une première orientation ; elle ne pourra aucunement remplacer la connaissance, cas par cas, de la vaste articulation phénoménologique.

Dans la région de Melfi et de Potenza, apparaît un trait tout à fait local, qui réagit de façon originale en présence de modèles venus d'ailleurs, leur donnant une nouvelle vie marquée d'une franchise populaire. Parmi les églises ainsi concernées nous retiendrons Santa Maria di Pierno, Santa Maria delle Grazie di Capodigiano (Capitignano), San Michele di Potenza : toutes de plan très élémentaire du type basilical à trois nefs – selon le schéma bénédictin –, les deux latérales très étroites, séparées par des piliers carrés. On peut donner un nom au responsable : maître Sarolus, de Muro Lucano (XIIᵉ-XIIIᵉ s.), sculpteur aussi bien qu'architecte (relief du clocher de Rapolla, etc.), avec ses collaborateurs. Le matériau dont il s'est servi est le matériau local, la pierre calcaire qu'il dispose en assises régulières. Il en égaye la sévérité à Sainte-Marie de Pierno, en employant dans une marqueterie de la trachyte, pierre volcanique, en savante alternance avec la pierre claire qui sert de décor au portail, dans un jeu de couleurs très brillant. C'est à un goût analogue pour la marqueterie de pierre que se rattachent le clocher de la cathédrale de Melfi (pl. 1 et 2), de Noslo, de Remerio, la première œuvre romane de la région, la chapelle Saint-Michel à Monticchio et d'autres exemples, pas seulement en Lucanie (Campanie), favorisés par la nature volcanique du sol.

Par contre, un trait marquant de Sainte-Lucie de Rapolla, bien qu'il s'agisse d'une église construite très probablement après la venue des Normands, est sa physionomie byzantine marquée. Ce trait est présent, bien sûr, ailleurs également dans la Basilicate, mais ici il s'y trouve dans une mesure qui ne peut manquer de frapper par sa signification culturelle complexe. Dans le panorama de l'architecture romane de la région, constitue un cas à part le plan adopté, qui est de type basilical, à trois nefs séparées par des piliers (auxquels correspondent des pilastres en saillie sur les murs latéraux), mais traversées, à la seconde et à la cinquième travée, par deux bras transversaux non saillants, dont la croisée est couverte d'une coupole elliptique ; on peut citer des exemples presque analogues dans la région de Chypre.

C'est encore à un autre courant, le courant bénédictin, que se rattachent les églises de Sainte-Marie du Casale, à Pisticci, et d'Anglona (pl. 26), l'ex-cathédrale voisine, toutes deux basiliques de la Basilicate méridionale, à trois nefs séparées par des piliers, sans transept, et terminées par trois absides.

Un chapitre à part est constitué par le diptyque Acerenza (pl. 18)-Venosa (pl. 9) (mais de façon plus exacte il faudrait parler d'un triptyque, en y incluant, dans une autre aire géographique, le déambulatoire de la cathédrale d'Aversa, qui a des caractéristiques identiques) pour le parti, nulle part ailleurs présent en Italie méridionale, et dont l'introduction en bloc fut peut-être favorisée par la pauvreté des traditions architecturales locales, de l'abside à déambulatoire couvert de voûtes d'arêtes et s'achevant en chapelles rayonnantes ; un tel parti aligne ces églises sur des exemples architecturaux transalpins : en particulier se révèlent des liens étroits moins avec les églises clunisiennes et de pèlerinage qu'avec des édifices anglo-normands du troisième quart du XIᵉ siècle (Saint-Augustin de Cantorbéry, les cathédrales de Gloucester, de Norwich, etc.) que l'on situe dans la ligne du déambulatoire à chapelles rayonnantes de la cathédrale de Rouen (1063 environ).

Nous avons là la physionomie normande typique : amplitude et en même temps sobriété du plan et des structures, et une singulière recherche de variations sur des thèmes connus qui aboutit par elle-même à une synthèse d'une originalité certaine. Dans les deux édifices lucaniens on peut aussi trouver des éléments de saveur lombarde (arcades aveugles séparées par des lésènes, couronnant le parement des murs [pl. 4, 16 et 17]). Mᵐᵉ Belli d'Elia a repéré un lien avec Saint-Benoît de Brindisi dans l'emploi des voûtes à nervures.

Dans la région de Matera – qui est pour ainsi dire dans un morceau de la région salentine, Matera appartenait alors au diocèse d'Otrante –, on enregistre au XIIIᵉ siècle une arrivée tardive du roman des Pouilles, dont témoignent particulièrement la cathédrale (pl. 31 à 45), l'église Saint-Jean et l'église Saint-Dominique de Matera. Bien caractéristique est le plan de Saint-Jean qui se rattache à un type particulièrement répandu dans la région salentine (Saints Nicolas et Catalde à Lecce) qui fait la preuve, par ses références à l'architecture de Terre Sainte, des échanges serrés entre les Pouilles et l'Orient latin. Ce qui constitue un problème en soi, commun aux régions de Pouilles et de Lucanie, ce sont les architectures rupestres qui, par la concomitance de divers facteurs de l'environnement, persistent encore aux siècles romans, comme un phénomène parallèle, mais non sans quelque point de contact, aux églises non rupestres. Un point de rencontre significatif entre les deux cultures est l'église Sainte-Marie de La Vaglia, dans les environs de Matera, monumental édifice creusé dans le tuf mais pourvu d'une façade en maçonnerie avec les ornements typiques du roman local.

Au sommet de l'itinéraire architectural calabrais, il faut sans aucun doute placer Byzance. En parlant de Byzance nous ne faisons pas seulement allusion à la persistance d'une tradition profondément enracinée, mais aussi à des implantations plus récentes liées à ce qu'on appelle la renaissance macédonienne (et ensuite comnène). Dans la région, l'agencement du tableau d'ensemble, malgré les accents propres bien marqués de chaque centre, ne présente pas de différences radicales. La culture byzantine investit incontestablement, quoique à des degrés divers en raison des facteurs historiques, tout – ou presque – le processus architectural. Au premier plan, et de façon exemplaire, se situe l'épisode de la Cattolica de Stilo (pl. 46 et 52 et pl. coul. p. 178), avec son précieux chromatisme, lié à l'emploi avisé du matériau en terre cuite, et avec son plan centré (l'emploi de la terre cuite comme matériau de construction prévaut dans les édifices calabrais, à la différence de la Basilicate où l'on utilise surtout la pierre : ceci naturellement en raison de la diversité, sinon du goût, du moins des ressources du sol). C'est d'un byzantinisme au regard déjà tourné vers l'Occident qu'on peut parler pour Saint-Marc de Rossano bien qu'il adopte aussi un plan en croix grecque (pl. 53 à 57). Par contre dans la cathédrale vieille de Santa Severina se trouve un exemple, avant même la venue des Normands, du schéma basilical en longueur avec piliers; à celle-ci se rattache en ce sens l'église plus tardive de Saint-Donat, ex-cathédrale d'Umbriatico (pl. 105 à 110), épisode encore exceptionnel dans le panorama architectural de la région par son adhésion totale au langage occidental dans une version qui en particulier rappelle le premier art roman lombard et celui d'au-delà des Alpes (Europe centrale et ottonienne). Dans ce renouveau durent probablement jouer un rôle déterminant les descentes répétées dans le midi des empereurs de la dynastie ottonienne au cours des Xe et XIe siècles. Importante aussi est la part qu'y prirent les courants monastiques bénédictins. Dès le début du XIe siècle, ils avaient favorisé la diffusion du schéma basilical à piliers dans les Abruzzes et les territoires voisins. Il ne faut pas oublier que bien des monastères grecs de Calabre ont été sous le contrôle des bénédictins, en particulier de l'abbaye de Cava dei Tirreni. Pendant un certain temps ce fut le cas même d'un des plus importants monastères grecs du Sud, Saint-Adrien de San Demetrio Corone qui nous a gardé, dans l'église qui lui est adjointe, un autre témoignage de la pénétration de procédés occidentaux en Calabre, dans la première phase de la domination normande. En effet l'église, de plan basilical à piliers, se rattache à la présence, si brève qu'elle ait été (1088-1106), des moines de Cava (mais il en est qui propose un rattachement à un courant différent du courant bénédictin, la basilique à piliers étant aussi répandue dans la région gréco-balcanique). En effet ce qui donne à l'édifice sa qualité de roman, c'est proprement l'esprit qui l'anime, la prédilection pour les structures pesantes exprimée par les piliers massifs et pour les effets d'ombre profonde. Et puisque serait insuffisante, pour expliquer ces nouvelles orientations du goût, la trop courte présence sur place des moines de Cava, on ne peut pas ne pas admettre qu'un processus de maturation du langage dans cette direction se préparait déjà depuis un certain temps par des cheminements intérieurs à une culture d'ailleurs certainement ouverte, par les conditions politiques elles-mêmes, à des suggestions venant de régions plus au Nord.

Mais le tournant le plus marqué fut l'œuvre des Normands, avec la réintroduction de la basilique à colonnes, selon le modèle bénédictin campano-cassinais, en fonction d'une architecture grandiose et d'envergure monumentale, image de leur affermissement, ainsi qu'avec l'introduction du chœur à échelonnement greffé sur un transept en saillie, au moment où arrivèrent en Calabre à la suite de l'abbé Robert de Grandmesnil les moines déjà mentionnés de Saint-Evroul-en-Ouche, familiarisés avec les expériences architecturales à la manière bourguignonne (Cluny II). La Trinité de Milet est un témoignage exemplaire de cette confluence et de cette synthèse de la tradition paléochrétienne et de l'apport bénédictin clunisien, toujours sur le fonds préexistant.

A ce cas se rattache, par un côté ou par un autre, tout un groupe d'édifices (églises abbatiales et sièges épiscopaux), même en Sicile (Catane, Mazara del Vallo, Cefalù), élevés avec la faveur des Normands entre les dernières décennies du XIe siècle et les premières du XIIe. En

Calabre, la plupart ont malheureusement été détruits, rendant ainsi hasardeuse une reconstitution ponctuelle du tissu architectural et de ses divers liens avec les différentes cultures. D'ailleurs la Trinité elle-même n'est connue aujourd'hui qu'à travers la reconstitution que d'après les ruines subsistantes et les témoignages de dessins ou de textes en ont donné les études récentes. Parmi les cathédrales construites dans les centres urbains les plus importants de la région (Reggio Calabria, Milet, Squillace, Nicastro, Catanzaro, etc.), seule celle de Gerace nous est parvenue, témoin entre autres de la pluralité des courants de recherche suivis par l'architecture calabraise, courants que l'on ne doit pas rapporter uniquement à l'apport normand. Si en effet l'édifice peut se rattacher au cas de Milet par son ouverture à la rencontre avec le classicisme campano-cassinais, il s'en distingue cependant par les particularités du sanctuaire (profond chœur absidé, précédé d'un transept tripartite) qui montrent son adhésion aux principes de la disposition modulaire et géométrique des espaces propre à la culture romane à ses débuts dans le centre de l'Europe, en particulier en Allemagne, ainsi qu'une survivance byzantine de la conception spatiale centrée. Autre particularité : l'introduction d'une paire de piliers à la moitié de la nef, qui interrompt le rythme continu des colonnes.

Le thème clunisien se trouve repris dans le chœur de l'église Sainte-Marie de la Roccella, construction typique d'un temps différent, à savoir celui de Roger II ; elle montre qu'elle s'inspire de l'architecture romane française, et pas seulement bourguignonne, par la nef unique, de dimensions exceptionnelles, et par la solution du passage berrichon reliant le corps longitudinal au sanctuaire. Mais cet édifice même – dû probablement à des moines occidentaux – est le produit d'une culture composite : à côté de tels éléments il y en a d'autres en effet qui renvoient à l'architecture byzantine (technique de construction, développement centré du sanctuaire). Du reste les rencontres (dans le décor externe) avec la production comnène tardive de Constantinople montrent son ouverture à des apports culturels nouveaux (favorisée en la circonstance par la reprise de la politique probyzantine de la cour normande) qui à juste titre mettent la construction calabraise sur le même pied que les splendides constructions siciliennes des premières années du règne (Capella palatina, Monreale).

Au XIIe siècle les caractères de l'architecture occidentale, particulièrement de France, se retrouvèrent de façon très nette jusque dans les bâtiments monastiques basiliens. Un exemple significatif nous en est offert par Saint-Jean-le-Vieux de Stilo, près de Bivongi ; aux choix qui furent les siens ne furent sans doute pas étrangers l'influence des moines bénédictins réformés, peut-être des chartreux de l'abbaye voisine fondée par saint Bruno. Il s'agit d'une église à nef unique précédée d'un atrium, sur laquelle se greffe un sanctuaire complexe à trois chœurs, où l'on peut reconnaître une réduction du modèle clunisien. Un élément typique, également originaire de pays plus au Nord (tour lanterne du roman français), est constitué dans cet édifice par le volume en forme de tour de la croisée, présent aussi dans la région, sous des formes semblables, dans une autre église basilienne, Sainte-Marie de Tridetti. En dépit des étroites analogies avec Saint-Jean-le-Vieux, présentes aussi dans le goût pour le décor en brique, qui est de marque byzantine, Sainte-Marie de Tridetti se rapporte à un type encore différent. Elle est à trois nefs sans transept saillant, et le sanctuaire, en raison des exigences particulières du culte, est divisé en trois espaces absidés, comme dans les églises byzantines. Avec un plan analogue ont été conçues les églises de Sainte-Marie de Terreti et Santa Maria del Patir, près de Rossano. A ces témoins vient s'ajouter, grâce à une étude récente (F. Martorano), l'église de Sant'Antonio ad Archi. Dans l'état actuel des choses, l'église de Terreti ayant été détruite, c'est l'unique témoin basilien normand, mais gravement remanié, sur le territoire de Reggio Calabria : le plan original était basilical, sans transept, à trois nefs séparées par des piliers et terminées par trois absides alignées.

Le mélange d'éléments grecs et latins, la coexistence d'un sanctuaire byzantin avec un corps basilical latin (selon un modèle qui a des développements significatifs en Sicile même), sont des traits propres à une couronne d'églises du XIIe siècle (mais aussi du siècle précédent, comme la cathédrale vieille de Santa Severina) et ce n'est pas par hasard qu'elles fleuriront dans des zones plus fermement enracinées que les autres régions de la Calabre dans la culture gréco-orientale.

Il faut rappeler à ce sujet (même si elles ne feront pas l'objet de notre étude) la prolifération, à l'époque normande, de petites églises et d'oratoires à une seule nef un peu dans toute la région, mais particulièrement dans ces zones de plus profonde grécité : dans la haute Calabre soit ionienne (Rossano, etc.), soit tyrrhénienne (vallée du Mercurio), dans la Calabre centrale (Santa Severina), dans celle du Sud (bande ionienne entre Reggio et le territoire de la Locride) et surtout en milieu rural. Il s'agit de modestes constructions, aujourd'hui détruites en grand nombre ou mises à mal, de saveur byzantine, mais aussi avec des caractères rattachables à la tradition latine, qui par ailleurs nous renseignent sur la persistance marquée, jusqu'aux siècles du roman, d'un courant typique de l'architecture méridionale au temps de la domination byzantine.

Dans de nombreuses constructions du XIIe siècle (entre autres Saint-Jean-le-Vieux, Sainte-Marie de la Roccella, Santa Maria del Patir, Sainte-Marie de Tridetti) à côté des traits de style byzantins et occidentaux, il en émerge aussi qui attestent l'incidence, dans l'architecture calabraise de la période normande, de la culture arabe par l'intermédiaire de la Sicile, mais aussi apportées par les présences islamiques en Calabre (arcs brisés, arcs entrelacés, trompes de la coupole, colonnettes d'angle engagées dans les rentrants de l'abside médiane).

Parmi les constructions romanes de la région depuis le XIe siècle (Saint-Adrien à San Demetrio Corone, la cathédrale de Gerace) on trouve assez souvent des motifs caractéristiques de l'architecture lombarde : arcs aveugles, lésènes, modillons. Une variante singulière du motif des arceaux est celle en queue d'aronde (Sainte-Marie de Tridetti) dont l'origine est cependant peut-être à rechercher dans le répertoire ornemental byzantin.

Il ne semble pas qu'ait été introduit dans l'architecture calabraise, ni non plus dans celle de la Basilicate, le type de la basilique avec tribune, répandu par contre dans le reste de l'Italie du Sud : et cela en raison peut-être de l'aspiration à des structures strictes, liée à la nécessité de solutions économiques, qui a toujours caractérisé les constructeurs des deux régions.

On chercherait en vain, d'ailleurs, dans l'architecture calabraise et lucanienne bien des éléments structurels typiques du roman. En Calabre le système de couverture des nefs centrales est le système traditionnel du toit sur des fermes en bois, l'adoption des voûtes en berceau ou d'arêtes étant limitée à de espaces restreints (cryptes d'un seul tenant, bras du transept de part et d'autre de la coupole, etc.).

Ainsi les fenêtres logées dans le haut du mur des nefs à la place des tribunes, répandant de façon adéquate la lumière, concourent, en même temps que la couverture à charpente apparente, à restituer l'atmosphère des basiliques paléochrétiennes.

C'est incontestablement une valeur hiérarchique mais aussi un choix artistique délibéré (nœuds de tension spatiale de diverses sortes) que représente la dichotomie souvent rencontrée dans les édifices calabrais entre le corps basilical, avec son rythme large, et le sanctuaire avec ses accents propres. L'autonomie des deux espaces, mise en évidence par l'arc triomphal, par le type différent de couverture, par la différence de niveau entre les pavements, distingue nettement selon les fonctions l'espace destiné aux fidèles de l'espace sacré réservé au déploiement des cérémonies liturgique. De la même manière à l'extérieur aussi une plus grande hauteur est donnée aux absides tournées vers l'Est, selon la tradition byzantine.

La réception des caractéristiques du goût occidental sur le territoire calabrais, nous l'avons dit, ne s'est pas produite sans un laborieux processus d'adaptation. L'élément extérieur ne fut pas absorbé passivement mais subit, en même temps que l'impact de divers ferments venus à maturité sur place à un niveau plus ou moins inconscient, la réaction des expériences antérieures, antique tardive et byzantine; si d'un certain côté celles-ci eurent un effet de frein dans la ligne d'un conservatisme jaloux de coutumes antiques, de l'autre elles parvinrent à modifier dans un sens positif les nouvelles perspectives, aboutissant à des solutions originales et inattendues. Dans une telle optique, apparaît plus que justifié tout discours sur l'absolue particularité du roman calabrais, tout comme on l'admet pour les autres régions pour lesquelles le concept d'«importation» a déjà depuis longtemps été mis en question. Et on ne peut passer sous silence le rôle qu'eurent souvent à jouer en précurseur les essais mûris en Calabre par rapport à la culture romane de Sicile, elle aussi bien typique.

Le panorama tracé ici à vol d'oiseau sera partiellement développé dans les pages qui suivent, selon un mode volontairement sélectif, en conformité avec les caractéristiques de la collection, dans laquelle par ailleurs l'illustration de telle période artistique ne se veut pas détachée du contexte au sens large.

BIBLIOGRAPHIE

ÉTUDES GÉNÉRALES

- É. Bertaux, *L'art dans l'Italie méridionale de la fin de l'Empire romain à la conquête de Charles d'Anjou,* Paris 1904 (Aggiornamento... sotto la direzione di A. Prandi, I-VI, Rome 1978).
- S. Borsari, *Il monachesimo bizantino nella Sicilia e nell'Italia meridionale,* Naples 1963.
- *Calabria,* a cura di U. Bosco, A. de Franciscis, G. Isnardi, Milan 1962.
- *Basilicata,* a cura di U. Bosco, G.B. Bronzini, G. Masi, A. Prandi, F. Ranaldi, A. Stazio, Milan 1965.
- S. Bottari, «L'architettura della Contea. Studi sulla prima architettura del periodo normanno nell'Italia meridionale e in Sicilia», dans *Siculorum Gymnasium* I (1948), p. 1-33.
- C. Bozzoni, *Calabria normanna,* Rome 1974.
- B. Cappelli, «Aspetti e problemi dell'arte medioevale in Basilicata», dans *Archivio Storico per la Calabria e la Lucania* XXXI (1962), p. 283-300.
- B. Cappelli, «L'architettura dell'età normanna», dans *Almanacco Calabrese* XV (1965), p. 29-46.
- Centro di Studi umanistici, Facoltà di Lettere e Filosofia, Università di Messina, *Basilio di Cesarea. La sua età, la sua opera e il basilianesimo in Sicilia,* Atti del Congresso Internazionale (Messina 3-6 XII 1979), II, Messine 1983.
- F. Chalandon, *Histoire de la domination normande en Italie et en Sicile,* I-II, Paris 1907-1910 (Éd. anastatique New York 1960).
- R. Dattola Morello, «Architettura cluniacense normanna e costruzioni romaniche della Calabria», dans *Brutium* XLVII (1968), p. 4-5.
- *Itinerari per la Calabria,* a cura di M.P. Di Dario Guida, Rome 1983.
- M.P. Di Dario Guida, *Cultura artistica della Calabria medioevale,* Cava dei Tirreni 1978.
- M.P. Di Dario Guida, «Formazione e consistenza del patrimonio artistico delle chiese di Calabria», dans *I beni culturali e le chiese di Calabria. Atti del Convegno ecclesiale regionale,* Reggio Calabria, 1981, p. 241-266.
- Ch. Diehl, *L'art byzantin dans l'Italie méridionale,* Paris 1894.
- V. von Falkenhausen, *Untersuchungen über die byzantinische Herrschaft in Süditalien vom 9. bis ins 11. Jahrhundert,* Wiesbaden 1976.
- M. Falla Castelfranchi, «Per la storia della pittura bizantina in Calabria», dans *Rivista storica calabrese* VI (1985), p. 389-413.
- R. Farioli Campanati, «La cultura artistica nelle regioni bizantine d'Italia dal VI all'XI secolo», dans *I Bizantini in Italia,* Milan 1982, p. 137-426.
- J. Gay, *L'Italie méridionale et l'Empire byzantin depuis l'avènement de Basile I er jusqu'à la prise de Bari par les Normands (867-1071),* Paris 1904.
- *Arte in Basilicata, Rinvenimenti e Restauri,* a cura di A. Grelle Iusco, Rome 1981.
- A. Guillou, *Aspetti della civiltà bizantina in Italia. Società e cultura,* Bari 1976.
- A. Guillou et K. Tchérémissinoff, «Note sur la culture arabe et la culture slave dans le Katépanat d'Italie (x e-xi e s.)», dans *Mélanges de l'École française de Rome, Moyen Âge, Temps modernes* LXXXVIII (1976), p. 677-692, aux p. 681-685.
- L.G. Kalby, *Tarsie ed archi intrecciati nel Romanico meridionale,* Salerne 1971.
- W. Krönig, «La Francia e l'architettura romanica nell'Italia meridionale», dans *Napoli Nobilissima,* I (1962), p. 203-215.
- H.E. Kubach, *Architettura Romanica,* Milan 1978 (1972).
- P. Loiacono, «Restauri a monumenti della Calabria e della Basilicata», dans «Bollettino d'Arte» XXV (1931), p. 43-47.
- A. Medea, «La pittura bizantina nell'Italia meridionale nel Medioevo (v-xiii secolo)», dans *Atti del Convegno internazionale sul Tema : L'Oriente Cristiano nella storia della civiltà,* Accademia Nazionale dei Lincei, 31 marzo – 4 aprile 1963, Rome 1964, p. 719-776.
- V. Pace, «Pittura bizantina nell'Italia meridionale (secoli xi-xiv)», dans *I Bizantini in Italia,* Milan 1982, p. 427-494.
- T. Pedio, «Gli studi di storia dell'arte in Basilicata da Bertaux a Prandi», dans *Rassegna Storica Salernitana», XXVII (1966), p. 119-134.*
- E. Pontieri, *Tra i Normanni nell'Italia meridionale,* Naples 1964 (2).
- A. Restucci, *Itinerari per la Basilicata,* Rome

1981.

- M. Rotili, *Arte bizantina in Calabria e in Basilicata*, Cava dei Tirreni 1980.
- « Sisma 1980. Effetti sul patrimonio artistico della Campania e della Basilicata », dans *Bollettino d'Arte 3 Supplemento 1982*.
- G. Urban, « *Strutture Architettoniche Normanne in Sicilia* », dans *Byzantinische Zeitschrift* LIX (1966), p. 72-93.
- A. Venditti, *Architettura bizantina nell'Italia meridionale. Campania, Calabria, Lucania*, Naples 1967.
- C.A. Willemsen et D. Odenthal, *Calabrien*, Cologne 1966 (trad. it. Bari 1967).

MONOGRAPHIES

- A.M. Adorisio, « Per la storia delle arti a S. Maria del Patir ed a S. Giovanni di Caloveto (Rossano). Documenti inediti », dans *Bollettino della Badia Greca di Grottaferrata* XXXIV (1980), p. 37-73.
- R. Bordenache, « La cappella romanica della Foresteria nell'abbazia di Venosa », dans *Bollettino d'Arte* XXVII (1933), p. 178-184.
- S. Bottari, « Chiese basiliane della Sicilia e della Calabria », dans *Bollettino Storico Messinese*, I (1936-1938), p. 1-51.
- C. Bozzoni, *Saggi di architettura medievale. La Trinità di Venosa. Il Duomo di Atri*, Rome 1979.
- C. Bozzoni, F. Taverniti, *La Cattolica di Stilo*, Chiaravalle Centrale 1979 (2).
- *La cattedrale di Gerace*, a cura di C. Bozzoni, E. D'Agostino, S. Donato, C. Filocamo, S. Gemelli, R. Laganà, V. Nadile, F. Negri-Arnoldi, G. Occhiato, P. Pensabene, E. Zinzi, Cosenza, 1986.
- R. Bruno, *Anglona. Una città, un vescovado, un santuario*, Matera 1984.
- A. Calderazzi, « Santa Maria di Anglona : Storia e restauro di un monumento », dans *Rassegna tecnica pugliese. Continuità*, 1976, p. 45-66.
- *La Cattedrale di Matera nel Medioevo e nel Rinascimento*, a cura di M.S. Calò Mariani, C. Guglielmi Faldi, C. Strinati, Milan 1978.
- C.G. Canale, « Umbriatico : Schemi compositivi di ascendenza lombarda nell'architettura della Calabria medioevale », dans *Quaderni del Dipartimento delle Arti*, Università degli Studi della Calabria, I (1980), p. 41-61.
- B. Cappelli, « La cripta della cattedrale di Cassano allo Jonio », dans *Fede e Arte*, VI (1958), p. 164-166.
- B. Cappelli, « Una ipotesi sulla Cattedrale di Cosenza », dans *Archivio Storico per la Calabria e la Lucania*, XXXII (1963), p. 3-18.
- N. Catanuto, « La chiesa cattedrale di Anglona (Matera) », dans *Rinascita*, III (1934), p. 41-48.
- M. De Vita, « La chiesa di S. Giovanni Battista a Matera », dans *Bollettino d'Arte*,

XXXIII (1948), p. 320-329.

- Ch. Diehl, « Chiese bizantine e normanne in Calabria », dans *Archivio Storico per la Calabria e la Lucania*, I (1931), p. 141-150.
- N. Ferrante, « Il monastero italogreco di S. Maria Theotokos in Terreti nelle visite degli arcivescovi reggini », dans *Historica* XXXV (1982), p. 76-88.
- G. Fortunato, *Santa Maria di Perno*, Trani 1899.
- E. Galli, « Un restauro monumentale. La chiesetta bizantina di S. Marco in Rossano Calabro », dans *Arte Sacra*, II (1932), p. 69-73.
- A. Galluzzi, « La Cattedrale di Tropea », dans *Italia Sacra*, II 4, Turin 1933, p. 1089-1133.
- P.O. Geraci, *Il Museo Nazionale di Reggio Calabria. L'arte bizantina, medioevale e moderna*, Reggio Calabria, 1975, p. 17-22 (Sulle lastre di S. Maria di Terreti).
- G. Giuranna, « La cattedrale di Umbriatico », dans *Studi meridionali*, III 1970, p. 243-258.
- R. Jurlaro, « Nuove tesi per la lettura planimetrica della Cattolica di Stilo », dans *Calabria bizantina. Tradizione di pietà e tradizione scrittoria nella Calabria greca medievale*, Reggio Calabria, Rome 1983, p. 55-58.
- R.G. Laganà, « S. Maria di Terreti », in *Calabria sconosciuta*, IV (1981), p. 39-40.
- N. Lavermicocca, « Gli affreschi della chiesa di S. Adriano a San Demetrio-Corone nei pressi di Rossano », dans *Actes du XVᵉ Congrès international d'études byzantines, Athènes, septembre, 1976*, II, Athènes 1981, p. 337-348.
- N. Lavermicocca, « San Demetrio Corone (Rossano) : La chiesa di S. Adriano e i suoi affreschi », dans *Rivista di Studi Bizantini e Slavi*, III (1983), Miscellanea Agostino Pertusi, tome 3, Bologne 1984, p. 261-309.
- A. Lipinsky, « Stucchi medievali in Calabria », dans *Almanacco Calabrese*, XIII (1963), p. 77-90.
- P. Lojacono, « Restauri alla chiesa di S. Marco a Rossano Calabro », dans *Bollettino d'Arte*, XXVII (1934), p. 374-385.
- P. Lojacono, « Restauri in zone sismiche. Il campanile del duomo di Melfi », Palerme, 1936.
- P. Lojacono, « Il duomo di Tropea in Calabria », dans *Festschrift für Wolfgang Krönig, Düsseldorf, 1971*, p. 36-47.
- M. Mafrici, « *L'antica chiesa degli Ottimati di Reggio Calabria* », dans *Brutium*, LV (1976), p. 8-11.
- M. Mafrici, « La Cattedrale di Reggio Calabria : vicende costruttive », dans *Brutium*, LVI (1977), p. 2-7.
- G. Martelli, « Prime ricerche sulla ex cattedrale di Umbriatico », dans *Calabria Nobilissima*, III (1949).
- G. Martelli, « Conclusioni sulla iconografia absidale originaria della cattedrale cosentina », dans *Calabria Nobilissima*, IV (1950), p. 67-73.
- G. Martelli, « La chiesa di Sant'Adriano a

29

San Demetrio Corone (Cosenza)», dans *Bollettino d'Arte*, XLI (1956), p. 161-167.

● G. Martelli, «La Cattedrale di Gerace», dans *Palladio*, VI (1956), p. 117-126.

● F. Martorano, «Un'esperienza di individuazione e di recupero storico-critico : la chiesa basiliano-normanna di Sant'Antonio ad Archi», dans *I beni culturali e le chiese di Calabria. Atti del Convegno ecclesiale regionale promosso dalla Conferenza Episcopale Calabra*, Reggio Calabria, 1981, p. 445-448.

● O. Milella, «Problemi d'intervento sugli edifici sacri di interesse storico : il caso di S. Maria de Tridetti», dans *I beni culturali e le chiese di Calabria. Atti del Convegno ecclesiale regionale promosso della Conferenza Episcopale Calabra*, Regio Calabria, 1981, p. 491-497.

● E. Miranda, «Motivi decorativi del rosone della cattedrale di Matera», dans *Archivio Storico per le Province Napoletane*, VII-VIII (1968-1969), Naples 1970, p. 197-205.

● G. Mongiello, «La chiesa di S. Lucia in Rapolla», dans *Bollettino d'Arte*, XLIX (1964), p. 165-173.

● G. Mongiello, «La chiesa di S. Maria del Casale in Pisticci», dans *Arte Cristiana*, 1978, p. 317-328.

● F. Mosino, «Quattro iscrizioni greche medievali della Calabria», dans *Xenia*, 5 (1983), p. 59-62.

● C. Muscio, *I massimi monumenti sacri medioevali della Basilicata*, Pollena 1967.

● C. Muscolino, «Matera, Cattedrale della Madonna della Bruna», dans *Bollettino d'Arte* 29 (1985), p. 125-146.

● G. Occhiato, «Per la storia del ripristino della cattedrale normanna di Gerace», dans *Archivio Storico per la Calabria e la Lucania*, XLI (1973-1974), p. 87-111.

● G. Occhiato, «Sulla datazione della cattedrale di Gerace», dans *Quaderni dell'Istituto di Storia dell'arte medievale e moderna. Facoltà di Lettere e Filosofia, Università di Messina*, I (1975), p. 7-14.

● G. Occhiato, *La SS. Trinità di Mileto e l'architettura normanna meridionale*, Catanzaro 1977.

● G. Occhiato, «Interpretazione della cripta del duomo normanno di Gerace in Calabria», dans *Byzantion* XLIX (1979), p. 314-362.

● G. Occhiato, «Interpretazione dell'antica cattedrale normanna di Mileto attraverso la scoperta di nuove testimonianze», dans *Quaderni dell'Istituto di Storia dell'Arte della Università di Messina*, III (1979), p. 7-15.

● G. Occhiato, «L'antica cattedrale normanna di Reggio Calabria», dans *Archivio Storico per la Calabria e la Lucania*, XLVII (1980), p. 49-69.

● G. Occhiato, «Rapporti culturali e rispondenze architettoniche tra Calabria e Francia in età romanica : L'abbaziale normanna di Sant'Eufemia», dans *Mélanges de l'École française de Rome*, XCIII (1981), p. 565-588.

● P. Orsi, *Le chiese basiliane della Calabria*, Firenze 1929.

● G. Passarelli, «Alcune iscrizioni bizantine dell'Italia meridionale», dans *Bollettino della Badia Greca di Grottaferrata*, XXXV (1981), p. 3-35. (Su S. Maria di Anglona).

● A. Rizzi, «Ancora sulle cripte volturine», dans *Napoli Nobilissima*, XII (1973), p. 71-84.

● M. Rotili, «I monumenti della Longobardia meridionale attraverso gli ultimi studi», dans *Atti del Convegno Internazionale sul tema : La Civiltà dei Longobardi in Europa*, Rome 1974, p. 203-239. (Sulla SS. Trinità di Venosa).

● A. Rusconi, «Il ciborio longobardo della Cattedrale di Acerenza», dans *Atti del II° Congresso Nazionale di Archeologia Cristiana (25-31 maggio 1969 Matera)*, Rome 1971, p. 423-436.

● M. Salvatore, «Note introduttive alla conoscenza della cattedrale paleocristiana di Venosa», dans *Vetera Christianorum*, XIX (1982), p. 399-405.

M. Salvatore, «La SS. Trinità di Venosa e la cattedrale paleocristiana : recenti scoperte», dans *Atti del VI Congresso Nazionale di Archeologia Cristiana*, (Pesaro-Ancona 19-23 settembre 1983), 1-2, Firenze, 1986, p. 825-842.

● C. Santoro, «Il riordinamento dello *spazio sacro* al Patirion di Rossano», dans *I beni culturali e le chiese di Calabria. Atti del Convegno ecclesiale regionale promosso dalla Conferenza Episcopale Calabra*, Reggio Calabria, 1981, p. 533-537.

● F. Schettini, «Due monumenti paleocristiani inediti del Vulture e loro riflessi sull'architettura medioevale», dans *Archivio Storico Pugliese*, XIX (1966), p. 93-167.

● S. Settis, «I Monumenti dell'antichità classica nella Magna Grecia in età bizantina», dans *Magna Grecia Bizantina e tradizione classica. Atti del decimosettimo Convegno di Studi sulla Magna Grecia, Taranto 9-14 ottobre 1977*, Naples 1978, p. 91-116.

● E. Simi, «Il deambulatorio del duomo di Aversa», dans *Annali della Facoltà di Lettere e Filosofia della Università di Macerata*, II (1969), p. 221-311.

● M. Spinello, *S. Maria La Sanità del Casale di Pisticci*, Matera 1968.

● A. Venditti, «Un problema : S. Adriano a S. Demetrio Corone», dans *Critica d'arte*, XV (1968), p. 9-26.

● P. Vivarelli, «Problemi storici ed artistici delle cripte medievali nella zona del Vulture», dans *Studi lucani*, a cura di Pietro Borraro, Galatina 1976, p. 329-341.

● E. Zinzi, «La conca del Patirion (1137). Un recupero e alcune considerazioni sulla cultura figurativa dei monasteri italo-greci del Sud in età normanna», dans *Rivista storica calabrese* VI (1985), p. 431-439.

● E. Zinzi, «Per la storia della Cattedrale di Gerace : l'immagine tramandata», dans *Archivio Storico per la Calabria e la Lucania* LVII (1985), p. 15-84.

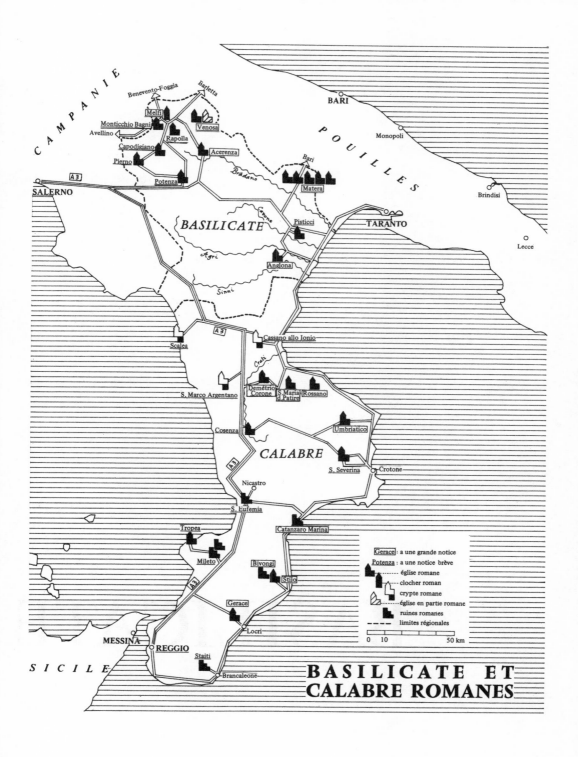

CAMPANIE

Benevento-Foggia
Barletta

BARI

Melfi
Monticchio Bagni
Avellino
Venosa
Rapolla
POUILLES
Monopoli
Capodigiano
Acerenza
Pierno
Bradano
Bari
Potenza
Matera
SALERNO
A 3

BASILICATE
Pisticci
TARANTO
Brindisi

Caione
Lecce

Agri
Anglona

Sinni

A 3
Cassano allo Ionio
Scalea

Crati
Demétrio
Corone
S. Maria
d'Patire
Rossano
S. Marco Argentano

Cosenza
Umbriatico

CALABRE

A 2
S. Severina
Crotone
Nicastro

S. Eufemia

Tropea
Catanzaro Marina

Gerace : a une grande notice
Mileto
Bivongi
Potenza : a une notice brève
Stilo
église romane
clocher roman
Gerace
crypte romane
Locri
église en partie romane
ruines romanes
MESSINA
REGGIO
limites régionales
Staiti
0   10   50 km
SICILE
Brancaleone

BASILICATE ET
CALABRE ROMANES

BASILICATE

ROMANE

NOTES SUR

QUELQUES ÉGLISES ROMANES DE LA BASILICATE

1 *CAPODIGIANO : SANTA MARIA DELLE GRAZIE. LA PETITE* église Sainte-Marie des Grâces s'élève près de l'agglomération de Capodigiano (autrefois Capitignano) située à peu de distance de Muro Lucano. Bien qu'altéré par des restaurations subies au XIXe et au XXe siècle, dont la dernière n'est pas celle de 1947 qui lui a donné son aspect actuel (de nouvelles restaurations sont nécessaires après le tremblement de terre de 1980), le monument mérite une mention car il fait partie d'un groupe d'églises du Potentino, œuvre du *magister Sarolus*, constructeur de Muro Lucano, et de ses aides, qui sont les témoins de la diffusion du style roman dans la région, entre le XIIe et le XIIIe siècle, sous une forme tout à fait particulière.

L'édifice, de modestes dimensions, est d'une structure et d'un schéma fort simples; il est construit en blocs de pierre et sa façade est à rampants interrompus; le plan est de type basilical, à trois nefs séparées par des piliers qui reçoivent des arcs en plein cintre, et se termine par une seule abside.

On peut encore lire, à l'extérieur, la signature de Sarolus dans une inscription sur une pierre encastrée dans le mur à gauche de l'abside, signalée pour la première fois par l'historien local Luigi Martuscelli. On ne connaît pas la date de fondation.

Sur le registre des rentes du séminaire diocésain de Muro Lucano, dressé en 1728, est noté le renseignement que l'église était à l'origine suffragante de Sainte-Marie de Pierno.

2 MATERA : SAINT-DOMINIQUE. ACTUELLEMENT L'ÉGLISE SAINT-

Dominique ne conserve de souvenirs romans que dans la façade, la construction ayant été remaniée et agrandie au cours des XVIIe et XVIIIe siècles. La tradition présente le monastère Saint-Dominique comme fondé par le bienheureux Nicolas de Giovinazzo dans la première moitié du XIIIe siècle. A cette période renvoient les caractéristiques formelles originelles de l'édifice, qui se révèlent étroitement apparentées à celles de la cathédrale et de Saint-Jean dans la même ville.

La façade, qui donne sur la place Vittorio Veneto dans l'actuel centre urbain (mais autrefois hors ville), se présente avec de visibles transformations; la partie de droite est une adjonction tardive, et la configuration originelle n'est aucunement révélée par le couronnement horizontal de la partie centrale, qui était à l'inverse à double rampant, comme le prouve la disposition ascendante des arceaux aveugles. Même le portail d'accès a été remanié (la voussure de l'arc est visible en partie seulement; au-dessus est gravée la date de 1661, en souvenir de l'intervention), et c'est à une réfection que sont dues les fenêtres rectangulaires de part et d'autre, à l'emplacement desquelles devaient à l'origine s'ouvrir de petites fenêtres simples. La maçonnerie est faite de blocs de pierre disposés régulièrement en assises horizontales.

A l'intérieur, refait au XVIIe siècle, devait y correspondre un espace unique, « selon le type d'église (nef couverte d'une charpente apparente, chœur plat voûté d'arêtes, façade à double rampant) répandu dans la région d'Otrante et fréquent dans les ordres mendiants » (Calò Mariani).

L'église n'a donc pu conserver d'originel que l'ordonnance ornementale de la façade. L'élément dominant est sans aucun doute la rose rayonnante qui en occupe le milieu, au-dessus du portail, inscrite dans un grand arc décoré de feuillage et à la clef d'un visage

humain (ou plutôt d'un masque grotesque); l'arc
retombe sur de fines colonnettes superposées portées
par de minuscules atlantes aux masques également
grotesques, interrompant le rythme des arceaux.

La rose, aveugle, présente un riche décor sur la
bordure, où l'artiste montre qu'il sait également
profiter d'expériences marquées par le gothique d'au-
delà des Alpes. Sur la bordure interne se déroule un
motif de feuillage, tandis que sur la bordure externe
apparaissent aussi des figurations : des petites têtes
éclosent du feuillage et au sommet de la rose il y a des
bergers avec leur troupeau, hommage rendu à l'une des
activités les plus répandues dans la région, sinon
allusion au rôle joué par cette catégorie sociale
particulière dans le financement ou dans les travaux de
la construction. Au centre de la roue est l'agneau
crucifère. Autour de la rose sur les axes verticaux et
horizontaux, sont disposées quatre figures masculines,
selon un schéma que nous avons relevé comme habituel
dans la région de Matera, et qui fait allusion à la roue
de la fortune. En haut l'archange Michel terrassant le
dragon qui se tord à ses pieds, comme à la façade de la
cathédrale et, pour s'en tenir aux éléments encore en
place, à Saint-Jean. Sur les côtés, deux personnages en
attitudes symétriques engagés dans l'effort de soutenir
la rose; dans le bas s'acquitte de la même ouvrage un
personnage aux bras levés tel un atlante.

Ici, contrairement à la cathédrale, « le caractère
apparemment abstrait des plis aux sillons parallèles
serrés et la rigidité des formes sont contredits par le
dessein d'évocation exprimé dans la façon vivante de
camper les corps et de forcer les traits des visages...
De sorte que la raideur et le schématisme des figures
sont davantage dus à la pauvreté des moyens expressifs
qu'à une conception abstraite de la forme, telle
celle relevée dans la rose de Saint-Eustache, par
exemple»; la décoration de Saint-Dominique doit
donc être attribuée à une équipe encore de formation
apulienne certes, mais différente de celle en activité sur
le chantier de la cathédrale.

3 *MATERA: SAINT-JEAN-BAP-
TISTE. L'ÉGLISE SANTA MARIA*
Delle Nove (ou Delle Nuove ou La Nuova),
aujourd'hui Saint-Jean-Baptiste, fut érigée
hors les murs dans la première moitié du
XIIIe siècle, sous une forme en partie semblable
à celle de la cathédrale de Matera, sa contemporaine. Si l'on ne connaît pas la date précise de sa
fondation, il est cependant attesté qu'en 1233,
les travaux de construction étaient en cours :
un document de cette année-là, reproduit dans
les chroniques locales, parle en effet de l'installation d'un certain Melo Spano comme procureur des biens du monastère et de l'église en
construction. D'après la tradition, l'église fut
fondée en 1229 par une reine, Jeanne de
Chypre, en même temps qu'une maison de
l'ordre des Nouvelles Pénitentes de Sainte-
Marie et de Tous les Saints, dont le siège
principal était à Accon (Saint-Jean-d'Acre).
L'archevêque alors en fonction, André, aurait
joué un rôle important au départ du nouvel

établissement, en particulier en amenant avec
lui d'Orient les neuf moniales qui constituèrent
le noyau primitif des religieuses – pour cette
raison l'église aurait reçu le nom de Sainte-
Marie des Neuf. En réalité une église Sainte-
Marie existait depuis 1204 dans la zone occupée
aujourd'hui par Saint-Jean, et les Nouvelles
Pénitentes, venues de l'Orient, s'étaient éta-
blies à Matera dès 1220. Cette même année
l'archevêque André leur confia l'église (abandonnée, semble-t-il, en 1212 par les bénédictins
qui la possédaient) d'où le titre de «des Nouvelles» ou «des Neuf» qui alimenta la légende
selon laquelle les moniales étaient au nombre
de neuf à l'origine. L'église fut reconstruite,
comme l'atteste le document cité de 1233 ainsi
que l'examen stylistique du monument.

En 1480, le centre monastique devenu peu
sûr fut abandonné. C'est seulement en 1695
que, sur l'initiative de Mgr Antonio del Ryos y
Colminares, l'église retrouva ses fonctions par
le transfert en ce lieu de la paroisse Saint-Jean –
d'où le nouveau titre donné à l'église.

Ce fut l'occasion d'une première campagne
de restauration. Le XVIIIe siècle (1793) fut le
témoin de travaux plus considérables; mais les
agrandissements et les modifications opérées
alors sur les structures ont en partie altéré la
physionomie originelle de l'église.

Dans les années 1925-1926 fut menée par les
soins de la Surintendance du Bruttium et de la
Lucanie une campagne de restauration qui s'est
efforcée de rendre au moins en partie à l'église
son ancien visage.

L'église se trouve au centre de l'agglomération actuelle où elle donne sur une petite place
non loin de l'église Saint-Dominique. L'extérieur révèle la disposition interne : la nef et le
transept, plus hauts, dépassent les couvertures
des nefs latérales; les pignons qui terminent les
structures de la nef centrale dessinent la disposition extérieure des voûtes sur l'extrados desquelles les toits sont directement posés : ce
couronnement remonte à l'époque de la réfection des voûtes, dont nous parlerons.

La façade principale n'est plus visible
aujourd'hui, ayant été incorporée, en même
temps que le flanc Nord, à des édifices construits ultérieurement. A présent l'entrée se fait
par le flanc de droite, qui sert de façade ; bien
que remaniée, la série des arcades qui
en scandent le mur étant une adjonction du
XVIIIe siècle, cette face manifeste sa nature
romane dans le riche portail qui s'ouvre en son
milieu à l'endroit du transept (ce dernier, sans
saillie par rapport aux nefs, est mis en évidence
par le faîte élevé du toit). Comme pour la porte
«des lions» de la cathédrale, pour le portail de
Saint-Jean le modèle est aussi celui de l'église
des saints Nicolas et Cataldo à Lecce. Il s'agit
d'une ouverture rectangulaire avec linteau,
surmontée d'un tympan en demi-cercle – l'un
et l'autre entourés de deux frises aux motifs
végétaux –, et flanquée de deux colonnettes

avec chapiteaux. Sur les tailloirs qui les surmontent et sur les deux consoles servant de part et d'autre de bases à deux aigles consumés par le temps et acéphales, retombent les voussures couronnant le tympan décorées de feuillages – sur la voussure externe des fruits pendent de l'extrémité recourbée des feuilles. Au linteau on retrouve, au-dessus d'un bandeau lui aussi décoré, la rangée de six petites têtes toutes pareilles et les trois corolles sousjacentes présentes à la cathédrale (pl. 4) et sur le modèle apulien. Autre élément original : le haut gable qui surmonte le portail et sous lequel se montre une rose décorée de motifs végétaux inscrite dans une vaste arcade portée par deux colonnettes posées sur des piliers et soutenant des figures animales sculptées ; cette arcade fait écho à l'image du tympan et de la rose elle-même, selon un schéma habituel à Matera, on l'a vu.

Est demeurée presque intacte la configuration primitive du chevet (de nouveau dégagé par la restauration du XXe siècle); seul le faîte est en partie dû aux interventions du XVIIIe siècle, comme la présence, au sommet, de l'archange Michel qui à l'origine appartenait à la rose de la façade occidentale, détruite au XVIIIe siècle; de cette rose qui rappelait de près celles de la façade de la cathédrale et de Saint-Dominique où trône aussi saint Michel, provient également la petite figure encastrée au XVIIIe siècle dans la face de l'église restée visible, près du petit clocher-peigne.

Le mur du chevet comme celui de la face latérale, en maçonnerie assez régulière aux blocs de pierre apparente en assises horizontales (il en est de même à l'intérieur de l'église), est marqué, sur deux compartiments latéraux moins hauts, de pilastres qui partent de la plinthe pour recevoir une paire d'arceaux aveugles en saillie le long de l'égout du toit (le motif des arceaux sur lésènes devait s'étendre aux autres côtés de l'édifice). Malheureusement l'aile droite a perdu sa terminaison originelle en saillie, une habitation ayant été élevée en cet endroit; l'ouverture d'un balcon a en outre entaillé un de ses arceaux.

En son milieu le chevet présente une fenêtre simple cintrée surmontée d'un gable et flanquée de colonnettes posées sur des animaux; elle révèle une étroite parenté avec celle ouverte au flanc droit de la cathédrale. La fenêtre est enrichie de deux bordures, celle de l'extérieur à feuilles d'acanthe, l'autre à rinceaux; une archivolte au décor végétal elle aussi les entoure, retombant sur les chapiteaux zoomorphes des colonnettes. D'autres animaux figurent sur les consoles surmontant deux piliers placés à côté des colonnettes. Deux petites fenêtres simples s'ouvrent à l'endroit des absides latérales désaxées par rapport à l'arcade qui les surmonte.

Au-dessus de la fenêtre centrale, entre deux paires d'arceaux aveugles sur modillons à feuilles d'acanthe, se trouve une niche profonde utilisable, flanquée de deux éléphants posés sur des consoles; le projet originel prévoyait sans doute, sur le dos de ces animaux, des colonnettes ayant pour fonction de recevoir une archivolte sculptée (à partir des piédroits de l'arc, le haut du mur a été refait). Un motif semblable existe en effet sur le mur oriental de la cathédrale de Bitonto.

L'intérieur de l'église, faiblement éclairé, semble plutôt étroit. Son plan est singulier : il consiste en trois nefs séparées par des arcades brisées à double rouleau et couvertes de voûtes d'arêtes dont certaines avec de robustes nervures. Les nefs sont coupées en leur milieu par le bras transversal (la chapelle qui s'y trouve en face de l'entrée fut ménagée à la fin du XVIIe siècle en même temps que la sacristie [De Vita]). Trois absides semi-circulaires prises dans l'épaisseur du mur concluent ce plan (les deux latérales, obturées à la fin du XVIIIe siècle, ont été rouvertes dans la restauration des années 20). Le mur de l'abside centrale est animé par une suite de cinq arcades aveugles reposant sur une plinthe. Les supports sont constitués de piliers quadrilobés ornés de splendides chapiteaux offrant un répertoire plein de fantaisie avec motifs d'entrelacs et à personnages : on passe de feuilles avec fruits suspendus à des bustes parés de toges, de combats d'animaux à des entrelacs et à des monstres, dans une extrême variété de solutions. On a déjà eu l'occasion de souligner la parenté avec le *corpus* des chapiteaux de la cathédrale, et donc la simultanéité ou au moins la contiguïté de l'exécution, peut-être due à des équipes communes. On peut établir un autre parallèle avec les chapiteaux de l'église abbatiale de Sainte-Marie des Cerrate, près de Squinzano, dans la région d'Otrante.

Pour la disposition en plan, le point de référence est l'église des Saints Nicolas et Cataldo, église de Lecce de fondation normande (1180) «rattachée d'un commun accord à l'architecture d'ascendance poitevine florissante dans le royaume de Jérusalem». Le maître d'œuvre de Saint-Jean, en effet, montre qu'il sait faire siennes des formes d'origine française par l'intermédiaire de l'architecture de la Terre Sainte, témoignant ainsi de la vitalité des rapports entre les Pouilles et l'Orient latin à l'époque des croisades (Matera appartenait alors au diocèse d'Otrante). Il ne faut pas oublier d'ailleurs que les moniales qui héritèrent de l'église venaient de Syrie.

Un problème non résolu encore dans l'état actuel des choses est celui de la couverture adoptée à l'origine pour la nef centrale du corps longitudinal et pour le bras transversal : la couverture actuelle est due en effet à une réfection du XVIIIe siècle. Sur la fresque de 1709 représentant la vue de Matera, au palais archiépiscopal de la ville, l'édifice identifié comme Saint-Jean se présente avec trois coupoles en file sur de hauts tambours, montés, semble-t-il, sur le transept. Dans l'acte notifiant le passage de l'église à la paroisse Saint-Jean (1695), on lit que la construction était endommagée «dans ses coupoles»; vers 1770 un chroniqueur anonyme parle de très hautes coupoles. Sur la base de ces témoignages, diverses hypothèses ont été avancées : ou bien qu'il existait à l'origine sur la nef centrale et les croisillons un berceau brisé avec peut-être des arcs-doubleaux, comme dans certaines églises de Bourgogne et de Terre Sainte, et une coupole sur un haut tambour à la croisée, comme dans l'église des saints Nicolas et Cataldo; ou bien qu'il s'agissait de voûtes d'arêtes à nervures comme dans l'architecture cistercienne. Mme Calò Mariani croit qu'il s'agissait d'un système de voûtes d'arêtes à extrados visible, c'est-à-dire englobées extérieurement dans une tour surmontée d'un toit à plusieurs versants, solution fréquente dans les Pouilles pour les églises couvertes de files de coupoles (Ognissanti de Valenzano, Saint-François de Trani, Saint-Conrad de Molfetta), et adoptée aussi dans la cathédrale et le Saint-Sépulcre de Barletta.

On remarque, à l'intérieur, au revers de la façade et sur les murs terminaux du bras transversal, une sorte de galerie sur des arceaux portés par des consoles, jonction d'après De Vita entre les couvertures extérieures des nefs latérales.

4 MONTICCHIO : LA CHAPELLE SAINT-MICHEL. DANS L'ABBAYE

Saint-Michel du Vulture, dressée solitaire parmi les bois dans une situation favorable d'où elle domine les lacs enchanteurs de Monticchio, se trouve une chapelle particulièrement intéressante en raison du décor qu'elle présente et qui est datable des alentours du milieu du XIe siècle. Il s'agit d'un petit édicule de plan carré dressé contre le rocher, à l'intérieur d'une grotte derrière l'église abbatiale; il est revêtu intérieurement de fresques d'ascendance byzantine — aujourd'hui incomplètes — et animé de motifs géométriques bicolores, d'ascendance campanienne, obtenus par l'emploi de matériaux de couleurs contrastantes — calcaire et lave dont est riche la région du fait de sa nature volcanique — qui constituent un témoignage supplémentaire de la diffusion du goût pour la marqueterie dans la région.

Dans le fond, derrière l'autel, se trouve la fresque représentant la Déèsis (le Christ en gloire entre la Vierge et saint Jean-Baptiste) ; sur les murs latéraux, il y a deux groupes de trois saints, identifiés par des inscriptions latines, parmi lesquels se distingue saint Philippe; à la voûte, un aigle nimbé (saint Jean l'Évangéliste) qui tient dans son bec un rouleau et s'inspire de modèles propres aux étoffes byzantines. À l'extérieur, la petite chapelle est entourée d'un fin bandeau à incrustations, fait d'une alternance de losanges blancs en calcaire et de triangles noirs en écume de lave. Le décor à tessèles bicolores s'étend au petit fronton qui couronne la façade.

La datation fixée au milieu du XIe siècle, habituellement proposée, trouve un appui dans ce que nous savons de la consécration de l'église Saint-Ange du Vulture, c'est-à-dire de l'église abbatiale Saint-Michel, survenue par les mains du pontife Nicolas II à l'occasion de son voyage à Melfi pour présider le synode (1059).

Valentino Pace a cependant proposé de revoir la chronologie; dans le sillage d'Edoardo Galli qui restaura les fresques en 1928, il estime que les couches peintes sont au nombre de deux. L'une remontant peut-être au XIe siècle; la seconde certainement plus tardive, probablement du XIIe siècle bien avancé, étant donné le caractère très décoratif de certains détails.

Les bâtiments claustraux sont habituellement fermés aux visiteurs en attendant que soient terminés les travaux de remise en état entrepris dans les années 70.

5 PIERNO : SAINTE-MARIE.

L'ÉGLISE SAINTE-MARIE DE Pierno est située près d'une très modeste agglomération, non loin d'Atella. Elle a subi de gros dommages lors du tremblement de terre de 1980.

Son histoire a été reconstituée à la fin du siècle dernier par Giustino Fortunato. Elle était à l'origine suffragante de l'abbaye bénédictine Saint-Sauveur du Goleto qui fut fondée sur le territoire de Monticchio des Lombards en 1133 par saint Guillaume de Verceil. La *Bulle de 1141* notifiant la concession faite par Roger, évêque de Rapolla, au monastère Saint-Sauveur du Goleto, de l'église Sainte-Marie de Perno, et une seconde bulle de 1183, de l'évêque Hubert qui se reporte à la première, sont les plus anciens documents connus de nous relatifs à cette église; celle-ci dans une enquête de 1266 est dite avoir été créée par le même saint Guillaume, comme la tradition l'a soutenu par la suite. L'église à laquelle se réfère la concession n'est cependant pas l'église telle qu'elle apparaît aujourd'hui. Il devait s'agir au contraire d'un édifice modeste, comme il ressort de la teneur des premières donations qui furent faites à l'ancienne église (1175), «una cum filio Gilberto», par le Normand Richard, comte de Balvano.

Deux inscriptions latines gravées sur le portail de l'église actuelle — l'une sur le linteau, l'autre sur l'archivolte et au tympan — disent qu'elle fut édifiée par maître Sarolus et son frère Roger et par des aides provenant tous de Muro Lucano, dans la seconde moitié du XIIe siècle, sous le gouvernement de l'abbesse Agnès : les travaux, financés par le comte Gilbert II de Balvano (fils de Richard), commencèrent en 1189 sous le priorat de frère Altenius et se terminèrent en 1197 sous celui de frère Barthélemy.

L'église, qui devint par ailleurs le lieu de sépulture de cette famille normande, s'enrichit considérablement grâce aux fréquentes donations de terres dans la campagne d'Armaterra et la vallée de Vitalba, qui continuèrent à lui échoir de par les successeurs de Gilbert.

En 1510 le monastère des moniales du Goleto fut supprimé par le pape Jules II et en 1513, par un bref du pape Léon X, le patrimoine de l'ordre de Montevergine fut versé à la Santa Casa dell'Annunziata de Naples. Ces événements influèrent sur le sort de l'église de Pierno. Élevée à la dignité d'abbaye, l'église fut concédée en patronage par le Saint-Siège aux feudataires d'Atella – d'abord aux Caracciolo de Melfi, puis aux De Leyva d'Ascoli –, avec l'obligation d'en accroître les rentes d'un tiers, d'y maintenir le culte et de procéder à sa restauration, si nécessaire. Or à cette époque l'église, du fait d'un long abandon ou des dommages que lui avait causés le violent tremblement de terre de 1456, «se trouvait abandonnée, sans prêtres ni frères, et on n'y célébrait plus l'office ni le culte divin», car elle était «tombée en même temps que les habitations» et se trouvait «tout à fait délaissée et entièrement en ruine avec sa maçonnerie à découvert». Ainsi en 1550 sur l'ordre de Luigi De Leyva, prince d'Ascoli et seigneur d'Atella, le gouverneur espagnol Juan Salamanca s'occupa «de faire construire les voûtes de la dite église et les habitations des frères, et de faire un magnifique clocher et j'ai dû dépenser pour ces constructions environ cinq cents ducats, sans parler d'un nombre incalculable de journées de Vassalli, de Santo Fele et d'Atella, fournies sur l'ordre et au service de l'illustrissime Seigneur Prince».

Une nouvelle intervention eut lieu après le tremblement de terre de 1694. Mais celui-ci, comme le remarque Fortunato, fut moins important que ce que prétend l'évêque de Muro dans une inscription qu'il fit placer sur l'autel de saint Guillaume, se limitant en réalité à de simples réparations.

L'aspect de l'église telle qu'elle nous apparaît aujourd'hui est donc celui que lui ont donné les restaurations du XVIᵉ siècle. L'édifice conserve cependant partiellement sa configuration primitive, étant donné que seule la zone du sanctuaire a subi une réfection totale. Le plan, de type basilical, comporte trois nefs séparées par deux rangées de trois colonnes aux bases et aux chapiteaux décorés et un pilier (celui de droite s'est écroulé à la suite du récent tremblement de terre), sur lesquels retombent des arcs en plein cintre; en conclusion il devait y avoir trois absides semi-circulaires (Valente en a encore vu les traces), remplacées en 1550 par la croisée actuelle qui communique, par deux ouvertures rectangulaires précédées de marches, aux côtés de l'autel, avec une abside semi-circulaire. Aux colonnes furent adossés ensuite des piliers; les colonnes de droite sont aujourd'hui à nouveau dégagées. La couverture de la nef centrale – surélevée par rapport aux nefs latérales – est en bois; celle des nefs

latérales est faite de voûtes en berceau; mais Bertaux a émis l'hypothèse que «la nef médiane ait été couverte anciennement d'une voûte semblable; les corbeaux couverts d'un décor barbare que l'on peut voir encastrés dans les murs entre les arcades supportaient les arcs–doubleaux, dont les arêtes se rejoignaient sous cette voûte».

Des bâtiments modernes sont adossés à la façade occidentale; on peut voir cependant le portail roman qui s'y ouvre, et qui est sans aucun doute l'élément le plus frappant, indépendamment des inscriptions qui s'y trouvent gravées. Précédé d'un atrium couvert d'une voûte (et englobé dans les nouvelles constructions), le portail, bien qu'incomplet désormais, conserve en grande partie son décor originel, d'ascendance orientale; au tympan il consiste en méandres bicolores aux tesselles de pierre et de lave, de part et d'autre d'une croix et, le long de l'arc qui entoure la porte et le tympan, en de petits reliefs (au centre une main bénissante, ensuite des coquillages, des étoiles de mer, des animaux, des petites têtes humaines, etc.).

La maçonnerie de l'édifice est en pierre, actuellement crépie en partie.

PISTICCI (PRÈS DE). ABBAYE SANTA MARIA DEL CASALE (DU 6 Hameau). *L'abbaye Santa Maria la Sanità del Casale a été fondée sur le mont Corno, au territoire de Pisticci, dans la deuxième moitié du XIᵉ siècle par le comte de Severiana, le Normand Rodolphe Macchabée, seigneur de Pisticci, et par sa femme Emma, fille de Roger Iᵉʳ, et donnée aux bénédictins. Le plus ancien document s'y rapportant est un acte de donation du comte, rédigé en 1082, en faveur du monastère, confié à l'abbé Nicolas, de Tarente.*

Grâce aux nombreuses autres donations et aux privilèges accordés par les seigneurs normands et confirmés en 1135 par le roi de Sicile Roger II – qui donnait à l'abbé l'église et le fief de Saint-Basile de Pisticci –, et en 1222 par l'empereur Frédéric II, l'abbaye accrut notablement son patrimoine. Tombée ultérieurement en décadence, elle fut concédée en commende à de hauts prélats par le pape Eugène IV puis par son successeur, le pape Nicolas V. En février 1452, par une bulle de ce même pape, l'abbaye et ses biens passèrent aux chartreux de Saint-Laurent de Padula, dans le Salernitain, qui les gardèrent jusqu'au XIXᵉ siècle (1830).

L'église de l'abbaye demeure encore aujourd'hui, bien que remaniée, tandis que l'abbaye et la grange des chartreux sont réduites en ruine. Il ne faut cependant pas identifier l'église à l'église primitive; c'est en fait une construction érigée à l'emplacement de la précédente probablement dans la première décennie du XIIIᵉ siècle (Mongiallo).

Dans les années 1960-1963, l'église a été l'objet d'une restauration qui avait l'intention de lui rendre ses lignes originales, même si les résulte se sont point révélés pleinement satisfaisants. La restauration, effectuée par les soins de la Surintendance aux monuments et musées des Pouilles et de la Basilicate, sous la direction de Mongiello, a débarrassé l'intérieur du décor baroque stuqué qui le recouvrait entièrement ; en outre elle a rétabli la couverture en bois au lieu des voûtes du XVIIIe siècle et a remis au jour les anciennes fenêtres simples sur les murs hauts de la nef centrale qui avaient été masquées par la surélévation postérieure des murs des nefs latérales, éliminée au cours de la restauration. Elle s'est aussi occupé de la façade, qui avant l'intervention se trouvait faussée par la surélévation des sections latérales, et de l'abside. Le pavement a été refait. Quelques photos, publiées récemment sur l'ensemble monumental, montrent l'état de l'église avant et après restauration.

Extérieurement l'édifice apparaît plutôt dépouillé, avec sa maçonnerie en pierre de tuf mêlée de galets et de briques grossièrement disposés, à l'exception des arêtes et des côtés du portail, en façade, où figurent de gros blocs de pierre. La façade est à rampants interrompus et laisse deviner la division intérieure en trois nefs ; la zone centrale s'élève très au-dessus de la hauteur des deux zones latérales. Absence de toute espèce de décor, à l'exception du portail et de l'oculus qui le surmonte au milieu de la façade. Œuvre du XIVe siècle, selon Mme Grelle Iusco, le portail – baie rectangulaire à linteau, flanquée de deux colonnettes et surmontée d'un tympan semi-circulaire avec au couronnement un gable – présente des motifs d'origine apulienne. Les colonnettes sont décorées de chapiteaux sculptés de divers motifs zoomorphes – sur celui de gauche des oiseaux, sur l'autre des lions et des renards –; les animaux, disposés deux par deux sur les faces planes, se rejoignent à l'angle avec une tête commune. Des frises de feuilles d'acanthe (présentes également sur l'oculus), s'étendent le long du portail ou entourent simplement le tympan, retombant dans ce cas sur des chapiteaux et sur les deux consoles décorées qui les flanquent. Au linteau se trouve la date de 1550, en souvenir des travaux effectués alors. Les trois absides qui concluent le plan ont été reconstituées, d'après les vestiges de celles qui ont disparu (au cours des transformations du XVIIIe siècle), à l'occasion des récents travaux de restauration.

La lumière arrive à l'intérieur par quatre fenêtres simples (deux de chaque côté) percées dans les murs gouttereaux et six autres (trois par côté) percées dans les murs hauts de la nef. Il existe d'autres sources de lumière : les trois fenêtres simples, une dans chaque abside, et l'oculus au-dessus de l'abside centrale, ainsi que la rose de façade ; avant la restauration, s'ouvraient aux côté de la rose deux petits oculi correspondant aux nefs latérales. Au-dessus de la rose, au sommet de la façade, se trouve une étroite archère.

L'intérieur est de plan basilical, à trois nefs sans transept terminées par autant d'absides. La couverture est en charpente apparente. Les nefs sont séparées par deux rangées de piliers en maçonnerie apparente, presque carrés, sur lesquels retombent des arcs brisés à double rouleau, eux aussi en maçonnerie apparente.

Le schéma de la basilique à piliers range cette église dans la catégorie bénédictine, la rattachant, pour rester dans la Basilicate méridionale, à l'ex-

cathédrale Sainte-Marie d'Anglona telle qu'elle apparaissait sous son aspect primitif.

POTENZA : SAINT-MICHEL. 7

L'ÉGLISE SAINT-MICHEL EST une construction du XIIe siècle ou un peu plus tardive, attribuée par Bertaux à maître Sarol de Muro Lucano en raison de ses étroites parentés avec les églises, certainement dues à Sarolus, de Santa Maria delle Grazie à Capodigiano et de Sainte-Marie de Pierno. Avant qu'intervint une restauration un peu trop radicale qui a conféré à l'édifice un ennuyeux caractère d'artificialité, elle était «l'un des plus authentiques témoins du roman dans la Basilicate».

Il s'agit d'une structure à trois nefs – celle du milieu plus haute que les deux autres qui sont plus étroites – séparées par des piliers carrés, avec trois absides et une façade à rampants interrompus percée d'une fenêtre simple au-dessus du portail.

La maçonnerie est faite de blocs de pierre équarris en assises horizontales, et animée de l'habituelle frise d'arceaux aveugles et de lésènes (refaits à la restauration). Un clocher se dresse du côté droit de l'église ; de plan carré, il est réparti en trois étages allégés de fenêtres simples.

L'intérieur a été dégagé des superstructures baroques par une restauration effectuée en 1936. Des travaux de restauration ultérieurs ont eut lieu à la fin des années 70.

De nouvelles interventions ont été rendues nécessaires par le tremblement de terre de 1980.

RAPOLLA : SAINTE-LUCIE. 8

L'ÉGLISE, SITUÉE DANS L'UNE DES ruelles de l'agglomération, présente une structure architecturale d'une extrême simplicité ; malgré cela elle est loin de manquer d'intérêt «en raison de son ambiguïté, typiquement régionale, c'est-à-dire propre à une région qui, au Moyen Age, par sa position géographique, pouvait le mieux participer aux deux cultures de son temps, la culture grecque introduite par l'intermédiaire de la Calabre, la latine dont les Pouilles avaient reçu de plus vigoureux apports, surtout à la suite des croisades» (Venditti).

Nous ne possédons pas de renseignements précis sur son origine. L'abbé Chiaromonte, historien local du siècle dernier, d'après une bulle du pape Jean XX datée du 14 juillet 1028 et une bulle du pape Urbain II de 1089, estime l'église de Rapolla postérieure à celle de Cisterna : la première aurait succédé à l'église de Cisterna après que celle-ci ait été détruite par les Sarrasins, vers 1025. Alors que dans la bulle de 1028, en effet, le siège de Cisterna figure sur la liste des sièges épiscopaux, dans la seconde sont indiqués à sa place les sièges de Rapolla et de Melfi. D'une troisième bulle, d'authenticité douteuse d'ailleurs, relative à l'érection de l'évêché de Melfi en 1037 par les soins de l'archevêque de Canosa Nicolas, on déduit que la ville de Rapolla, à cette date, avait déjà

40

eu son évêque, nommé par le prédécesseur du primat Nicolas, Bizantius, en 1035. Mongiello soutient, comme Chiaromonté, l'identité de la première cathédrale de Rapolla avec l'église Sainte-Lucie ; pour cette dernière, le déclin aurait commencé, avec son abandon et sa fermeture au culte, après la construction d'une nouvelle et plus vaste cathédrale qui, nous le savons, fut entreprise en 1209 par l'évêque Richard et consacrée en 1253 par Jean II d'Anglona. Giustino Fortunato estime que Sainte-Lucie est probablement de la période de la domination byzantine (1027-1042) mais considère comme apocryphe la bulle de Canosa de 1037, et débute la liste des évêques de l'église de Rapolla avec Ours (1072-1079).

Les études les plus récentes, dans le sillage de Bertaux, penchent pour une assignation de l'édifice à l'époque normande, sur la base de certaines considérations stylistiques, dont nous reparlerons.

Un témoin éloquent de l'état d'abandon où se trouvait l'église Sainte-Lucie au XVIᵉ siècle nous est offert par la plaque encastrée au-dessus du portail de la façade, en souvenir de la visite de l'évêque Alessandro Rufino, en 1568, et de la restauration entreprise par lui pour la restituer au culte : « Alex Rufinus Rapolien et Melphiens episcopus aediculam hanc divae Luciae dicatam iniuria temporum dirutam in hanc faciem instauravit decoravitque A.D. M.D.LXVIII ». Les travaux une fois terminés, l'église fut desservie par la congrégation de Saint-Michel, qui procéda au remplacement de l'ancien autel et fit creuser un local souterrain pour servir de sépulture.

Au XVIIᵉ siècle l'intérieur fut revêtu d'un banal décor baroque en stuc ; dans la façade principale furent percées deux fenêtres (aujourd'hui murées).

En 1930, par suite du tremblement de terre du 23 juillet, l'édifice présenta des lézardes dans les voûtes et le petit clocher s'écroula en partie (il avait déjà été endommagé par le séisme de 1694 qui avait provoqué l'écroulement du dernier étage, et par celui de 1851 qui réduisit en ruine sa reconstruction dans le style baroque).

En 1932-1933, par les soins de la Surintendance, sous la direction de Edoardo Galli, fut effectuée une campagne de restauration, grâce à laquelle on a porté remède aux dégâts subis par le clocher et l'on a remis en état le parement de la façade occidentale et les voûtes de couverture. A cette occasion on a aussi rendu à l'église son visage primitif : on a éliminé le décor baroque de l'intérieur, dégageant les piliers carrés, les arcs, les fenêtres simples et la table de l'ancien autel.

En 1958-1959 eut lieu une nouvelle intervention de la Surintendance, sous la direction de Mongiello, destinée à consolider les structures.

Le plan de l'édifice est singulier. De type basilical, il présente un corps longitudinal subdivisé par six arcades de chaque côté en trois nefs égales sur lesquelles se greffent au niveau de la seconde et de la cinquième travée deux transepts non saillants. Pour finir, une seule abside semi-circulaire. Les transepts sont couverts de berceaux dans les croisillons et d'une coupole elliptique sur pendentifs qu'entoure un tambour carré dans la partie centrale. La nef centrale est couverte de voûtes en berceau, les nefs latérales, de voûtes d'arêtes

interrompues par les berceaux transversaux des bras des transepts. Les supports sont constitués de solides piliers carrés en pierre grise du Vulture ; à ceux-ci correspondent, sur les murs latéraux, des pilastres en saillie de la même pierre, comme les claveaux des arcs. Ceux-ci avec leur cintre légèrement brisé renvoient à la culture arabe, comme les voûtes d'arêtes. Les lourdes membrures, se détachant sur les surfaces uniformément enduites, suggèrent une datation à l'époque normande. Même si « la disposition de l'espace à l'intérieur et le jeu même des masses à l'extérieur » sont certainement d'origine byzantine. C'est en particulier à des modèles cypriotes, aux églises Saint-Lazare à Larnaca et Saint-Barnabé près de Famagouste (pourtant à trois transepts avec prédominance de la nef centrale) que renvoient les schémas cruciformes à coupole sur l'axe entrée-autel. Pour une telle église on a également évoqué l'architecture des Pouilles à file de coupoles à laquelle cependant « elle ne s'apparente que dans le jeu des volumes simples et massifs ».

D'étroites fenêtres simples ébrasées vers l'intérieur s'ouvrent dans les murs terminaux du transept, dans l'arrondi de l'abside et dans les murs adjacents, produisant avec les quelques autres ouvertures (celle de la façade et les petites fenêtres situées à la hauteur du raccord entre la calotte des coupoles et les murs de soutien) un éclairage doux et rasant.

L'extérieur de l'édifice s'inspire de la même austérité que l'intérieur et est privé de tout décor.

A l'exception des arêtes où se montrent de gros blocs de pierre équarrie, évidemment utilisés pour renforcer les angles, la maçonnerie est constituée de pierres brutes ou à peine dégrossies, avec beaucoup de mortier, et est entièrement recouverte de crépi.

La façade occidentale est à rampants interrompus : un seul portail s'y ouvre, au milieu ; les piédroits en pierre équarrie apparente, sont couronnés de chapiteaux décorés de feuilles d'acanthe sur lesquels retombe la double voussure qui entoure un tympan en demi-cercle orné au centre d'une corolle de fleur tandis qu'à sa base se déploie une frise végétale. En dehors de ce portail, la seule ouverture de la façade est la fenêtre simple en plein cintre qui éclaire la nef centrale. Entre les deux ouvertures se trouve la plaque commémorative mentionnée plus haut. Les flancs et le chevet sont totalement dépourvus de motifs ornementaux : outre la nudité des murs, on est frappé par la rareté des arrivées de lumière, avec une nette prédominance des pleins sur les vides qui montre que l'église se rattache au langage roman d'Occident. Deux tours carrées, couvertes d'un toit à quatre versants composé de tuiles, s'élèvent au point de rencontre des deux transepts et du corps longitudinal de l'église. Du côté Sud, à l'endroit du transept le plus proche de l'abside, se dresse le clocher : l'étage campanaire est, on l'a dit, le fruit d'une réfection (la tour communique avec l'église grâce à une arcade de jonction ouverte dans le mur de la nef latérale de droite).

SANTA MARIA DELLA PALOMBA. TÉMOIN DE LA PERSISTANCE du style roman dans sa version apulienne sur le territoire de Matera, la façade de la petite église Santa Maria della Colomba ou, comme on dit localement, della Palomba, se dresse aux environs du chef-lieu, sur la route vers Laterza, un peu au-delà de l'église Santa Maria della Valle. On ne possède pas de renseignement sur la fondation ; l'on fait remonter la façade au XIIIᵉ-XIVᵉ siècle.

Sur la façade – en blocs de pierre équarrie apparente disposés en assises horizontales – se déploie l'habituel dispositif d'arceaux sur lésènes ; dans l'arceau le plus large, au centre, s'inscrit la rose au-dessus du portail d'entrée, comme dans les exemples de Matera ; au-dessus de la rose se trouve une niche qui entoure l'archange Michel en train de terrasser le dragon.

La façade a été remaniée par la suite. On attribue à Giulio Persio le relief classicisant avec la *Sainte Famille* sur le portail, exécuté au cours d'une campagne étendue à l'intérieur de l'église et achevée vers 1588.

10 SANTA MARIA DELLA VA-GLIA. NON LOIN DE MATERA, *dans la direction de Laterza, se trouve Santa Maria della Vaglia (della Valle ou de Balea), église de la deuxième moitié du XIIIᵉ siècle creusée dans le tuf, mais qui se distingue des édifices rupestres habituels particulièrement répandus, on le sait, dans la région de Matera, par ses proportions monumentales et par sa façade en maçonnerie – blocs de pierre équarris disposés en assises horizontales. Placée sur un des flancs de l'église, la façade, tout entière parcourue à*

son sommet par le déroulement irrégulier d'arceaux aveugles brisés scandé par des lésènes, manifeste qu'elle partage en quelque manière le goût ornemental propre à l'architecture non rupestre de Matera, celui que nous avons vu s'exprimer dans la cathédrale et dans les autres églises contemporaines, selon une tendance prédominante qui relie Matera à la principauté de Tarente. Un certain Leorius originaire de Tarente – ce qui n'est pas un hasard – a laissé sa signature sur un des quatre portails qui s'ouvrent dans la façade. Sur chacun des portails retombent deux lésènes qui encadrent une paire d'arceaux, en sorte que les portails se trouvent tous comme inscrits de la même manière dans ce dispositif. Ces portails diffèrent les uns des autres par la forme : le plus riche est, actuellement, le premier à gauche, en plein cintre avec pignon ; lui font suite un portail aussi en plein cintre, puis un autre brisé et un quatrième à l'arc trilobé. Le portail à pignon présente le long de l'archivolte le motif caractéristique de feuilles d'où pendent des fruits, et deux lis. Deux voussures décorées, de feuillage pour la voussure externe, de rosaces inscrites dans des cercles pour l'autre, entourent le portail à l'arc brisé.

Sont dignes d'intérêt, à l'intérieur de l'église, les peintures – malheureusement incomplètes aujourd'hui – sur les murs et sur les chapiteaux des piliers ; elles sont d'époques diverses (XIIIᵉ et XIVᵉ siècles).

L'église appartenait au monastère bénédictin de la Vierge de l'Assomption ; elle doit son nom – della Valle Verde (de la vallée verte) – au fait de s'élever à l'orée d'un bois. En 1756, l'église a été désaffectée. Actuellement abandonnée à elle-même, elle est pratiquement inaccessible à cause des ronces qui envahissent le terrain d'alentour.

MELFI

LE CLOCHER DE LA CATHÉDRALE DE MELFI

Histoire

On connaît bien l'histoire de Melfi au Moyen Age, et sa position dans le cadre des événements qui ont marqué en Italie méridionale le triomphe de la dynastie normande. Rappelons seulement que c'est à Melfi qu'eut lieu le synode convoqué par le pape Nicolas II pour l'investiture de Robert Guiscard, reconnaissant ainsi la conquête, en 1059. Les Normands revêtirent de la plus grande magnificence la ville érigée en capitale du comté, par des réalisations qui subsistent encore partiellement aujourd'hui : nous pensons surtout au château (qui deviendra ensuite célèbre par les *Constitutiones* qui y seront promulguées au temps de Frédéric) et à la cathédrale.

Le clocher (pl. 1) qui s'élève au flanc de cette dernière est actuellement l'unique construction des bâtiments religieux qui conserve ses caractères originels. La cathédrale, élevée en 1155 sur l'ordre de Guillaume le Mauvais, a malheureusement subi une transformation radicale au XVIIIe siècle, et fut l'objet d'importantes restaurations après le tremblement de terre de 1851 et après celui de 1930. La tour campanaire avait été élevée deux ans avant la cathédrale, en 1153, par l'architecte Noslo di Remerio, sous le patronage du roi Roger et de son fils Guillaume. Une plaque de marbre encastrée dans la maçonnerie dit en effet : HOC OPUS REGIUM REGINA CELI COMENDET QUOS EX PRECEPTO ET SALARIO INVICTISSIMI REGIS ROGERII ET FILII EJUS GLORIOSISSIMI REGIS

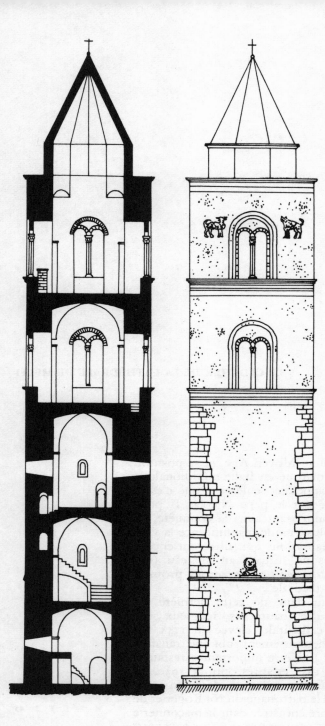

MELFI
cathédrale
élévation et coupe
du clocher

5m

W(ILLELMI) PRESUL ROG(ERIUS) CUM FIDELI POPULO MELFIENSI FELICI EXITU CONSUMAVIT. ANNO DOMINI MCLIII, tandis qu'une seconde inscription, gravée sur une des pierres du parement, nous dit : REGI ROGERIO ANNO AB IN(CARNATIONE) I(ESU) X(RISTI) MCLIII NOSLO REMERII FE(CIT) HOC (pl. 3).

Dans le tremblement de terre de 1851, le clocher perdit son couronnement originel en forme de flèche, et les merlons gibelins du haut de la tour furent détruits ; il fut donc l'objet d'une restauration à laquelle on doit sa terminaison actuelle. Jusque-là on pouvait lire sur la cloche : MAGISTER BERNARDUS DE VERRICIA ME FECIT CUM SOCIO SUO GUILIELMO, 1289.

Au cours des années 1928-1929, la Surintendance pour la Calabre et la Lucanie procéda à une nouvelle restauration : le clocher fut consolidé par les soins de Edoardo Galli qui fit à ce sujet un rapport détaillé et publia le relevé des figures zoomorphes qui ornent le dernier étage de la tour.

Le séisme récent – 1980 – n'a produit que de légers dommages et l'un des petits piliers de soutènement de la voûte s'est détaché du mur gouttereau.

Visite

Le campanile se dresse à côté de la cathédrale, adossé au flanc gauche (pl. 1). De la place de la cathédrale qui l'entoure, le regard s'élève aussitôt vers sa masse puissante, qui s'impose en effet bien qu'en retrait par rapport à la façade de l'église, grâce à son audacieux élan vertical qui atteint à la flèche 49 m de haut.

La construction est de plan carré ; sur une haute souche à trois registres en retrait, s'élèvent deux étages percés en leur milieu de fenêtres doubles qui prennent appui sur les corniches séparant des étages ; pour finir, une flèche octogonale reconstruite au siècle dernier. Les murs de la souche sont percés de fenêtres simples, petites et peu nombreuses et dépourvues de corniche de séparation, avec seulement un redan aux deux tiers environ de la hauteur. Avec cette partie du campanile, ainsi caractérisée par une verticalité uniforme, présentent un net constraste les étages supérieurs, scandés de corniches en saillies et de bandeaux en deux couleurs, allégés par les fenêtres doubles et égayés par le brillant décor géométrique à incrustations qui, des bandeaux, s'étend aux voussures et aux écoinçons des fenêtres ainsi qu'aux figures heureusement insérées de part et d'autre de celles-ci à l'étage supérieur (pl. 2). La maçonnerie est faite de blocs de pierre calcaire bien jointoyés, selon la technique en usage dans les Pouilles à l'époque romane ; jusqu'à la hauteur de la première corniche, les arêtes sont marquées par des pierres de plus grande dimension et de diverses formes ; à mesure que l'on monte, la maçonnerie se fait plus régulière. On remarque que dans le parement se trouve l'une ou l'autre pièce remployée.

Les motifs de marqueterie sont réalisés en utilisant des matériaux locaux : le calcaire blanc et le tuf gris du Vulture. Le parti décoratif est original. Le premier et le troisième bandeau de fin d'étage présentent un motif à losanges qui décore également la première rangée de fenêtres ; au-dessus se déploie un second bandeau, plus léger, portant un motif de bordure dentelée, avec des blocs coupés à 45°. La voussure de la deuxième rangée de fenêtres présente par contre un décor réalisé en opposant des tesselles triangulaires blanches à des tesselles également triangulaires mais grises. Le motif est repris dans les écoinçons mais en lignes horizontales. Le bandeau d'étage situé sous cette fenêtre est constitué lui aussi du même décor tandis que juste au-dessous se déroule un autre bandeau avec des motifs en sablier disposés tantôt verticalement, tantôt horizontalement. Sur la face principale, à droite et à gauche de la fenêtre de l'étage supérieur, il y a des panneaux décoratifs, eux aussi en deux couleurs, représentant deux animaux monstrueux (pl. 2), où Galli – qui les comparait entre autres aux monstres de la mosaïque de pavement de l'église Santa Maria del Patir, près de Rossano – reconnaissait les deux griffons, emblèmes héraldiques de la dynastie normande, tandis que Kalby y voit un lion et une panthère et établit un lien avec les incrustations du pavement de l'église Saint-Adrien à San Demetrio Corone (pl. 102 et pl. coul. p. 295) et avec des modèles de Salerne et d'Amalfi. Pour Kalby, les figurations héraldiques sont probablement dues à divers artistes, en raison de leur facture différente. Les panneaux que l'on peut voir aux côtés de la fenêtre sur le mur contigu présentent des losanges constitués d'autres losanges plus petits. Au décor de la tour concourent également trois masques léonins en saillie, sur la souche (une sur la face principale, deux sur le mur à sa gauche).

La terminaison actuelle de la tour, en flèche octogonale, est due comme on l'a dit à une réfection. Le tremblement de terre de 1851 a en effet provoqué l'écroulement de la flèche originelle – dont les faces présentaient encore un décor à gros carreaux de deux couleurs – et la destruction de la terrasse pourvue de merlons gibelins et portée par des corbeaux, qui parachevait la construction.

Comme on l'a rappelé dans la partie historique, le monument est de 1153 : on peut lire cette date en deux inscriptions situées sur la courtine de la souche, l'une qui rapporte également le nom de l'artisan, Noslo di Remerio, l'autre dédiée au roi Roger et à son fils Guillaume, les commanditaires de l'entreprise (la première inscription figure sur un bloc de pierre de la façade sous le redan, la seconde sur une plaque en marbre encastrée dans le mur contigu, un peu plus bas que l'autre).

Par son décor à incrustations, le campanile de Melfi rentre dans une série d'exemples romans campaniens, en particulier de la région de Salerne, et présente des points communs avec les campaniles de Telese, de Lettere, de San Pietro «alla marmi», d'Eboli, de l'Annunziata de Minori. Par ailleurs on connaît bien les contacts qu'à l'époque normande Melfi eut avec Salerne et Amalfi. Sur le territoire lucanien ce type de décor ne constitue pas un cas isolé; on en perçoit un écho dans les ornements à incrustation de lave au tympan du portail de l'église Sainte-Marie de Pierno, près de San Fele; c'est à la même zone d'influence qu'appartient manifestement le bandeau à incrustation qui décore la petite chapelle dans la grotte de l'archange Michel à Monticchio.

DIMENSION DU CLOCHER DE MELFI

Hauteur : 49 m.

VENOSA

Histoire

L'abbaye de la Très Sainte Trinité appartient à ce groupe de fondations bénédictines qui se développèrent à l'époque normande grâce aux conquérants. Parmi les témoins de l'art roman en Basilicate, c'est la plus connue, certainement aussi en raison du prestige du lieu, rempli de vestiges historiques. Venosa, du fait qu'elle est située sur la voie Appienne, route conduisant de Rome à Brindisi, fut en effet un centre important dès l'époque romaine.

L'ensemble monumental se compose actuellement de deux églises communiquant entre elles – la plus grande incomplète (pl. 4) – et d'un petit palais abbatial; Cagiano de Azevedo estime que le noyau originel de cette dernière construction pourrait être de l'époque lombarde et, sur la base de sa parenté avec le modèle lombard de la *laubia,* l'identifie à l'ancienne hôtellerie, édifice destiné à offrir l'hospitalité aux voyageurs suivant les routes de pèlerinage.

Sur la position chronologique des deux églises et du monastère qui s'y rattache, on a beaucoup discuté : les édifices sont, en effet, le résultat d'un processus architectural long et complexe et qui s'est effectué en plusieurs étapes; en outre, au cours des siècles sont intervenus de nombreux remaniements. A une époque récente Corrado Bozzoni en a tracé un tableau convaincant à l'aide de considérations historiques et stylistiques dont nous parlerons. Les investigations menées dernièrement dans l'église vieille sous la direction de Mariarosaria Salvatore ont permis en outre de faire la lumière sur l'établissement paléochrétien qui en constitue le noyau primitif.

Les renseignements les plus anciens sur le monastère remontent au Xᵉ siècle : un passage du *Chronicon Cavense* dit que le monastère fut fondé en 942 à l'initiative de Gisulfus Iᵉʳ, prince de Salerne, «ad preces Indulfi comitis, consanguinei sui, qui postea factus est ibi mona(chus)». A s'en tenir à cette source (douteuse car le texte du *Chronicon* est le résultat d'une falsification ou d'une interpolation dans l'ensemble auquel il est joint), l'église vieille de la Trinité existait donc déjà au Xᵉ siècle. Les études effectuées par Mᵐᵉ Salvatore, comme on l'a signalé, ont permis de prouver que l'établissement ecclésiastique était même antérieur au Xᵉ siècle et confirment la tradition selon laquelle l'église vieille fut la cathédrale de la ville jusqu'à la consécration de 1059 par le pape Nicolas II, lequel «... pro cathedrale in abbatiam erexit», c'est-à-dire la transforma en abbatiale. La basilique, selon la spécialiste, peut se situer entre la fin du Vᵉ siècle et le milieu du VIᵉ siècle, et l'on doit probablement la rattacher à l'évêque Étienne (498-504) qui intervint aux conciles de 501, 502, 503, 504. Elle faisait partie d'un ensemble plus vaste, comme l'indique la découverte, dans la zone de ce qu'on appelle le baptistère, d'un fragment de mosaïque semblable à ceux trouvés dans la basilique.

Pour en revenir au monastère, la bulle de Nicolas II, datée du 25 août 1059, le définit «ab omnium hominum ditione subtractum apostolicae tantum sedi subjectum», et établit la mesure des redevances à verser au Saint-Siège, imposant le cens annuel d'une once d'or. Le document est d'une extrême importance pour nous car il témoigne que le monastère «de veteri civitate Venusia labore extructum a Dregone comite, restaurari ceptum per te (abate Ingilberto)». Dreux de Haute-ville (Drogon) était devenu comte des Pouilles en 1046, succédant à son frère Guillaume Bras de Fer, et dès 1043 avait le contrôle de la ville de Venosa, à lui confiée par Gaimar V, prince de Salerne, dans la répartition des terres conquises. Les travaux pour le monastère (occupé probablement alors par des moines du Mont-Cassin) doivent absolu-ment se situer entre 1046 (1043) et 1051, année de la mort de Dreux. De tels travaux comportèrent aussi, selon toute probabilité, la réfection de l'église déjà existante. Sur ce point nous possédons deux témoignages, très tardifs il est vrai : une plaque commémorative, demeurée jusqu'au XVIIᵉ siècle, et mentionnée dans la *Chronica* de Jacopo Cenna, et une inscription placée sur la tombe de Robert Guiscard et de ses frères lors de la réfection du tombeau au XVIᵉ siècle par les soins des chevaliers de l'ordre de Jérusalem. La plaque transcrite par Cenna se lit comme suit : «Dominus Drogonus Comes comitum et Dux ducum... ecclesiam SS. Trinitatis extra muros civitatis Venusii construere seu reparare fecit... per manus Fr. Ciliberti abbatis sub anno ejusd. Dni MLVIII et haec fuerunt extracta a privilegiis ejusd. ecclesiae et concord. in chronicis et compendio Regni hujus neapolitani». La restauration, ou plutôt, étant donné le faible intervalle de temps, l'achèvement ou l'agrandissement des bâtiments au cours de l'année 1059 à l'initiative de l'abbé Ingilbert, en charge dès 1053, a pu être entrepris quelque temps avant 1059, et peut-être que n'y fut pas étranger l'intérêt qu'y porta Robert Guiscard, une fois devenu comte des Pouilles. Les premières donations de celui-ci en faveur du monastère ne remontent cependant qu'à 1060; même si en 1057 il avait confirmé la donation à la Très Sainte Trinité accordée par Guilman, son parent.

En 1066 firent leur entrée à Venosa les moines normands de Saint-Evroul-en-Ouche, déjà mentionnés, venus en Italie à la suite de l'abbé Robert de Grandmesnil. A l'abbé Ingilbert, encore mentionné en 1066 dans une donation faite en sa faveur par le comte Gozzulino, succède un moine de ce même groupe, Bérenger. A la présence au monastère de cet abbé (futur évêque de Venosa), homme cultivé et de forte personnalité, sont liés des faits importants pour la communauté monastique qui connut un développement rapide. En effet pendant la période où elle fut gouvernée par Bérenger (de 1066 à 1094), l'abbaye qui abritait d'abord vingt moines parvint à en compter cent; elle grandit également en puissance et en richesse grâce aux nombreuses donations faites par les conquérants en sa faveur. Rappelons la donation de Guiscard à la Très Sainte Trinité en 1069, concernant l'église Saint-Pierre d'Olivet. En 1074, une nouvelle donation assurait à l'abbaye la moitié des revenus de la ville tout entière. En 1086 lui advint une généreuse donation supplémentaire : le nouveau duc Roger Borsa concéda aux moines des propriétés considérables dans le Nord de la Calabre, et en 1088 la moitié de la ville d'Ascoli Satriano. Un autre signe évident de l'importance atteinte par l'abbaye est le choix, par Guiscard, de l'église abbatiale comme lieu de sépulture de ses frères Guillaume Bras de Fer, Dreux et Humfroi qui en effet y furent enterrés en 1069; l'église devint ainsi comme le panthéon des fondateurs de la dynastie. Robert lui-même y sera enterré, en 1085, et aussi Guillaume de Principato, mort en 1080.

Cette heureuse conjoncture autorise à supposer un développement analogue dans le domaine du bâtiment, même s'il ne reste aucun document pour l'attester. C'est probablement à cette époque (1070-1080 environ) que fut conçu le vestibule qui précède l'église, et il est vraisemblable que furent agrandis les locaux résidentiels et les annexes; tandis qu'il n'est pas possible d'attribuer à Bérenger — même si l'hypothèse n'a pas manqué jadis de tenter les archéologues — l'église inachevée qui, nous le verrons plus loin, est d'un style plus tardif. Et du reste on ne s'en expliquerait pas la nécessité à ce moment-là, si l'église antérieure venait d'être achevée ou était alors en voie d'achèvement.

Depuis au moins 1114 se trouve à la tête de la communauté monastique un moine venu de Cava dei Tirreni, l'abbé Hugues, avec lequel avaient certainement dû arriver à Venosa d'autres moines de Cava. Mais peut-être que dès avant la fin du XIe siècle l'abbaye de Venosa était sortie de l'orbite du pays d'Ouche, pour s'en tenir aux dires de Paul Guillaume qui, dans son *Histoire* de l'abbaye campanienne, classe aussi l'abbaye de la Très Sainte Trinité parmi ses dépendances, à partir de l'année 1098. Une telle période est marquée par le climat d'anarchie féodale qui accompagne le faible gouvernement du duc Borsa (1085-1111). Pour le monastère s'amorce une phase de déclin. Si l'on doit en croire la chronique de Cenna au XVIIe siècle, les moines, pendant le schisme causé par l'anti-pape Anaclet II (1130-1138) qu'appuyait le roi de Sicile Roger II, en vinrent à abandonner l'abbaye, contraints par la guerre à prendre la fuite.

Dans la seconde moitié du siècle, l'abbaye retrouva un nouvel épanouissement, grâce à la faveur royale et aux personnalités influentes qui en assurèrent le gouvernement, tels l'abbé Constantin, frère de Matthieu d'Ajello, vice-chancelier du roi, et, plus tard l'abbé Gilles. Un témoignage éloquent de la puissance acquise par la Trinité nous est fourni par le *Catalogus Baronum* selon lequel, pour une *magna expeditio* projetée par la cour normande, l'abbé de Venosa offrit, à titre d'*auxilium,* un contingent de trente cavaliers et de deux cent trente soldats, en plus de ceux que le roi recevait de l'abbaye en raison de son droit de propriété sur la moitié d'Ascoli Satriano. Songez qu'en cette même occasion le Mont-Cassin offrit quarante cavaliers et deux cents soldats.

Les circonstances étaient certainement propices à la création d'un édifice cultuel plus conforme aux besoins nouveaux que l'importance accrue de l'abbaye avait fait naître.

Selon toute probabilité ce fut au temps de Gilles (1168-1184) – qui eut un rôle fondamental dans le retour de l'abbaye à son antique splendeur, grâce à sa situation privilégiée auprès de la cour de Palerme – que fut entreprise la construction de la nouvelle église. La datation vers la fin des années 70 proposée par Bozzoni trouve une vérification ponctuelle dans les solutions formelles adoptées, et les rapports étroits existant en ces années entre l'abbaye et les milieux qui gravitent dans l'orbite normande expliquent le modèle nettement normand de l'édifice, dont le choix prend par ailleurs une claire signification politique et idéologique.

Avec le déclin de la puissance normande, les moines de Venosa perdirent leur appui le plus influent. Ainsi commença la décadence, spirituelle et politique, de la Très Sainte Trinité qui finit par tomber dans l'orbite du Mont-Cassin lorsque l'empereur Henri VI confia le soin du monastère à son puissant allié Atenulphe, doyen du Mont-Cassin, en 1194.

Ce fut le coup d'arrêt des travaux, que l'on reprit ensuite en 1210; mais une dizaine d'années plus tard ils furent définitivement abandonnés, faute de moyens, à l'évidence, pour faire face à l'engagement économique qu'exigeait le grandiose édifice.

Nous ne manquons d'ailleurs pas de documents sur la situation précaire où se trouvait alors le monastère. Au XIIIᵉ siècle, la communauté connut des moments difficiles en raison soit de ses désaccords avec les évêques de Melfi et de Venosa qui prétendaient au contrôle de son patrimoine, soit de déchirements internes. Qu'il suffise de rappeler qu'en 1236 le pape Grégoire IX déposa l'abbé Grégoire pour l'immoralité de sa conduite.

La deuxième moitié du siècle marqua cependant une reprise : l'abbaye, dans le climat nouveau dû aux Angevins, retrouva la jouissance de ses anciens droits, comme l'attestent les registres angevins, et obtint la reconnaissance de son patrimoine. Nous ne nous étendrons pas sur les événements dont la communauté monastique fut le théâtre à cette époque. Il est intéressant de noter qu'à la reprise des relations diplomatiques avec la cour est lié un renouveau d'activité dans le bâtiment. Entre 1270 et 1290 environ, fut profondément modifié l'aspect de l'église antérieure, comme nous le verrons. Une inscription qui porte la date de 1287 et le nom de l'artiste, Palmerio, perpétue le souvenir de l'exécution du portail qui s'ouvre dans l'atrium (pl. 6), au temps de l'abbé Barnabé.

Mais dès l'approche de la fin du siècle la fortune de l'abbaye connaissait à nouveau le déclin. En 1297 par une bulle du pontife Boniface VIII (datée d'Orvieto le 22 septembre), le monastère, tombé en ruine, et pas seulement spirituellement, fut enlevé aux bénédictins et cédé, «cum omnibus ejus membris ac bonis, juribus et pertinentiis suis», aux hospitaliers de Saint-Jean de Jérusalem. La transmission donna lieu, entre les moines bénédictins et le nouvel ordre à des controverses qui durèrent longtemps. Bien que l'ordonnance papale admit que les bénédictins continueraient à officier dans l'abbaye même après le passage à l'ordre de Jérusalem, les moines refusèrent cette possibilité et opposèrent sans doute une résistance à l'entrée des hospitaliers. Robert d'Anjou intervint en effet et, par un décret du 23 février 1298, il ordonna à l'autorité locale de mettre les chevaliers en possession de l'abbaye. A leur présence dans le monastère sont liées d'autres transformations de l'église antérieure, et des travaux d'embellissement. L'abbaye, désormais privée de toute autonomie dans le domaine administratif, demeura longtemps encore la résidence des dignitaires délégués et des lieutenants et, même après le transfert du siège au palais des baillis à l'intérieur de la ville, les chevaliers s'employèrent à des travaux de consolidation ou d'embellissement. Vers 1300 fut réalisé le portail dans la face Sud de l'église inachevée. Dans la première moitié de ce XIVe siècle on s'occupa de la décoration picturale et de la restauration du petit palais abbatial.

Le XVIe siècle fut le témoin d'importants travaux dans les deux églises : l'église antérieure, en particulier, fut pourvue de chapelles et d'autels. Le tombeau de Guiscard et de ses frères reçut un nouvel aménagement. Les travaux concernèrent aussi la face Nord-Est de l'ensemble, la construction de ce qu'on appelle l'hôtellerie. L'épitaphe funéraire du bailli frère Ardicino Gorizio Barba atteste les restaurations entreprises par lui dans l'église antérieure vers le milieu du siècle. D'autres interventions furent l'œuvre du bailli frère Antonio Peletta (sur la face Ouest figure son blason avec la date de 1569). Une autre inscription rappelle la fondation d'une chapelle par la volonté du frère Giuseppe Caccia di Novara. Peut-être aussi au cours de ce même siècle, sinon au siècle précédent, fut ajouté le clocher-peigne (pl. 4 et 5) dont l'escalier d'accès aux cloches fut restauré en 1723, comme nous le fait savoir une inscription qui en attribue l'initiative au bailli Giovanni Borgherino.

D'autres interventions eurent lieu vers la fin du XVIIIe siècle. Deux plaques dans l'église antérieure rappellent les restaurations qui y furent effectuées en 1791 par le frère Erberto Mirelli; on éleva un nouvel autel dans l'abside et on rénova le sanctuaire; on construisit l'autel des saints martyrs dont on avait retrouvé les reliques en même temps que le corps de saint Athanase; les reliques furent placées dans la crypte au-dessous de l'autel majeur. La tradition place à Venosa, à l'intérieur de la Très Sainte Trinité, le martyre des trois frères Victor, Cassiodore et Sénateur, avec leur mère Dominata. Le souvenir devait encore en être vif en 1603, puisque les reliques, retrouvées lors de la démolition de l'ancien autel, furent attribuées précisément à ces martyrs. Il faut dire cependant qu'il s'agit d'une pure légende, l'existence de martyrs de ce nom ayant été contestée par les études récentes.

En 1808 les chevaliers de l'ordre de Saint-Jean abandonnèrent l'abbaye.

Après le désastreux tremblement de terre de 1851, à la suite duquel l'église antérieure fut pratiquement fermée au culte, eurent lieu de nouveaux travaux de consolidation; ce fut l'œuvre de l'administration des Bourbons qui les effectua selon les critères de restauration de l'époque.

L'ensemble des bâtiments de la Très Sainte Trinité est tombé de plus en plus en ruine par la suite, en raison des agents atmosphériques et de l'indifférence des petits seigneurs locaux, qui réduisirent l'édifice inachevé en carrière de pierre, à l'usage de leurs propres constructions.

On ne recommença à s'intéresser à ce monument qu'en 1893, année où le ministre de l'Instruction publique invite l'office régional à établir un devis de restauration. En décembre 1898 on commença les travaux, destinés à la consolidation, sous la direction du surintendant Adolfo Avena. Depuis lors et jusqu'à nos jours, les deux églises et le petit palais abbatial ont été soumis à plusieurs reprises à des restaurations.

A 1932 remontent les interventions de la Surintendance chargée des monuments de la Calabre et de la Lucanie, sous la direction d'Edoardo Galli, surtout sur le bâtiment de l'«hôtellerie», et sur l'atrium de l'église antérieure, ainsi qu'à l'intérieur de cette dernière (arcs du sanctuaire).

Vers 1938-1940 ont été retrouvées, dans l'atrium, des traces d'une structure destinée probablement à accueillir les sépultures ducales.

En 1958, des fouilles furent effectuées, malheureusement avec des méthodes discutables, par Emanuele Lauridia, inspecteur honoraire des Monuments des Pouilles et de la Basilicate, sur le flanc Sud de l'ensemble monumental de la Trinité, selon un axe perpendiculaire à celle-ci : on retrouva ainsi les fondations d'un édifice trilobé avec déambulatoire, renfermant au centre une cuve baptismale hexagonale, avec des traces d'une mosaïque de pavement à motifs géométriques. Des fouilles postérieures ont amené à identifier la structure trilobée comme la partie terminale d'un édifice de plan basilical – constitué peut-être d'un espace à trois nefs – contenant une deuxième cuve baptismale cruciforme, et présentant lui aussi des fragments de mosaïque qui semblent se rapporter à une deuxième phase de cet édifice, car ils se situent en partie sur le mur séparant la nef latérale de droite de la nef centrale.

Dans les années 1959-1960, une campagne de restauration a été menée par Franco Schettini, surtout dans l'église antérieure : on a établi ainsi que les ouvertures de l'abside étaient constituées de deux groupes de chacun quatre fenêtres simples; entre autres choses on a supprimé la chapelle, sans doute du XIVe siècle, dans la partie initiale de la nef latérale de droite, reconstituant le pilier et les deux arcs correspondants, et on a fait disparaître les cloisonnements des chapelles de la nef latérale Nord. Il semble qu'à la chapelle détruite appartenaient les fresques décollées par la suite et placées près de l'entrée.

En 1969 les fouilles exécutées au chevet de l'église vieille ont amené la découverte d'un mur concentrique à celui de l'abside dessinant un couloir semi-annulaire, entièrement pavé de mosaïque à l'origine. Les fouilles se sont étendues en 1976 à l'intérieur de l'église où l'on a retrouvé, dans la zone du transept, une crypte transversale par rapport à l'axe de l'église et, à l'intérieur de la sacristie située à l'extrémité gauche de la courbe absidale externe, une autre partie de mosaïque.

Des recherches menées tout dernièrement, on l'a rappelé, sous la direction de Mariarosaria Salvatore ont permis de reconstituer le plan de la basilique paléochrétienne. De nouvelles campagnes de fouilles sont prévues.

Visite

L'ensemble monumental de la Très Sainte Trinité se situe à la périphérie de l'agglomération actuelle (au Nord-Est de ses limites) sur les premières pentes du Vulture. A l'époque romaine l'endroit avait vu surgir un important centre urbain, l'antique *Venusia,* dont les fouilles effectuées en 1937 ont mis au jour de nombreux vestiges : sont particulièrement intéressants ceux d'un amphithéâtre de l'époque impériale que l'on aperçoit presque en face de notre ensemble, au-delà de la route. Quant à la Trinité elle-même, la tradition la prétend élevée sur le temple d'Hymen.

Dans la zone proche du côté Sud-Ouest de l'église inachevée s'élevait d'autre part un baptistère paléochrétien dont les restes ont été repérés pour la première fois pendant la campagne de fouilles de la fin des années cinquante (1958); plus récemment d'autres fondations ont été découvertes, et les derniers sondages ont permis de reconstituer la cathédrale paléochrétienne elle-même qui constituait le noyau originel de l'église antérieure de la Trinité.

Comme on a eu l'occasion de le dire à propos de la chronologie, l'ensemble abbatial comprend dans son état actuel trois édifices distincts : l'église antérieure, à côté d'elle ce qu'on appelle «l'hôtellerie» (en raison de sa probable destination), unique reste des locaux d'habitation, et derrière l'église antérieure, sur le même axe qu'elle, une seconde église, plus récente, qui ne fut jamais terminée (pl. 4). Commençons notre parcours par la partie achevée.

Il va sans dire que l'église antérieure telle que nous la voyons aujourd'hui porte la trace de nombreuses interventions d'époques diverses. De l'extérieur, on n'en saisit pas d'emblée le plan; au côté Ouest de l'église est adossé un atrium, auquel est rattaché, sur la droite, l'édifice abbatial, et le côté Est n'est visible qu'en entrant dans l'église nouvelle dont le corps longitudinal se greffe précisément sur l'abside de l'ancienne (pl. 5).

L'édifice abbatial est en saillie par rapport à la façade de l'église; l'étage supérieur abrite une petite chapelle romane (Bordenache), de plan rectangulaire, avec une nef embryonnaire suivie du sanctuaire carré couvert d'une coupole et terminé par une absidiole. Nous ne nous arrêterons pas davantage sur ce modeste édifice – d'ailleurs modifié au cours des siècles –, sinon pour rappeler la restauration dont il a été l'objet en 1932, au cours de laquelle l'étage supérieur, gravement endommagé par le tremblement de terre, a été démonté et reconstruit, et la coupole refaite avec extrados visible.

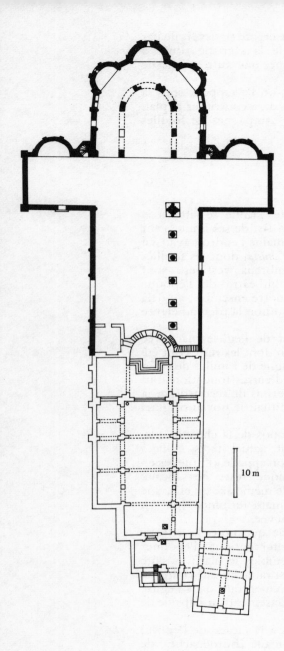

10 m

VENOSA
SANTISSIMA TRINITA
ensemble

L'atrium qui précède l'église antérieure se situe vers les années 1070-1080; on y pénètre par une porte ouverte dans la face Ouest, sur la gauche, flanquée de deux lions accroupis. Sur la façade, l'on voit le blason du bailli Antonio Peletta, ou plutôt la croix de Malte avec un lion héraldique et la date de 1569, en souvenir de l'intervention entreprise par lui. Une fois passé le seuil de l'atrium, on se trouve dans un espace de forme rectangulaire où sont aujourd'hui visibles des pièces de provenances diverses. Bozzoni estime qu'il a pu être destiné à recevoir les sépultures ducales, selon un usage de tradition carolingienne mais encore en vigueur à l'époque romane et qu'à cet effet ait été projeté un porche à arcades surmonté d'une galerie, demeuré peut-être inachevé, ou bien détruit en partie à la suite d'un tremblement de terre. Une telle hypothèse se trouve appuyée par les vestiges apparus au cours des restaurations des années 1938-1940, et concernant le mur Ouest de l'atrium. Ce sont des arcades à l'étage inférieur, et dans la galerie supérieure, des arcs portés par des colonnettes alternant avec des supports carrés (l'un est un cipe romain, les deux autres sont ornés de figures humaines). Comme dans la galerie, des éléments de remploi sont également utilisés dans la frise qui la souligne, à métopes et à triglyphes. Dans le thème de la galerie à arcades Bozzoni reconnaît un rappel précis d'exemples romans du Nord. Tandis que sur la droite un escalier ajouté plus tard conduit à l'étage supérieur de l'édifice abbatial, face à l'entrée se trouve l'élégant portail qui introduit dans la nef centrale de l'église (pl. 6); flanqué d'un côté (à droite) par une colonne et de l'autre par un fragment endommagé de fresque, le portail, du type à caissons, présente un riche décor de saveur arabisante; nous nous y arrêterons lorsque nous nous occuperons de la sculpture de l'édifice. Une inscription au tympan du portail, réapparue au cours des travaux récents, fait savoir que celui-ci fut terminé en 1287 du temps de l'abbé Barnabé, par les mains du maître Palmerio. A l'intérieur de l'église on accède aussi par une autre porte percée dans l'atrium en direction de la nef latérale de droite.

L'intérieur présente trois nefs séparées par une double série de grossiers piliers de maçonnerie aux dimensions variées et se termine par une seule abside semi-circulaire. La couverture actuelle est en bois. De remarquables témoins de la période paléochrétienne sont à nouveau visibles aujourd'hui dans ces nefs, grâce aux fouilles effectuées ces dernières années par la Surintendance aux Beaux-Arts de la Basilicate. En effet l'aspect architectural de l'espace intérieur est le résultat de nombreuses interventions de caractère technique (consolidation) et de «modernisation» réalisées au cours du temps sur l'église paléochrétienne. Cette dernière, selon les conclusions des recherches toutes récentes, était une basilique divisée en trois nefs par deux rangées de sept piliers surmontés d'arcs en plein cintre, avec un vaste transept non saillant terminé par une abside. Tout le long du transept et sur une travée et demie de la nef centrale s'étendait une *schola cantorum,* surélevée par rapport au sol de l'église. Deux colonnes monolithiques de cipolin surmontées de chapiteaux corinthiens, encore là dans la position même occupée à l'origine, supportaient par l'intermédiaire d'imposes décorées l'arc triomphal, dont la poussée était compensée par deux arcs en plein cintre sur les nefs latérales, servant également à passer dans la zone du sanctuaire. Une particularité du plan consistait

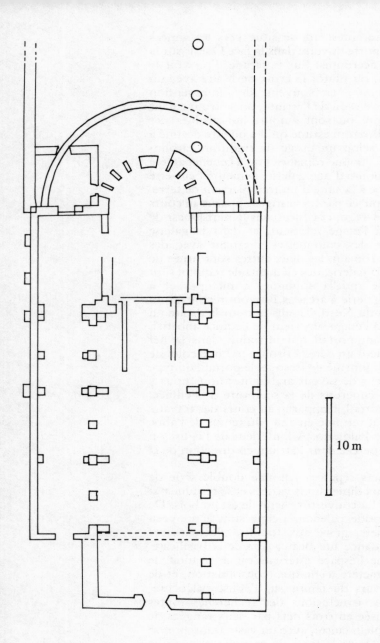

VENOSA
SANTISSIMA TRINITA
l'église antérieure

10 m

en ce qu'autour de l'abside se déployait un déambulatoire, de la même largeur que l'église, surélevé par rapport au niveau du transept, auquel on accédait par deux portes percées dans le mur du fond des nefs latérales et par deux rampes d'escalier dont on a perdu la trace du fait de l'introduction postérieure de la crypte. Huit ouvertures dans l'abside, réparties en deux séries de quatre par un mur plein dans la partie centrale, donnaient elles aussi sur le déambulatoire. Les actuelles fenêtres cintrées étaient en fait des portes (pl. 5), ultérieurement murées dans la moitié inférieure, comme l'indique la seule rendue à sa forme primitive car elle sert d'accès à la sacristie. L'abside conserve donc partiellement la structure originelle : la partie supérieure et le cul-de-four furent complétés au siècle dernier lorsqu'on y inséra l'oculus ovale et l'ouverture rectangulaire.

On a émis l'hypothèse selon laquelle, par les huit ouvertures de l'abside, les fidèles s'approchaient des reliques d'un ou plusieurs saints martyrs présents dans l'église. A l'intérieur de l'abside on a par ailleurs retrouvé une sorte de fosse rectangulaire, réutilisée ultérieurement comme ossuaire, avec une fosse plus petite creusée dans le fond et qui, lorsque la crypte entra en fonction, fut reliée à celle-ci par une ouverture. Le déambulatoire devait évidemment régler le parcours des fidèles de sorte que, entrant par une des nefs latérales, ils pouvaient sortir par l'autre.

La façade de l'église paléochrétienne est visible de l'extérieur dans la nef latérale Nord réduite par rapport aux deux autres, avec un portail d'entrée; dans la nef latérale opposée, on n'en trouve que les fondations, avec la même entrée.

L'appareil de l'édifice, visible de l'extérieur dans la partie basse des murs, était constitué de deux ou trois assises de blocs de pierre irréguliers alternant avec une ou deux rangées de briques. Le même type de maçonnerie, mais de facture plus régulière, existe dans les piliers exécutés à l'évidence de façon à rester apparents. Les voussures des portes et des fenêtres étaient en brique. Par contre la maçonnerie plus tardive qui surmonte la voussure des arcs est en pierraille de taille variée, tandis que celle des contreforts tournés vers les nefs, recevant les arcs en plein cintre qui les surmontent, utilise plus fréquemment des fragments de brique.

On peut encore voir quelqu'une des fenêtres simples originelles dans le mur interne, à une hauteur sensiblement égale à celle de la clef des arcs transversaux.

L'église paléochrétienne était pourvue d'une riche décoration de mosaïque, conservée partiellement. Une telle décoration à motifs géométriques et figuratifs constituait le pavement du déambulatoire de l'abside, de la *schola,* du transept et de la nef centrale (les nefs latérales étaient pavées de petites briques disposées en arête de poisson). On a aussi connaissance (Arslan) de la découverte, à l'intrados de l'arc d'accès à la sacristie, de tesselles blanches avec des traces de dessin en rouge, ce qui est peut-être l'indice d'un décor en mosaïque couvrant également le cul-de-four de l'abside. Sur certains des piliers de la nef centrale il y a aussi des traces de fresques, du haut Moyen Age semble-t-il, cachées du fait de l'adossement des piliers de soutien des arcs brisés réalisés plus tardivement. Au cours des recherches de Mme Salvatore fut découvert, incorporé dans le pilier de gauche du troisième arc transversal, un fragment d'épitaphe hébraïque.

Pendant la campagne de travaux sur le monastère (1046 à 1060 environ) entrepris par Drogon et continués par l'abbé Ingilbert, l'église fut restaurée en réutilisant les structures anciennes et en maintenant grosso modo le même plan. Ce sont par contre les transformations du XIIIe siècle (Bozzoni suggère une datation du dernier tiers du XIIIe siècle, de 1270-1290 environ) qui nous valent la présence dans la nef centrale des trois arcs transversaux brisés, reçus par des piliers alternés, plus précisément par des montants latéraux construits par la suite comme élément de renforcement. L'addition des arcs a complètement dénaturé le rythme qui devait caractériser l'espace originel.

On suppose qu'à l'occasion des interventions du XIIIe siècle on a aussi donné un nouvel aspect au sanctuaire avec les arcs longitudinaux brisés du pseudo-transept, et qu'en conséquence la crypte a été réaménagée. Le sanctuaire fut ensuite complètement refait en 1791, à l'initiative du prieur Erberto Mirelli. Deux plaques subsistent témoignant de cette intervention : l'une d'elles rappelle la découverte des reliques des saints martyrs et du corps de saint Athanase, et leur installation dans un «hypogée» sous l'autel majeur, c'est-à-dire dans la crypte.

La crypte qui s'étend sous le sanctuaire et l'abside, a été découverte récemment : il s'agit d'une pièce rectangulaire, reliée par un passage étroit à un corridor transversal (portant sur les restes de la voûte les traces d'un décor peint d'époque tardive) dans lequel on descend à partir des bras du pseudo-transept par deux escaliers parallèles aux murs longitudinaux. Peut-être est-elle devenue définitivement inaccessible au moment où y furent disposées les reliques.

Au XVIe siècle (de 1550 à la fin du siècle) la nef fut pourvue de chapelles et d'autels. De l'intervention du XVIe siècle entreprise par le bailli frère Ardicino Gorizio Barba, témoigne son épitaphe; une autre inscription, sous le portrait du frère Giuseppe Caccia de Novare, rappelle la fondation d'une chapelle.

D'autres modifications furent apportées à la nef au cours des restaurations de 1960 : la démolition de la chapelle dans la première partie de la nef latérale de droite, et par suite la réfection du pilier et des deux arcades qui s'y rapportent; la suppression des cloisons des chapelles de la nef latérale Nord. On a en outre modifié la forme des supports de l'arc triomphal et des pilastres correspondants adossés aux murs gouttereaux, en doublant leur dimension par une maçonnerie de brique qui soutient l'arc transversal lui aussi doublé au-dessus des nefs latérales.

Le décor de l'église antérieure remonte à différentes époques et comprend des œuvres de sculpture et de peinture. Dans l'ornementation extérieure, un élément particulièrement intéressant est le portail d'accès à la nef centrale (pl. 6). Il se compose d'une ouverture rectangulaire à linteau, surmonté d'un arc brisé retombant sur les piliers des piédroits. De part et d'autre de l'arc se trouvent deux colonnettes couronnées d'impostes sur lesquelles sont posés deux aigles mutilés. Le tympan au-dessous présente un étonnant décor sur trois plaques mutilées, de remploi : au registre inférieur, c'est une série d'arcades en fer à cheval entourant des motifs végétaux; au registre supérieur, le motif de trois poissons à tête unique disposés en étoile, symbole manifeste de la Trinité, est juxtaposé à une représentation du pélican ; il renvoie lui aussi comme les arcades au répertoire iconographique arabe. Une série continue de petits arcs constitue le décor externe du tympan. On a relevé l'étroite ressemblance entre certains motifs utilisés sur ce tympan – en particulier les arcades en fer à cheval – et celui de deux plaques de chancel retrouvées au cours des fouilles dans le baptistère voisin et conservées aujourd'hui au musée de Venosa. Comme on l'a signalé dans la partie historique, la date – 1287 – unie au nom de l'artiste, Palmerio, se trouve inscrite sur la moulure externe du tympan. Cette œuvre est la seule signée par le sculpteur, et il est donc difficile, comme le remarque Mme Grelle Iusco, d'établir si l'art qu'il montre sur ce portail est le témoignage d'une persistance de la culture islamique dans la région de Venosa jusqu'à l'époque angevine, ou s'il a été influencé par des événements récents, tel la destruction de la colonie de Lucera.

A l'intérieur de l'église, près de l'entrée sur la droite, il y avait un grand chapiteau réutilisé comme bénitier (il est aujourd'hui dans l'atrium), qui mérite une mention (pl. 7). L'œuvre représente, dans le haut, un masque de la bouche duquel sortent les corps d'un homme et d'une femme, allusion évidente à la création du genre humain (d'après le passage de l'évangile de saint Jean : *verbum caro factum est*) ; au-dessous se déploie le motif des animaux passants, analogue à celui d'un chapiteau, d'une tout autre facture cependant, ayant appartenu à l'origine à l'abbaye de Saint-André-en-l'Ile à Brindisi, et marqué d'influence nordique et d'un autre chapiteau de Brindisi qui s'inspire de ce dernier et se trouve dans l'église Saint-Benoît. La même figuration est reprise sur les quatre côtés. L'auteur est anonyme, peut-être – comme le pense Mme Grelle Iusco – un sculpteur lucanien responsable aussi de tous les demi-chapiteaux du déambulatoire de l'église inachevée. Mme Grelle Iusco penche pour une datation entre la fin du XIe siècle et les débuts du XIIe – et pour sa destination à l'église inachevée.

Autre élément digne d'être relevé : la tombe d'Alberade, épouse répudiée de Robert Guiscard et mère de Bohémond, qui se trouve dans la cinquième travée de gauche (pl. 8). Il s'agit d'un simple sarcophage en forme de caisse, en cipolin, inséré dans un édicule porté par deux colonnettes lisses, aux élégants chapiteaux de feuilles lobées et ajourées au trépan, caractérisées par l'allongement de leurs proportions. Le monument a un *terminus post quem* en 1112, si l'inscription lisible sur l'architrave fait bien allusion à Bohémond enterré près de la cathédrale de Canosa. Le goût «classicisant» qui s'y manifeste est un écho du milieu romain ambiant et des recherches françaises de la même époque.

Dans la nef latérale de droite, le sarcophage de Robert Guiscard, partiellement couvert de fresques très abîmées (au tympan, la *Trinité* avec de part et d'autre deux orants ; au-dessus dans le pignon, le blason).

Quant aux peintures murales, elles se composent actuellement des fragments d'un décor plus vaste, le plus souvent de facture médiocre.

Le plus connu, et le plus précieux, est celui qui, dans un cadre sur le pilastre adossé à gauche de la seconde arcade transversale, représente *sainte Catherine d'Alexandrie,* désignée par le *titulus.* La sainte, vue de face, le visage entouré d'un voile à la façon d'une guimpe, se présente couronnée et enveloppée dans un manteau blanc bordé de rouge qui laisse voir le décor filiforme du vêtement. Dans cette fresque, attribuée jadis à Roberto d'Oderisio, Ferdinando Bologna a reconnu la main du maître principal de la chapelle des Pipino à San Pietro a Majella de Naples, qui pour lui ne fait qu'un avec le premier maître de la «Bible moralisée» (ms 9561 de la Bibliothèque nationale à Paris), le baptisant «Maître de Giovanni Barrile» en raison de l'importance de son œuvre à San Lorenzo Maggiore à Naples, dans la chapelle de la famille Barrile. Pipino, seigneur de Potenza, de Bari, de Minervino et d'Altamura, fut probablement aussi le commanditaire de l'œuvre de Venosa (ainsi s'expliquerait la présence du peintre à Venosa, fief précisément du commanditaire des fresques de Naples), que Bologna date des environs du milieu du XIVe siècle : à cette époque en effet Giovanni, le plus haut représentant de la famille, se trouvait sur ces terres, engagé dans la lutte contre Ludovico de Tarente ; l'année 1358, celle de la mort de Giovanni et de ses frères, mis en déroute par l'adversaire, est considérée comme le *terminus post quem non* des fresques. Dans le cadre qui surmonte celui que nous étudions en ce moment, sur un fond plat et uniforme comme le précédent, est représentée une pietà, avec les figures de Marie et de Jean aux côtés du Christ dans le tombeau. Ces deux compositions (renfermées dans un seul et même cadre) constituent, avec *l'ange Gabriel* (auquel devait correspondre une Vierge de l'Annonciation), un petit groupe dû à la même main comme le pense Mme Grelle Iusco, sinon à plusieurs. Il y a d'autres fresques de l'époque angevine : le *saint évêque* et une Vierge à l'Enfant qu'elle porte sur le genou gauche, qui renvoient à un même courant de culture de source napolitaine directe. Mais nous ne nous arrêtons pas davantage sur ces peintures qui, comme les nombreuses autres présentes dans l'église, sortent des limites de notre étude.

L'église plus récente revêt pour nous un tout autre intérêt. Bien plus, elle se situe parmi les témoins les plus éminents du développement de l'art en cette région et, bien qu'inachevée, elle exerce une extraordinaire séduction par son harmonie et le caractère imposant de ses proportions.

La construction forme comme un seul corps avec l'église antérieure ; en effet il n'y a pas de solution de continuité entre les flancs des deux édifices (pl. 4), même s'ils ne sont pas véritablement alignés. De l'église nouvelle furent élevés, mais non jusqu'à leur sommet, les murs gouttereaux et en outre un pilier et la colonnade de droite du corps longitudinal, et d'autres supports dans la zone du chœur (pl. 9). Son plan, tel qu'on le déduit de ces éléments, est le plan basilical à trois nefs avec un transept saillant et pourvu d'une abside, le tout terminé par un déambulatoire à chapelles rayonnantes. La disposition du chœur avec déambulatoire, fréquente dans la construction religieuse transalpine, en particulier celle de France, est assez rare en Italie et seuls trois édifices présentent ce schéma dans l'Italie méridionale : le nôtre, précisément, et les cathédrales d'Acerenza et d'Aversa. Nous verrons au fur et à mesure les raisons qui invitent à considérer comme normand le modèle de notre édifice.

Les murs sont faits d'une maçonnerie sommairement agencée, revêtue d'un parement de blocs équarris de pierre calcaire aux dimensions inégales, en assises horizontales très régulières de diverses hauteurs, assemblées avec peu de mortier. En l'un ou l'autre point seulement, on remarque une interruption de l'homogénéité du parement : dans la partie initiale du mur Nord, où la facture grossière du raccord est probablement un indice, selon Bozzoni, de la fermeture à la suite de l'abandon des travaux de l'accès de service au chantier; également, nous le verrons, dans une partie du mur Sud et dans la zone absidale où, par ailleurs, la paroi extérieure a perdu en certains endroits son revêtement. En outre on utilisa dans ce parement, surtout dans la zone du transept et du chœur, des matériaux, y compris du marbre, récupérés sur les édifices romains et du Moyen Age, comme l'indiquent les nombreux fragments d'inscriptions latines (Mommsen a pu reconstituer l'épigraphe dédicatoire de l'amphithéâtre voisin) ou bien le caractère des figures gravées ou sculptées sur les blocs incorporés aux murs (divers blocs portent des croix ou autres dessins considérés comme lombards). On effectua au cours des temps des travaux de reprise de la maçonnerie.

On est frappé par l'extrême austérité des murs latéraux, marqués presque uniquement par la succession monotone des fenêtres cintrées. Le côté Nord présente cependant quelques colonnes adossées; l'aspect moins soigné que présente le mur Sud par rapport au mur opposé peut s'expliquer par le fait que ce côté était tourné vers le monastère et donc moins visible de l'extérieur; c'est probablement de ce côté-là qu'aurait dû s'étendre le cloître, selon l'usage habituel des ensembles monastiques bénédictins. Le clocher-peigne, qui se dresse contre le mur méridional (pl. 4 et 5), brisant de son développement en hauteur la rigoureuse horizontalité de celui-ci, est une adjonction tardive, sans doute du XVIᵉ siècle. Il faut rattacher à la construction du campanile l'interruption de l'homogénéité du revêtement mural que l'on remarque dans cette section, au-dessus des fenêtres. Dans la même face latérale s'ouvre un portail d'accès, datable des environs de 1300, qui devait servir aux moines; il se compose d'une ouverture rectangulaire inscrite dans une arcade en plein cintre; à la clef de l'archivolte, dans un cercle, se trouve l'agneau crucifère symbolique (pl. 10). L'ouverture de la porte est flanquée de deux colonnes aux chapiteaux de type corinthien recevant un arc en plein cintre décoré d'un motif de feuillage; le tympan qu'il entoure porte dans le haut parmi des éléments végétaux stylisés, la main divine et, dans la zone inférieure, une inscription qui invoque la paix humaine et divine sur les moines qui franchissent le seuil; un motif d'entrelacs borde la courbe du tympan. A l'intrados de la porte figurent des rosaces inscrites dans des carrés rappelant les motifs qui ornent les arceaux en fer à cheval sur le tympan à l'entrée de l'église antérieure. Il est probable qu'aux chevaliers de Saint-Jean auxquels fait allusion l'agneau crucifère, revient seulement le complément apporté au portail dont l'ouverture existait probablement déjà mais nue.

Les bras du transept, en saillie, s'ouvrant chacun sur une absidiole semi-circulaire plus vaste que celles qui terminent le chœur, s'élèvent un peu au-dessus du niveau de départ; c'est la partie de l'édifice qui, avec le chœur, se ressent le plus de l'interruption des travaux et de leur reprise à l'économie, par une main-d'œuvre différente de celle du début, comme le montre le recours plus fréquent à des matériaux de remploi. Dans le mur Ouest du bras gauche du transept se trouve un autre accès à l'église : il s'agit d'une simple porte à l'arc en croissant, à un seul ressaut; l'archivolte de l'arc intérieur est animé d'un motif végétal (pl. 11), semblable à celui que l'on voit sur la petite porte de la tour d'escalier septentrionale. Celle du mur attire cependant l'attention du visiteur par les pièces sculptées remployées placées au-dessus d'elle; celles-ci consistent en deux gros lions mutilés portés par des consoles; ils flanquent un cippe funéraire romain encastré dans le parement et surmonté d'un pignon où figurent quatre défunts – un groupe familial – représentés en buste et de face dans une pose rigide. Une autre ouverture, une simple petite porte, existe au chevet.

La partie terminale de l'édifice est animée par la courbe des absidioles qui ferment le chœur et présente une note de préciosité dans la frise des arceaux aveugles, scandés de lésènes, qui couronnent les murs extérieurs du chœur et du chevet (pl. 4). Une fenêtre cintrée, ébrasée, s'ouvre au centre de chacune des absidioles. On constate, sur l'extérieur de l'abside centrale et de l'absidiole Nord, une différence dans l'appareil: les trois ou quatre assises précédant le couronnement présentent des blocs de taille inférieure; des blocs similaires sont également utilisés dans le cul-de-four de cette même abside centrale et dans l'absidiole Sud. On se trouvait alors dans la phase ultime des travaux, avant l'abandon définitif, et les circonstances ont dû imposer une exécution accélérée, ou plutôt une mise en ordre de la partie déjà construite. Le programme originel fut évidemment modifié, lui qui devait assurément prévoir un plus grand développement en hauteur et le placement des arceaux aveugles à un niveau plus élevé, surtout dans les sections de raccordement entre les absides; actuellement ils s'y déploient à un niveau inférieur à celui où ils se situent dans la travée droite du déambulatoire. Les proportions extérieures du chevet paraissent aujourd'hui encore plus faussées par le rehaussement, survenu au cours du temps, du sol qui l'entoure, au point de couvrir presque totalement les fondements jadis visibles. Attirons l'attention sur la grande pierre taillée, au sommet du mur de raccordement entre l'abside méridionale et l'abside centrale, qui indique le niveau prévu à l'origine pour l'intrados des voûtes de couverture.

En dehors des murs gouttereaux, l'intérieur présente seulement une rangée de supports du côté droit du corps longitudinal (pl. 9) – cinq colonnes et un pilier à la jonction avec le transept – et des pilastres dans le chœur sur lesquels est encore visible le départ des arcs, détériorés par les agents atmosphériques. De la rangée de supports au côté gauche de la nef on n'a même pas posé les fondations. L'édifice n'a jamais été couvert.

Le côté Ouest est occupé par le chevet de l'église plus ancienne qui communique avec la nouvelle, greffée juste au-delà de son abside, par une petite porte percée dans cette abside (pl. 5). Le projet prévoyait la démolition de celle-ci dans une phase plus avancée des travaux de l'église nouvelle: Bozzoni attire en effet l'attention sur les pierres d'attente présentes dans la maçonnerie du mur latéral de gauche au niveau de son point d'ancrage sur celle de l'église antérieure, pierres qui font supposer l'intention de poursuivre la construction. La façade aurait dû s'élever plus en arrière, à en juger par la position de la première demi-colonne adossée au mur Nord trop près de cette future façade. Autour de l'abside de la vieille église se dressent des restes de la construction préexistante.

La partie qualitativement la plus remarquable de l'édifice est sans aucun doute la nef; les chapiteaux, en effet, y apparaissent fort soignés et l'ensemble est empreint d'un caractère structuré que ne revêt pas toujours le déambulatoire, nous le verrons. La nef garde les dimensions transversales de l'église antérieure et à peu près le même axe, et elle se trouve plus large que longue.

Les colonnes, cylindriques, sont maçonnées; elles prennent appui sur des bases de type attique et sont toutes, sauf la première adossée au pilier, couronnées d'élégants chapiteaux de feuillage (pl. 9), d'ascendance française. Nous en reparlerons. En attendant, relevons le rapport étroit qui lie la colonnade de la nef avec la paroi contiguë; en face de chaque colonne sont adossés au mur cinq culots à imposte décorés d'un seul rang de larges feuilles nervurées et recourbées, d'une façon analogue à celle des colonnes, et destinés à recevoir, par l'intermédiaire des impostes moulurées, les arcs transversaux des voûtes d'arêtes prévues sur les nefs latérales et les arcs aveugles en plein cintre (ceux au cintre brisé dans les deux travées correspondant au clocher sont dus à une adjonction plus tardive). Le rapport qui existe entre les deux structures justifie l'hypothèse de Bozzoni sur leur contemporanéité. Sur le mur gouttereau en face du pilier, on voit au lieu du culot une demi-colonne adossée. Sa présence conditionne la structure du pilier qui se trouve déformée; du côté qui regarde la nef latérale, il montre une demi-colonne de diamètre réduit par rapport à celles des autres côtés et désaxée de façon à répondre à l'élément qui lui fait face. Les demi-colonnes du pilier du côté de la nef centrale et du côté du transept s'élèvent au-delà du niveau des arcades, marqué par une collerette; vers la colonnade et vers les nefs latérales elles avaient par contre des chapiteaux analogues à ceux des colonnes, à échelle réduite naturellement. La conformation de ce support est tout à fait singulière dans l'architecture de l'Italie méridionale : la section horizontale en est typiquement normande.

L'espace du transept présente des surfaces carrées et dépourvues d'éléments décoratifs. Détail intéressant par sa rareté dans l'architecture méridionale : la présence de deux tourelles d'escalier, à l'endroit de la jonction du transept avec le déambulatoire. Cette solution, ainsi que les proportions du plan, très allongé, du corps transversal, renvoient à la zone normande (par exemple à Norwich et à Notre-Dame du Pré au Mans). La présence des tourelles explique la position des absidioles de chacun des bras du transept, qui se trouvent légèrement déportées vers l'extérieur. La porte d'accès à l'escalier du bras Nord présente sur l'archivolte un décor semblable, on l'a dit, à celui figurant sur la porte du bras gauche du transept.

Deux piliers carrés aux faces planes – celui de gauche s'élevant seulement des six premières assises au-dessus du niveau de départ – marquent le début du chœur : espace vaste et profond, entouré d'un déambulatoire et s'achevant par trois absidioles ouvertes au sommet de l'arrondi. Sur ces piliers devait retomber l'arc triomphal. Le développement en longueur du chœur qui sépare les trois absidioles de celles du transept rappelle des exemples normands ou de la zone d'influence normande.

Les piliers présentent sur la face interne un chanfrein en diagonale auquel correspond un chanfrein semblable sur la paire de piliers placés au départ de l'arrondi de l'abside. Ainsi se trouve marqué un espace presque carré précédant le cul-de-four. Les supports intermédiaires, de section rectangulaire, se situent dans un plan un peu en retrait qui est celui du mur au-dessus, de sorte qu'aucun ressaut ne devait rompre la continuité et l'unité de cet espace. Aux murs gouttereaux et aux côtés des piliers sur la courbe intérieure du déambulatoire, sont adossées des demi-colonnes surmontées de chapiteaux d'époques diverses et diversement décorés. Ceux-ci, comme les bases, sont de facture grossière pour la plupart, et souvent il n'y a pas parfaite correspondance entre le chapiteau et la demi-colonne qui le porte. De telles irrégularités ainsi que d'autres sont attribuées à l'utilisation au moins partielle de matériau en provenance d'une autre construction ou à elle destiné. Nous parlerons plus loin des chapiteaux. Pour le moment, il est intéressant de remarquer la nette différence de style existant entre les superbes colonnes de la nef et les solutions formelles adoptées dans le transept et dans le chœur, qui de toute évidence se rattachent à une phase différente de la construction.

Autre trait qui rattache notre édifice à la zone culturelle normande : l'emploi dans la courbe intérieure du déambulatoire de puissants piliers, choisis selon un goût marqué pour des structures solides et massives. Une parenté frappante unit de façon particulière le chœur de Venosa et celui du déambulatoire de la crypte dans la cathédrale de Gloucester où, en plus de la section trapézoïdale des piliers, on trouve un nombre égal d'arcades percées dans l'hémicycle et une même position des demi-colonnes adossées qui entraîne à son tour la solution des voûtes d'arêtes trapézoïdales. Le fait que soit le plan du chœur, avec déambulatoire et chapelles rayonnantes, associé au transept saillant et situé en arrière, soit les colonnes et les piliers de la nef renvoient à des modèles d'une même zone culturelle, autorise à penser que l'édifice est sorti d'un seul et même projet. Un bon nombre d'indices font croire par ailleurs que les travaux ont été commencés en même temps dans l'édifice tout entier (c'est aux années 1170-1180 environ que l'on peut en effet assigner les solutions adoptées dans l'une et l'autre partie). L'appareil est en fait homogène, sauf en quelque point de la face interne du mur gouttereau du déambulatoire, en particulier dans les deux murs de raccord entre les absidioles, et dans la partie Sud de l'hémicycle. En outre, les bases des demi-colonnes extérieures sont semblables à celles des lésènes des absidioles, et encore à celles de la courbe intérieure du déambulatoire et de l'angle du bras droit du transept dont la forme se retrouve par ailleurs dans les colonnes de la nef : on s'est manifestement servi d'un seul et même modèle d'exécution.

Les fléchissements de qualité observables au-delà de la nef trahissent une interruption des travaux – évidemment liée aux vicissitudes de l'abbaye entrée dans l'orbite du Mont-Cassin – et une reprise ultérieure, de façon plus modeste, vers 1210 (jusque vers 1220-1225); on poursuivit les travaux dans le déambulatoire, on mit en place les chapiteaux du chœur et on exécuta le portail du croisillon Nord, en faisant appel à des matériaux de remploi.

En conclusion, l'édifice révèle deux campagnes de construction : une première où fut mise en place l'implantation générale, et réalisée la colonnade méridionale de la nef; une seconde, qui initialement devait concerner le corps transversal et les piliers du déambulatoire. Les parties construites au cours de la seconde campagne apparaissent plus grossières, et l'on peut y voir un manque de cohérence par rapport au choix des thèmes dans les éléments décoratifs qui, nous allons le voir, renvoient principalement à des modèles apuliens et byzantins et révèlent donc la présence d'une main-d'œuvre différente de celle responsable du plan.

Le *corpus* sculpté de l'église inachevée est important. On a déjà parlé du décor plastique à l'extérieur. Arrêtons-nous maintenant sur les chapiteaux qui couronnent les colonnes maçonnées de la nef. Il s'agit de quatre magnifiques exemplaires dérivés du corinthien (pl. 5 et 9), avec un décor apparenté d'une certaine manière à celui des chapiteaux de la tombe d'Albérade (pl. 8), caractérisé par une double rangée de feuilles nervurées et recourbées, partiellement travaillées au trépan comme les caulicoles, où se manifeste une recherche précoce d'effets d'ombre et de lumière. Les tailloirs qui les surmontent sont animés de feuilles d'acanthe ou simplement moulurés.

Diversement datés jadis entre le XIIe et le XIIIe siècle, les chapiteaux sont attribués par les études les plus récentes aux alentours des années 1160-1170. Si, dans le mode de la taille, apparaissent des liens avec des exemples des Pouilles (les cathédrales de Foggia et de Troia), dans la forme et dans les proportions ils révèlent l'influence de modèles français, déjà presque gothiques. C'est également à une origine transalpine que renvoient les bases de type attique des colonnes, où le listel supérieur de la scotie est taillé en oblique et à l'aplomb du tore au-dessus; y renvoie encore la base à griffe du pilier, analogue à des exemples français du milieu du XIIe siècle.

Si les éléments sculptés de la nef, la première réalisée dans le temps, constituent un ensemble uniforme et d'une élégance raffinée, ceux du déambulatoire se montrent hétérogènes et n'atteignent pas la même qualité; en outre dans la pose, ils révèlent l'emploi d'une technique de maçonnerie différente. Les demi-chapiteaux sont de types divers et présentent une grande variété de motifs : ils sont sculptés de feuillage (pl. 13), de vannerie (pl. 14) ou bien de figures humaines (pl. 12) et animales (pl. 15). Dus à une main-d'œuvre provinciale attardée dans la plupart des cas, comme le montre le modelé le plus souvent fruste, ils sont de datation incertaine et il n'est pas exclu qu'au moins en partie il s'agisse de remplois, si l'on considère aussi les adaptations que leur mise en place a demandé; car ils ne semblent pas avoir été réalisés spécialement pour l'emplacement qu'ils occupent, comme le sont par contre les tailloirs (un seul tailloir ne se raccorde pas avec la corniche contiguë pour l'arc d'accès au déambulatoire); ils se rattachent pour quelques-uns à la plastique lombarde ou transalpine, mais le plus souvent à la sculpture méridionale. Des influences du Nord se manifestent sur le chapiteau d'une demi-colonne adossée au mur Sud du déambulatoire, avec des motifs humains et animaux, et ce chapiteau ressemble à celui qui sert de bénitier dans l'église antérieure (pl. 7). La facture des caulicoles faits d'un ruban plat et raide, apparente aussi ce demi-chapiteau à certains exemples du chœur, tandis que le motif des angles se retrouve sur le tailloir d'un demi-chapiteau adossé à un pilier de la courbe intérieure. Il est dû sans doute à un sculpteur lucanien travaillant au début du XIIIe siècle, mais encore attentif à des modèles du passé (comme le chapiteau-bénitier du XIe siècle), ou d'un peu plus tard, à moins qu'il ne soit dû au même sculpteur que le chapiteau-bénitier, comme le pense Mme Grelle Iusco. Certains archéologues mettent les figures humaines qui s'y trouvent en relation avec les nus exécutés pour le relief d'Adam et Ève au clocher de Rapolla (1209), sur le chantier duquel l'activité d'une équipe guidée par Sarolus de Muro est attestée dans les documents.

La plupart des pièces sont de saveur byzantine et elles présentent de grandes analogies avec des exemples apuliens. Datables du XIIe siècle, ou au-delà, ces chapiteaux sont pour la plupart décorés d'un collier serré de feuilles raides et, au dé de la corbeille, d'un fleuron ou d'un masque humain (pl. 13) ou animal entre des caulicoles; ils se caractérisent en outre par leurs proportions allongées; certains se distinguent parce qu'ils portent, au lieu de feuillage, des paires d'oiseaux, ou par la présence d'un tailloir à motif d'entrelacs (pl. 12 à 14). Deux chapiteaux présentent des caractères différents de tous les autres et sont en outre les seuls mis en place par des procédés qui les rattachent au pan de mur adjacent, semblables l'un à des exemples de la nef, l'autre – avec un aigle héraldique (pl. 15) digne de Frédéric – aux modèles dus à Acceptus et Romualdus à Canosa; ils sont placés l'un et l'autre sur les piliers marquant l'accès au déambulatoire.

Contrairement aux chapiteaux, les tailloirs paraissent exécutés expressément pour l'emplacement où ils se trouvent; beaucoup sont sculptés de motifs d'entrelacs de saveur archaïque, selon divers modes; tandis que d'autres sont constitués simplement des impostes de leurs piliers respectifs; un tailloir assez singulier est celui qui surmonte le chapiteau à crochet coiffant la demi-colonne d'un pilier dans la section méridionale du déambulatoire : il est pourvu d'un décor de billettes avec des visages humains aux angles. Un seul tailloir de chapiteau est maladroitement taillé et ne se raccorde pas à la corniche voisine, celui de l'arc d'accès au déambulatoire.

DIMENSIONS DE LA T.S. TRINITÉ DE VENOSA

Église antérieure

Longueur dans œuvre : 33 m 20.
Longueur hors œuvre : 34 m 70.
Largeur : 22 m 25.

Église inachevée

Longueur : 69 m.
Largeur : 22 m 50.
Largeur de l'arc d'entrée du chœur : 9 m 75.
Largeur de la nef latérale : 5 m 15.

ACERENZA

Histoire

Comme Venosa, sa voisine, Acerenza, aujourd'hui modeste mais pittoresque petite ville au sommet d'une pente face à la vallée du Bradano, se vante elle aussi d'un passé glorieux. Un témoin d'importance en est la cathédrale, dédiée à sainte Marie dans son Assomption, son monument le plus illustre sans aucun doute.

Selon nos sources, la fondation de la cathédrale remonte au XIe siècle; les chroniques de Loup le Protospathaire et de Romuald de Salerne rattachent sa construction à la redécouverte des reliques de saint Canius, protecteur de la ville, par l'archevêque Arnoul en 1080. Son érection est donc postérieure à la conquête normande – opérée par Guiscard en 1061 – à la suite de laquelle Acerenza fut promue au rang de comté, et à laquelle est liée l'élévation de l'église d'Acerenza – siège épiscopal depuis des siècles – à la dignité d'église métropolitaine sous le pontificat de Nicolas II. Les mêmes chroniqueurs rapportent qu'un incendie, désastreux pour l'agglomération, éclata plus tard, en 1090.

Sur l'origine de la cathédrale, on a également exprimé une opinion différente. Rusconi voit dans les quatre colonnettes de marbre engagées dans le parement de deux absidioles de l'édifice (pl. 16) la confirmation de la véracité de la tradition sans appui dans les documents, selon laquelle l'église a été construite pendant la domination lombarde, à l'initiative de l'évêque Léon II, afin d'y accueillir les reliques de saint

Canius, transférées d'Atella en ce lieu en 799. Il reconnaît en effet dans les colonnettes les éléments d'un ciborium lombard de la fin du VIIIᵉ siècle, situé sans aucun doute dans la cathédrale lombarde, détruite dans l'incendie du XIᵉ.

On a beaucoup discuté sur l'étendue de l'incendie. Lenormant, pour qui la cathédrale est de fondation normande, pense que l'incendie n'a pas arrêté les travaux alors en cours. Pour la plupart des archéologues, par contre, la cathédrale ne fut pas épargnée. Mais sur les années auxquelles il faut assigner la reconstruction, les avis diffèrent également. Dans le passé il y en eut certains pour l'attribuer à la période angevine; selon d'autres elle aurait eu lieu peu de temps après l'incendie; nous pensons que s'accorde mieux avec les caractères de l'édifice la datation qui la situerait aux premières décennies du XIIᵉ siècle. On ne peut mettre en doute, en effet, sa descendance directe de l'agencement architectural de la cathédrale Saint-Paul d'Aversa, sûrement antérieure, car certaines de ses parties – de provenance septentrionale très nette – en reprennent, nous le verrons, les solutions. Il faut tenir compte, à ce propos, des liens étroits qui existèrent entre ces deux centres. Les deux comtés furent soumis au pouvoir de la même dynastie, celle des Drengot : Richard, le fondateur de la cathédrale d'Aversa était le fils du comte d'Acerenza, Ascletin. Ce qui permet d'expliquer plus facilement la genèse du monument étudié et de lui donner sa juste place dans le cadre de l'architecture médiévale de la région, fournissant un point de référence sûr pour la datation.

En 1281 on songea à construire une nouvelle cathédrale, hors de la citadelle : une lettre du roi Charles Iᵉʳ d'Anjou, datée de février de cette année, adressée au juge de la Basilicate, fait allusion à ce projet qui cependant ne fut jamais réalisé.

Au XVIᵉ siècle, l'édifice subit des interventions qui en modifièrent partiellement l'aspect. C'est à cette époque que remonte le parement de la façade occidentale en bossage peu marqué. De 1524 date l'aspect Renaissance de la crypte, due au comte Giacomo Alfonso Ferrillo, dont elle a pris le nom. Au même moment fut entrepris l'embellissement de l'intérieur de l'église, qui fut enrichi d'œuvres d'art et de mobilier, tandis que fut modifié le corps longitudinal.

En 1555, le clocher de droite de la façade fut remanié par le maître Pietro di Muro Lucano, à l'initiative du cardinal Giovanni Michele Saraceno.

A l'époque baroque, la cathédrale fut encore transformée, selon les impératifs du goût nouveau, par la lourde addition d'autels et de stucs; un témoignage en demeure aujourd'hui dans l'abside de droite du déambulatoire; une restauration récente (1953) a en effet éliminé une grande partie des adjonctions, restituant au monument un aspect plus conforme à l'original.

A la suite des dommages survenus à l'édifice du fait du tremblement de terre de 1930, la coupole, selon un critère de restauration inacceptable, fut refaite sous une forme différente de la forme originelle. La coupole du clocher du XVIᵉ siècle fut également gravement frappée, mais on n'a plus envisagé de la reconstruire.

Dans les années cinquante ont été effectuées des restaurations qui ont modifié l'accès à la crypte, par la création d'une rampe centrale montant au sanctuaire, et sur les côtés de deux escaliers descendant au corps inférieur. Au cours des dix dernières années, par les soins de la Surintendance de Bari, un travail de conservation a été effectué sur les fresques de Francesco di Abriola dans la crypte, et l'on a procédé à la restauration des retables, dus aux Stabile, qui ornent les parois terminales du transept.

Le tremblement de terre de 1980 a endommagé le clocher; la façade n'a subi que des atteintes légères. Les travaux de restauration sont toujours en cours.

Visite

La cathédrale d'Acerenza s'élève au point culminant de l'agglomération; au milieu des maisons modestes qui l'entourent, elle se détache par l'aspect de quasi-forteresse que lui donnent le bastion en glacis sur lequel elle prend partiellement appui pour compenser la dénivellation du terrain, et ses masses puissantes et closes sur elles-mêmes, qui produisent une impression de solidité imposante (pl. 17). En dépit des remaniements subis au cours de son histoire, c'est l'un des monuments les plus remarquables de la Basilicate.

La façade donne sur la place de la cathédrale; fortement remaniée, elle possède encore en son milieu un beau portail roman, précédé d'un avant-corps en légère saillie, qui présente un intéressant décor influencé par les Pouilles, dont nous parlerons plus loin. Par contre le parement de pierre au faible bossage remonte au XVIe siècle. A l'origine il y avait trois portails; celui de droite a disparu pour faire place à l'un des deux clochers ajoutés postérieurement aux flancs de la façade. Du clocher de gauche il ne reste aujourd'hui que la base; le portail qui s'y ouvre est refait et donne accès actuellement à un local qui abrite pour l'instant quelques pièces sculptées appartenant au décor de l'édifice. Le clocher de droite par contre a gardé sa fonction; il est de plan carré, comme son compagnon, et se divise en trois étages posés sur une souche rustique et séparés par des corniches en saillie; chaque étage est pourvu de fenêtres de diverses formes et porte en même temps, disséminés sur le parement – aux blocs de pierre en assises horizontales – des reliefs remployés. Ce clocher fut remanié en 1555 par le maître Pietro di Muro Lucano : une plaque insérée dans la maçonnerie rappelle la chose.

Dans le haut, au-dessus du portail roman, au milieu de la façade, se trouve une grande rose, due à une réfection d'après ce qui restait de l'ancienne. Entre le portail et la rose on observe, encastrée dans le mur, une plaque de marbre rectangulaire avec un basilic en relief, emblème de la ville. Au sommet du pignon se dressait fièrement un buste en pierre calcaire, de l'époque romaine ou, selon certains, de celle des Frédéric; à la suite de la restauration, il a été transféré dans le local mentionné plus haut. Vénéré traditionnellement comme une représentation de saint Canius, patron d'Acerenza, il a été identifié par Lenormant, se basant sur deux inscriptions (l'une fragmentaire, considérée comme appartenant à la base du buste, la seconde tirée de la façade), comme celui de Julien l'Apostat. Récemment Settis, d'après l'opinion de Guy von Kaschnitz-Weinberg, pour qui la sculpture est une œuvre médiévale, considère que seules les inscriptions se rappor-

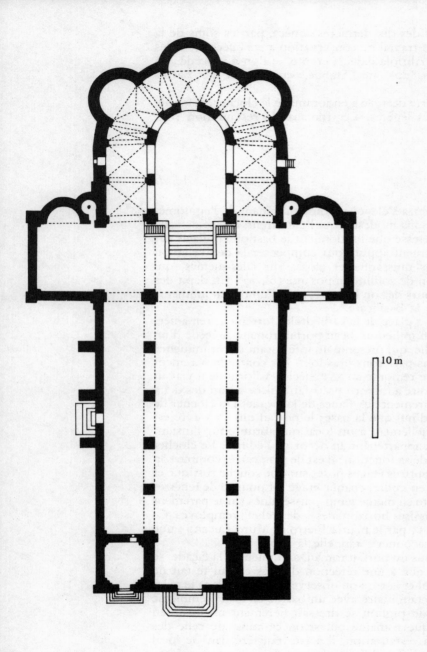

10 m

ACERENZA
cathédrale

tent à Julien l'Apostat. Bologna, à propos des imitations de l'antique attribuables à l'époque et au milieu des Frédéric, met en garde les archéologues contre les méprises possibles et pour son compte exclut la possibilité que le buste d'Acerenza se rattache au milieu romain.

Ayant franchi la ruelle étroite qui longe une première section du flanc gauche de l'église, on débouche sur la place Glinni, d'où s'offre au visiteur la possibilité d'admirer dans toute sa splendeur la partie de l'édifice qui présente le plus grand intérêt, parce qu'elle est la mieux conservée dans son état originel, à savoir la zone du transept et des absides (pl. 16 et 17). Du chevet, on jouit par ailleurs d'une vue privilégiée, car il donne sur la vaste vallée en contrebas. A le suivre sur le côté Sud, l'édifice est caché en partie par la cure adossée au mur Ouest du bras droit du transept.

La maçonnerie extérieure est massive, faite de pierres équarries de couleur brune en assises horizontales; elle présente un seul motif décoratif, fourni par le couronnement d'arceaux aveugles de saveur lombarde qui se déploie tout autour selon un rythme scandé de lésènes, ou bien, sur l'arrondi des absides, par des lésènes et des demi-colonnes qui montent de la plinthe; sur l'absidiole Est du croisillon Nord et sur l'absidiole adjacente du déambulatoire sont insérées, dans la partie inférieure des demi-colonnes qui divisent chacun des arrondis en trois panneaux, quatre colonnettes de marbre grec veiné, remployées, longues et fines, hautes d'à peine plus de 2 m, lisses dans leur partie inférieure, cannelées en spirale dans le haut, avec entre les deux parties un anneau à gros tore en damier (pl. 16). Rusconi qui les a remarquées le premier, estime, sur la base de comparaisons avec des œuvres comme le ciborium de l'église de Sant'Eleucadio di Classe, transféré vers l'an mille dans celle de Saint-Apollinaire de la même ville, qu'elles ont fait partie d'un ciborium lombard du VIIIe siècle, certainement situé dans la cathédrale antérieure à l'actuelle et détruit dans l'incendie de la fin du XIe siècle, vraisemblablement placé au-dessus de l'autel de l'abside centrale, selon l'usage. Puisque les colonnes sont datables approximativement de la fin du VIIIe siècle, elles constituent pour l'archéologue la confirmation de la valeur d'une tradition selon laquelle la cathédrale a été fondée pendant la domination lombarde.

De rares ouvertures éclairent l'intérieur, n'allégeant que bien peu l'aspect massif de la maçonnerie.

La partie orientale de l'édifice est animée extérieurement par un jeu complexe de retraites et de saillies, qui en révèlent le plan découpé. Le transept qui déborde le bras longitudinal est pourvu de deux absidioles; trois absidioles rayonnantes, semi-circulaires comme les précédentes, concluent la masse du chevet. Au jeu des volumes concourent deux sveltes tourelles cylindriques (pl. 16), inspirées de l'architecture du Nord de l'Italie, élevées à l'endroit du départ des croisillons, pour donner accès à la coupole grâce aux petits escaliers en colimaçon qui y sont logés; un arc rampant relie la tourelle méridionale à la travée droite du chœur.

A la croisée, la lanterne, de forme octogonale, s'élève haut, presque comme une tour, au point d'intersection entre le transept et la nef, et couvre la coupole; à l'origine elle était de forme cylindrique; en raison des dommages causés par le tremblement de terre de 1930, elle a été reconstruite dans la forme octogonale actuelle.

Les masses fort élevées et dépouillées, et la saillie marquée des absides auxquelles les bras du transept – situés assez en arrière – servent seulement de fond, ont été rapprochées, ainsi que celles d'Aversa, des masses verticales de la cathédrale anglaise de Norwich, de Saint-Ouen de Rouen, et d'autres édifices qui rentrent dans la zone d'influence normande, ou sont normands. On a rappelé dans la partie historique les liens entre Acerenza et la dynastie des Drengot.

L'intérieur de l'église revêt la forme d'une croix latine; le bras longitudinal est divisé en trois nefs par deux séries de cinq arcs en plein cintre portés par de simples piliers en maçonnerie, faits de blocs de calcaire et précédés de deux pans de mur (pl. 19). La couverture est en charpente apparente, refaite au moment de la restauration. A la croisée se trouve la coupole, remontée après le tremblement de terre de 1930.

Le transept, qui déborde les murs gouttereaux des nefs, est pourvu de deux absides semi-circulaires. Dans le croisillon de droite, en face de l'absidiole, se trouve l'entrée à l'actuelle sacristie. Le sanctuaire, du fait de la crypte située au-dessous, est surélevé par rapport aux nefs. Une série de sept arcades s'ouvrent dans les murs du rond-point. Le plan se termine par un déambulatoire couronné de trois chapelles rayonnantes (pl. 18).

La structure du corps longitudinal a été modifée, on l'a signalé, par les remaniements intervenus au XVIᵉ siècle. La partie qui garde le mieux ses caractéristiques originelles est donc, à l'intérieur aussi, celle de l'abside. C'est cependant aux restaurations récentes que l'on doit de pouvoir la contempler dans ses formes romanes; on a enlevé en effet une grande partie des adjonctions baroques, rendant à cet espace la note d'austérité et de sobriété qui marquait tout l'édifice. Dans la seule absidiole de droite du déambulatoire on a laissé le décor aux stucs abondants, comme témoin des interventions baroques (chapelle Saint-Michel).

Le parti de l'abside à déambulatoire avec chapelles rayonnantes rattache cette construction à la cathédrale d'Aversa (cf. *Campanie romane*, p. 243-250 et pl. 111 à 119) et à l'église inachevée de la Trinité de Venosa (voir plus haut p. 64 à 70), et il est très intéressant en raison des caractères exceptionnels des trois églises qui en confirment la dépendance à l'égard de modèles français.

De frappantes ressemblances de plan et de structure rattachent notre édifice soit à l'épisode campanien, dont on reconnaît aujourd'hui qu'il dérive directement, soit à celui de Venosa, le dernier dans le temps. Le déambulatoire absidal d'Acerenza se compose d'une suite de sept travées trapézoïdales alternativement plus étroites et plus larges, couvertes de voûtes d'arêtes, oblongues et en forme de lunules de construction irrégulière (pl. 18). On trouve un élément de comparaison dans des exemples situés plus au Nord, comme le déambulatoire breton de Loctudy (cf. *Bretagne romane*, pl. 89). La section droite qui précède le rond-point comprend deux travées de chaque côté, rectangulaires et toujours couvertes d'arêtes. Ce déambulatoire se différencie du modèle d'Aversa du fait qu'à Aversa les travées présentent un écartement uniforme. Les chapiteaux qui surmontent les demi-colonnes adossées aux murs rappellent certains chapiteaux d'Aversa. Quelques-unes des demi-colonnes sont de remploi.

Si nous comparons ensuite notre édifice à celui de Venosa, nous voyons que les dimensions en plan sont presque identiques dans les deux cas et qu'à Venosa également on a opté pour des voûtes trapézoïdales alternativement larges et étroites.

Autre trait qui apparente entre elles les trois églises du Sud, et celles-ci à des exemples de Normandie, les distinguant par contre du type des sanctuaires du chemin de Compostelle, autrement animés et pittoresques : l'allongement du chœur avec ses chapelles greffées au sommet de la courbe, ainsi que les caractéristiques relevées plus haut de l'élévation externe du chevet.

La crypte qui, on l'a dit, s'étend sous le sanctuaire est un témoin intéressant de l'art de la Renaissance dans la région et des influences qu'exerça sur lui l'architecture napolitaine (pensons en particulier au rôle de modèle qu'a joué la chapelle du corps inférieur de la cathédrale de Naples, œuvre de Tommaso Malvito). Comme nous l'avons signalé, la crypte a été refaite en 1524, sur l'ordre du comte Giacomo Alfonso Ferrillo, dont elle a pris le nom ; on y accède aujourd'hui par deux grands escaliers placés de part et d'autre de celui qui monte au sanctuaire, œuvre des restaurations effectuées vers 1950 ; auparavant l'accès se faisait par deux escaliers aboutissant à deux portes latérales par rapport à l'actuelle et désormais sans débouché : sur leur linteau est indiquée l'année de la construction. La crypte, de plan carré, présente un décor plastique surabondant et possède quatre colonnes aux chapiteaux surmontés de hauts tailloirs supportant les voûtes. Au cours de la dernière décennie les fresques ont été restaurées. L'auteur probable de certaines peintures murales, du XVIIe siècle, est Girolamo Todisco. Au fond, derrière l'autel, se trouve le tombeau en marbre des époux Ferrillo, de la famille du commanditaire.

Faiblement éclairé à l'origine par d'étroites archères et quelques autres ouvertures, l'intérieur de l'église a été pourvu de nouvelles fenêtres plus grandes lors des interventions successives subies au cours du temps. Aujourd'hui la lumière lui vient principalement des deux fenêtres simples ouvertes de chaque côté dans les murs hauts de la nef centrale, et de deux autres dans les murs des nefs latérales ; et aussi des trois fenêtres du bras gauche du transept et des deux du bras droit (la troisième, celle du milieu, a été bouchée ultérieurement), des ouvertures de la coupole, de celles du rond-point et des autres dans le déambulatoire.

Le décor de la cathédrale remonte à des époques diverses. Nous ne nous attarderons pas sur l'ameublement intérieur car il sort des limites chronologiques de notre étude. Ce fut en effet surtout au XVIe siècle que l'église s'enrichit d'œuvres d'art et de meubles précieux. Du même siècle datent également quelques peintures murales, fragmentaires, dans le sanctuaire ; Mme Grelle Iusco a attribué les peintures du déambulatoire à la main du fresquiste des piliers d'Anglona.

(suite à la p. 97)

TABLE DES PLANCHES

5

7

8

9

14

15

17

ACERENZA

20

21

A l'extérieur, le décor se concentre sur le portail central; l'avant-corps nous est malheureusement parvenu mutilé; il manque, dans le haut le fronton à gable dont existait mais a été démontée l'archivolte, qui présentait une série de bustes d'anges (seul reste en place un buste, le premier de la série; les autres fragments encore existants sont conservés dans le local attenant mentionné plus haut). L'archivolte reposait sur les épaules de deux figures d'hommes (en costume du temps) placés là à cette fin, comprimés entre les impostes et les chapiteaux au-dessus, remplies de force expressive dans les visages tendus. Les chapiteaux, ornés de motifs végétaux qu'animent dans celui de droite de petites têtes humaines qui se regardent à travers les feuillages, sont portés par de minces colonnettes, chacune d'un côté de la porte, posées à leur tour sur des consoles avec des groupes humains et animaux enlacés (dans le groupe de gauche, c'est un homme, dans l'autre une femme, nus tous les deux et victimes d'un animal mons-trueux qui les serre entre ses pattes et les mord) – avertissement donné aux fidèles de suivre la voie droite en triomphant des passions, tel est le message moralisateur que l'on veut faire passer. Le portail est fait d'une ouverture en plein cintre. C'est un riche et savoureux répertoire que présente le décor couvrant les piédroits et l'archivolte où, au milieu de rinceaux et de feuillage, se meuvent des hommes dans les attitudes les plus variées, des animaux et des figures fantastiques (pl. 20). Une allusion au thème eucharistique, présentée cependant sur un mode fort réaliste, nous semble devoir être relevée sur l'ébrasement du piédroit de gauche où, au milieu des boucles d'un sarment qui sert de guide, se déroule une brève mais parlante suite d'images représentant la ven-dange (de bas en haut, récolte du raisin, foulage) et se terminant par un petit compagnon qui s'éloigne avec sa jarre de vin. Dans la même symbolique pourrait s'inscrire le chevrotin que l'on voit plus bas, distant de quelques pas d'animaux qui se suivent. Avec les motifs figuratifs alternent sur les piédroits des motifs abstraits : rameaux de vigne entrelacés avec fantaisie (ébrasement de droite) des rinceaux doubles qui sortent d'une petite amphore et présentent dans leurs boucles un décor de palmettes (face externe, à gauche) des rinceaux doubles feuillus aux boucles disposées symétriquement par rapport à un axe vertical (côté opposé). Sur ce dernier côté, le bloc à la base est un détail agrandi du décor au-dessus, comme un exposé du thème qui sera développé. Des fleurs de tournesol tantôt renversées, tantôt tournées vers la lumière, des feuilles, des rosaces, inscrites elles aussi dans les boucles des rinceaux, qui cependant sortent de la gueule d'un animal, occupent la bordure interne de l'archivolte. Sur la bordure externe, par contre, dans les boucles des rinceaux habités, qui sortent de la bouche d'un homme et se terminent de la même façon, sont évoquées d'étranges créatures (une sirène à double queue, des centaures, etc.) et des hommes affairés, dans une variété de motifs, certainement symbo-liques, peut-être suggérés à l'habile sculpteur par des miniatures ou par quelqu'un de ces si nombreux objets meubles qui leur servaient aussi de véhicule au Moyen Age. Conçu architecturalement en consonance évidente avec des exemples apuliens (mais Acerenza elle-même faisait alors partie des Pouilles), comme le portail majeur de la basilique Saint-Nicolas de Bari (cf. *Pouilles romanes,* pl. 42), le portail d'Acerenza rappelle aussi dans ses détails décoratifs d'exemples apuliens ainsi : de

Saint-Léonard de Siponto (cf. *Pouilles romanes*, pl. 134-137) dérivent les groupes des consoles, tandis que les bustes d'anges qui dessinent l'archivolte de l'avant-corps (pl. 21) paraissent empruntés à ceux de l'archivolte de la cathédrale de Monopoli (cf. *Pouilles romanes*, pl. 77). La datation de ce portail est l'objet de discussions : Mme Grelle Iusco, dans le récent catalogue sur l'art dans la Basilicate, le date du XIIe siècle et en attribue la paternité à Sarolus de Muro, sur la base de points de contact avec les œuvres de Rapolla et de Monticchio, certainement de Sarolus et de la veine grotesque et caricaturale qui le caractérise; elle établit aussi un rapport de filiation entre les sculptures d'Acerenza et celles des Pouilles citées plus haut. Mais Mme Belli d'Elia, étudiant l'archivolte de Monopoli dans son tout récent volume sur les Pouilles romanes, donne une analyse plus exacte de la comparaison entre celle-ci et l'œuvre d'Acerenza et démontre que c'est dans cette dernière que se trouve le prototype – probable – de l'œuvre de Monopoli, exécutée de mémoire et tout à fait dépourvue de l'équilibre de composition et de la souplesse du modelé qui caractérisent la première. Les correspondances que les sculptures d'Acerenza présentent avec des modèles de la France méridionale fait tenir pour probable qu'elles sont dues à une main-d'œuvre étrangère au milieu local, peut-être justement en provenance d'au-delà des Alpes.

DIMENSIONS DE LA CATHÉDRALE D'ACERENZA

Longueur : environ 69 m 50.
Longueur de la nef : environ 45 m 50.
Largeur de la nef : environ 22 m 80.
Largeur du transept : environ 39 m.
Arc d'accès au déambulatoire : 4 m 10.
Largeur moyenne du déambulatoire : 5 m 10.

ANGLONA

Histoire

On fait remonter à une époque antérieure à l'an mille la fondation de la cathédrale d'Anglona, nouveau centre surgi sur les ruines de l'antique Pandosia et lui-même disparu par la suite au cours du bas Moyen Age.

La cathédrale existait certainement en 1092, puisqu'en cette année-là le pape Urbain II lui rend visite. La construction que nous voyons aujourd'hui conserve des éléments que l'on peut situer vers la fin du XIe siècle; mais son aspect est pour une grande part celui que lui ont conféré les modifications et les agrandissements opérés au cours des siècles qui ont suivi. C'est probablement à la première moitié du XIIIe siècle que remonte la transformation de la zone absidale (pl. 24) et la nouvelle parure décorative de l'église à l'extérieur, ce qui la place dans l'orbite de Melchior de Montalbano, au demeurant certainement lié à cette église, car on a la preuve (par une inscription sur le portail de la cathédrale de Rapolla exécuté par lui en 1253) qu'il fut clerc à Anglona.

Au XVe siècle subirent une réfection l'aile gauche de l'église, écroulée à la suite d'un tremblement de terre, et la zone du sanctuaire. Au XVe siècle encore remonte la construction ou la reconstruction de l'évêché adjacent avec pour conséquence la perte de la nef latérale de droite. Du XVe siècle selon certains archéologues (Prandi), du siècle

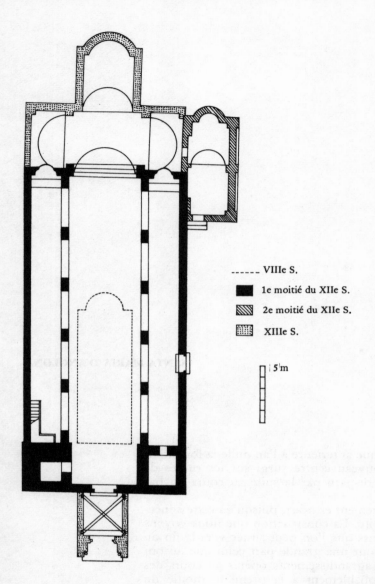

------ VIIIe S.

▮ 1e moitié du XIIe S.

▨ 2e moitié du XIIe S.

▦ XIIIe S.

⊦ 5 m

**SANTA MARIA
D'ANGLONA**

suivant au dire de Mme Grelle Iusco, datent les peintures sur les piliers de la nef, avec des figures de saints. A une campagne décorative antérieure, qu'on peut situer entre le XIIe et le XIIIe siècle pour certains, pour d'autres au XIVe, appartiennent les fresques qui subsistent sur les murs.

Ces siècles furent ceux de la plus grande splendeur de la cathédrale, d'ailleurs favorisée par les souverains souabes et angevins de généreuses libéralités, comme en témoigne la donation faite en sa faveur par l'empereur Frédéric II en 1221.

Au XIVe siècle la ville d'Anglona (ou plutôt le hameau, selon le document de Frédéric II) fut détruite par un incendie et abandonnée par ses habitants (le site sera ultérieurement utilisé pour une foire annuelle); seule la cathédrale fut épargnée, mais elle finit par perdre progressivement son ancien prestige, et en 1546 le siège du diocèse fut transféré définitivement à Tursi, par une bulle du pape Paul III. Ayant ainsi perdu sa fonction de cathédrale, Sainte-Marie d'Anglona ne fut plus qu'un but épisodique de pèlerinage. Au XVIIIe siècle on reconstruisit l'évêché, au-dessous duquel fut installée une écurie.

C'est en notre siècle que l'on s'est intéressé à nouveau à l'édifice. En 1931 il fut déclaré monument national. En 1965 on entreprit une campagne de restauration, confiée à la Surintendance des monuments des Pouilles et de la Basilicate. On supprima l'évêché et l'écurie située au-dessous, ainsi que les deux galeries, additions tardives elles aussi, de part et d'autre de l'avant-corps de la façade, et l'on rétablit la nef latérale de droite. Par la même occasion on procéda au renforcement des fondations et à la réfection d'une partie de la maçonnerie. On reconstruisit en outre la couverture à charpente apparente. Les travaux de restauration ont amené la découverte de vestiges considérables du plan primitif de l'édifice (dont on a pu établir qu'il se terminait par trois absides directement greffées sur le corps longitudinal).

En dernier lieu la Surintendance pour les trésors artistiques et historiques de la Basilicate s'est occupé des fresques, en les rendant notablement plus faciles à déchiffrer.

Visite

Entre Tursi et Policoro, au sommet d'une colline d'où elle domine les torrents du Sinni et de l'Agri coulant en contrebas, se dresse l'église Sainte-Marie d'Anglona, solitaire après la disparition de l'agglomération dont elle fut la cathédrale.

L'édifice actuel présente des parties construites à différentes époques, mais n'a pas perdu son attrait auquel concourt pour une grande part son cadre enchanteur.

La façade de l'église est précédée d'un atrium de plan carré avec une voûte d'arêtes à nervures, auquel on accède en descendant quelques marches et en franchissant un portail au milieu de la face Ouest (pl. 22). Le portail s'ouvre sous une vaste arcade (pl. 23); deux autres arcades ajourent les deux autres faces, dégagées depuis la restauration qui a supprimé les deux galeries adossées là ultérieurement. Sur la face antérieure de l'avant-corps se groupe une riche ornementation : le long de la voussure externe de l'arc, on trouve une suite de petites têtes humaines et animales du style des Pouilles. La voussure interne, faite de simples blocs de tuf, retombe sur deux colonnettes maçonnées couronnées de chapiteaux sculptés : une sirène à double queue à gauche, un motif végétal à droite. Dans le haut de la face sont encastrés cinq reliefs dont quatre portent les symboles des évangélistes et le cinquième, au centre, l'agneau crucifère ; deux autres reliefs sont disposés sur les faces latérales, figurant saint Pierre et saint Paul. De tels reliefs montrent à l'évidence leur dépendance des modes d'expression de Melchior de Montalbano (clerc à Anglona en 1253, on l'a rappelé), quoique dans un style populaire. Le portail qui donne accès à l'espace voûté d'arêtes présente le long de la voussure une double frise de bâtons brisés, de facture plutôt grossière. La datation de l'arcade et du portail se situe à la fin du XIᵉ siècle ; au XIIIᵉ siècle l'une et l'autre ont reçu la disposition actuelle. La présence, à l'intérieur de l'atrium, de la voûte d'arêtes à nervures avait conduit Bertaux à dater tout l'édifice du XIIIᵉ siècle ; en réalité il s'agit d'une structure hétérogène au reste de la construction. Les nervures retombent sur des consoles portées par quatre colonnes d'angle à chapiteaux (qui ne sont pas toutes d'origine).

La façade de notre église laisse voir les marques des interventions subies par la maçonnerie, où alternent des zones à blocs de pierre équarrie en assises horizontales et d'autres faites de matériau hétérogène – pierraille mêlée à des briques et des galets de rivière – mal agencé. Une seule fenêtre simple s'y ouvre au milieu, au-dessus de l'atrium. A gauche, en façade (dans le prolongement de la nef latérale), s'élève le clocher, interrompant ainsi la ligne de son couronnement horizontal. La tour, parcourue dans le haut d'une frise d'arceaux aveugles, est de plan carré ; l'étage campanaire présente dans chaque face une fenêtre double, sauf dans la face Ouest où s'ouvre une vaste baie. C'est dans l'orbite de Melchior de Montalbano que se situent les chapiteaux des colonnettes géminées qui divisent les fenêtres doubles.

Comme l'ont fait découvrir les restaurations, un second clocher aurait dû faire pendant au premier, sur la droite ; la construction interrompue est encore visible aujourd'hui.

La maçonnerie des faces latérales a elle aussi été remaniée ; celle de la face Sud est aujourd'hui constituée de pierraille, fragments de brique et cailloux liés avec beaucoup de mortier et laissés apparents ; celle de la face Nord a été refaite au cours de la restauration en assises horizontales de pierres équarries.

Les murs gouttereaux des nefs latérales, dépourvus comme la façade de tout élément décoratif, sont seulement marqués par les ouvertures de fenêtres simples (quatre au Nord, trois au Sud où à la place de la quatrième est percée une porte). Huit fenêtres simples (quatre par côté) s'ouvrent dans les murs hauts de la nef centrale, disposées en alternance avec celles situées au-dessous. Une fenêtre est également percée dans les murs terminaux du transept.

Au flanc méridional sont adossés aujourd'hui le local de la sacristie à proximité de la façade et, sur les derniers mètres de la nef, la chapelle du Saint-Sacrement (nef unique avec abside) ; avant les restaurations il y avait le long de cette face une construction servant d'écurie et au-dessus l'évêché ; ce qui est aujourd'hui la chapelle était utilisé comme sacristie et c'est seulement récemment qu'on lui a donné sa fonction présente.

Extérieurement, c'est sans aucun doute le chevet dont l'aspect esthétique est le plus soigné (pl. 24). Comme on l'a signalé, cette partie de l'édifice est le fruit d'un agrandissement de l'église effectué au XIIIe siècle; elle reprend cependant des techniques décoratives de tradition romane.

Les murs présentent l'habituelle série d'arcs aveugles, subdivisés en groupes – de deux ou, sur l'arrondi, de trois – par des lésènes; deux d'entre eux encadrent, au milieu de l'abside, une grande fenêtre flanquée de deux sveltes colonnettes portées par de petites consoles, et richement décorée de losanges et de denticules et d'une bordure en dents d'engrenage. Cappelli estime que cette fenêtre résulte de la fusion du style des Pouilles et de celui du temps des Frédéric, et suggère de l'attribuer à l'activité de Melchior de Montalbano. Au-dessus de la série d'arceaux se déroule sur l'abside une triple frise en dents d'engrenage qui reprend le décor de l'archivolte portée par les colonnettes.

La maçonnerie offre d'agréables effets de couleur, grâce à l'alternance de blocs de pierre bien équarris et de briques. On remarque sur le parement quelques briques où sont estampées des silhouettes de cerfs, de poissons et d'autres animaux. Au pignon, percé d'un oculus en son milieu, reviennent les arceaux, mais sous une autre forme; on rencontre en effet ici une variante du motif de l'arc assorti de demi-arcs; fréquent dans les églises byzantines, on en trouve un exemple en Italie méridionale dans l'église Sainte-Marie de Tridetti et à Saint-Jean-le-Vieux près de Bivongi en Calabre (pl. 60). C'est également d'origine byzantine qu'est probablement l'emploi des briques estampées dans le parement.

L'intérieur de l'église porte les traces des nombreuses modifications et additions subies au cours des siècles par la construction primitive. Les proportions mêmes de l'espace interne se trouvent aujourd'hui en partie faussées à cause de l'agrandissement de la zone terminale survenu au XIIIe siècle pour s'adapter aux nouveaux schémas de la liturgie bénédictine.

Le plan est à trois nefs séparées par une double série de piliers rectangulaires en maçonnerie montés sur des bases frustes (pl. 26). Les piliers reçoivent cinq arcs de chaque côté, en plein cintre du côté Sud, brisés du côté Nord, signe d'un remaniement de cette partie de l'édifice. La nef latérale de gauche fut en effet reconstruite à la suite d'un tremblement de terre, au XVe siècle. A part le transept et le chœur, postérieurs, la couverture de l'édifice a été réalisée en charpente apparente (l'actuelle est une réfection due à la restauration).

Un arc triomphal introduit dans le transept, à croisillons surbaissés, non saillants par rapport au corps longitudinal; lui fait suite un chœur profond couvert d'une voûte en berceau et terminé par une seule abside à extrados maçonné. Au cours de la restauration à laquelle l'église a été soumise dans les années 60, on a retrouvé les restes des deux absides à extrados (elles nous sont parvenues écroulées) placées aux extrémités des nefs latérales, et les structures de fondation de l'abside centrale; elles terminaient l'église dans son plan originel (pl. 25). L'extension de l'église se limitait donc initialement à l'arc triomphal actuel. Il s'agissait probablement d'une structure semblable à celle – d'origine bénédictine – de Santa Maria del Casale à Pisticci, située à faible distance d'Anglona, et à la structure elle aussi de type bénédictin de l'église antérieure de la Sainte Trinité à Venosa, c'est-à-dire d'un édifice basilical avec piliers, sans transept. Au XIIIe siècle, sans doute dans la seconde ou troisième décennie, à l'époque de la donation de Frédéric II, furent ajoutés le chœur et le sanctuaire actuels.

Naturellement l'éclairage de l'intérieur se trouve lui aussi faussé dans ses valeurs par les transformations; actuellement il reçoit la lumière des fenêtres simples percées dans les murs hauts de la nef centrale, de celles des nefs latérales, des petites fenêtres que présentent les niches creusées dans le transept et des fenêtres de ses murs terminaux, ainsi que de l'ouverture en façade, de la grande fenêtre absidale et de l'oculus au-dessus. Du côté Sud, dans le pan du mur de la nef latérale proche du transept et dans le transept lui-même, deux portes communiquent avec la chapelle du Saint-Sacrement adjacente.

L'église était abondamment fresquée, comme le montrent les nombreuses traces sur le mur de droite de la nef centrale – au-dessus des arcades – et sur la nef latérale correspondante, sur les piliers des deux rangées, sur les restes des absidioles latérales originelles et sur la section initiale du corps longitudinal; elles étaient presque illisibles avant la restauration entreprise dernièrement par la Surintendance aux trésors artistiques et historiques de la Basilicate qui, en plus de porter remède aux dommages causés par les interventions antérieures, en a récupéré de vastes fragments. Le processus de décoration a dû suivre un riche programme : il en subsiste aujourd'hui des scènes rattachées à des cycles de l'Ancien et du Nouveau Testament, dont viennent éclairer pour nous le déroulement les inscriptions en grec qui les accompagnent; dans la plupart des cas elles reproduisent intégralement des passages bibliques, dont les inscriptions ont été étudiées récemment par Passarelli. Les figures isolées des saints sur les piliers sont dues à une réfection plus tardive.

Au mur Sud de la nef médiane sont rapportés, en deux registres, des épisodes vétéro-testamentaires : on y trouve le cycle entier de la Genèse, dans un désordre seulement apparent «car il y a des correspondances théologiques dans le rapprochement des scènes». Celles-ci commencent dans le registre supérieur du mur, près de l'arc triomphal, par l'histoire de la création (la première phase de la création s'étend sur les deux registres); à la séparation de la lumière et des ténèbres, de la terre et des eaux, font suite la création d'Adam et Ève le péché, l'exclusion du paradis et le travail de nos premiers parents, Caïn et Abel, le combat de Jacob (un deuxième épisode de l'histoire de Jacob se trouve au registre inférieur). Au registre inférieur figurent les épisodes de l'arche (pl. 27), de l'ivresse de Noé, de la tour de Babel (pl. 28), de la délivrance de Lot par Abraham, de l'échelle de Jacob. Dans la section initiale du corps longitudinal, sur le mur de droite se déroulait, en conclusion du cycle vétéro-testamentaire, l'histoire de Joseph le patriarche – il en reste des fragments. Sur le mur d'en face, les rares vestiges font penser à un cycle christologique qui devait s'étendre sur tout le mur de gauche de la nef centrale. Sur les murs des nefs latérales devaient figurer des récits des Actes des Apôtres, mais le décor a presque entièrement disparu; il en reste le *martyre de saint Simon*, évêque de Jérusalem, en présence du consul Tibère Claude Attique, au mur de la nef de droite (pl. 30).

Sur l'absidiole Sud, les fragments subsistants font soupçonner la présence d'un archange ; sur l'absidiole Nord Passarelli suppose, sur la base d'une lettre de l'alphabet grec devinée sur le fond azur, le terme de Pantocrator.

Les cartouches et les inscriptions qui accompagnent les figures des saints sur les piliers, plus précisément les restes des lettres grecques originelles, qui réapparaissent dans les diverses inscriptions, ont permis de s'assurer, avant la réfection, de la présence des prophètes sur les piliers.

L'ensemble pictural de Sainte-Marie d'Anglona constitue un témoignage de grand intérêt pour l'histoire de l'art médiéval dans la région, en raison de l'ampleur monumentale et de l'exceptionnelle unité de leur iconographie. Passarelli, considérant le problème de la datation d'un point de vue paléographique, exclut que les fresques les plus anciennes soient antérieures au XIVe siècle et, les rattachant à la vague de reconstruction consécutive à l'incendie qui au XIVe siècle frappa la ville d'Anglona, les situe au temps de la reine Jeanne I^e (1326-1382). Mme Grelle Iusco incline à placer ces fresques entre la fin du XIIe siècle et le début du suivant. Les peintures sur les piliers ont à son avis été refaites au XVIe siècle, œuvre du fresquiste qui travaillait au déambulatoire de la cathédrale d'Acerenza (Catanuto et Prandi par contre datent ces dernières fresques du début du XVe siècle). Rattachées à la culture de la fin de l'époque comnène, les fresques les plus anciennes, selon Mme Grelle Iusco, se caractérisent par un langage artistique dont la Grèce byzantine et plus encore les provinces de Serbie et de Macédoine (Nerez, et la région de Kurbinovo-Kastoria) offrent les prototypes, comme le montreraient les notations expressionnistes, les rehauts colorés de grand effet, les figures allongées, la variété des détails anecdotiques.

DIMENSIONS DE SANTA MARIA D'ANGLONA

Longueur totale : environ 49 m 90.
Longueur de la nef : 35 m 70.
Largeur de la nef : 14 m 40.
Largeur du transept : 14 m 10.

MATERA

Histoire

Dans le centre politique et religieux qu'est Matera, la cathédrale selon l'expression du rapport circulant au Moyen Age entre église et communauté fut «mirabiliter fabricata» au XIIIᵉ siècle. Une inscription lapidaire, aujourd'hui encastrée dans la porte du local donnant accès au clocher, atteste la date d'achèvement des travaux (1270), tandis qu'aucun document certain ne se rapporte à leur commencement. Il est cependant possible de déterminer cette date avec une approximation suffisante. Le *terminus ante quem non* est l'année 1203 où le pape Innocent III établit dans la ville de Matera un siège épiscopal lié à celui d'Acerenza (le diocèse de Matera est cité comme suffragant d'Otrante à la fin du IXᵉ siècle). Cappelletti, rapportant le fait de la reconsécration de la cathédrale, survenue en 1627, dit qu'à ce moment elle était «déjà bâtie depuis 397 ans». Le début de sa construction remonterait donc à 1230, et à la vérité une telle date est acceptable car à cette période renvoient les étroites parentés que, comme nous le verrons plus en détail par la suite, il nous est donné de constater entre les sculptures qui la décorent et celles à l'extérieur de l'église Sainte-Marie-la-Neuve, aujourd'hui Saint-Jean dans la même ville, dont les travaux de construction, nous le savons, étaient en cours en 1233. Nelli, à propos de la cathédrale du XIIIᵉ siècle qu'il affirme, lui aussi, être achevée en 1270, parle de «réfection» : «au temps d'un certain Laurent alors archevêque, elle fut reconstruite à partir des fondations, et cela sur les fondements mêmes de l'église ancienne susdite, avec plus de magnificence, et une structure...». En effet, comme le note Mme Calò Mariani, les inscriptions encore encastrées à l'extérieur de l'édifice et celles jadis insérées dans les marches menant aux portails doivent se rattacher à un établissement plus ancien.

Entre le milieu du XVe siècle et la fin du XVIe, au temps même du développement croissant de la vie économique de la ville, la cathédrale se trouva enrichie, par l'entremise de prélats et de familles importantes, d'un nombre considérable d'autels, de chapelles, d'argenterie et de mobilier qui aboutirent à donner à l'intérieur un visage Renaissance.

Comme nous l'apprend un acte notarié du 18 mai 1451, grâce à l'apport financier de l'université aussi que du chapitre, fut exécuté un nouveau chœur en bois, encore aujourd'hui dans la cathédrale, sculpté par maître Giovanni Tantino, d'Ariano Irpino. Le chœur, «l'une des pages les plus intéressantes du développement du décor dans la Basilicate au XVe siècle», fut remanié et mélangé d'autres éléments lorsqu'au XVIIIe siècle, par suite de l'agrandissement du sanctuaire, il changea d'emplacement.

En 1559 fut construite la nouvelle sacristie (l'ancienne s'étendait au-delà du chœur) : la date se trouve au linteau de la porte. En 1578, eut lieu le décollement de la fresque représentant la Vierge Marie à gauche de la porte principale, au revers de la façade, et son transfert au-dessus du premier autel du mur Nord (pl. 45). L'opération fut menée par le chanoine Giovanni Pietro Sanità. A la place de la peinture figure aujourd'hui sur le mur le texte du bref du pape Grégoire XIII, du 15 janvier 1578, qui rendait privilégié l'autel de la Vierge dite Madonna della Bruna, tandis qu'au-dessous on lit une inscription dédiée à la Vierge en deux distiques. Quelques années plus tard, en 1581, le 14 février furent placées sur l'autel majeur «cum laetitia et gaudio totius populi» les peintures du grand retable du XVIe siècle venu de Naples, acquis, comme le notait la chronique du doyen Donato Frisonio, par les soins du chanoine Sanità déjà cité, grâce à un legs du frère Silvestre. L'installation du retable avait été l'œuvre du sculpteur Giulio Persio, fils d'un certain Altobello, auteur de diverses œuvres pour la cathédrale, parmi lesquelles la célèbre crèche, réalisée en 1534, en collaboration avec Sannazaro di Alessano.

Une image de ce qu'était l'église à l'époque de la Renaissance nous est présentée par la relation (1544) de la visite pastorale accomplie par le prélat Mgr Giovanni Michele Saraceno, entré dans la ville le soir du 13 décembre 1543.

En 1627, comme on l'a dit, la cathédrale fut consacrée à nouveau par l'archevêque Fabrizio Antinori sous le vocable de «Deiparae Mariae de Bruna Metropolitanae Ecclesiae titulari ac S. Eustachio civitatis Patrono». Dans le passé la cathédrale avait été mentionnée tantôt sous le titre de Saint-Eustache seul, tantôt sous celui de Sainte-Marie. A saint Eustache était par ailleurs dédié le monastère bénédictin dans la clôture duquel la cathédrale s'était élevée, au point que, dans les chroniques locales, les origines de celle-ci ont fini par s'entremêler avec l'histoire de l'établissement monastique. Le titre «de Bruna» fut attribué à la Vierge protectrice après que le pape Urbain VI, auparavant archevêque de Matera, ait institué en 1380 la fête de la

Visitation. A l'occasion de la reconsécration, l'archevêque Antinori fit reconstruire l'autel majeur. Plus tard, sur l'initiative du prélat espagnol Mgr Antonio de los Ryos y Culminarez (1678-1702), on refit le pavement.

Des interventions d'une plus grande portée, favorisées par un climat particulièrement propice, furent cependant entreprises au début du XVIIIe siècle. Avec l'élévation de la ville au rang de chef-lieu de la province de Basilicate, survenue en 1663, s'ouvre en effet une période très féconde pour la ville tout entière qui, du reste, ne cesse de s'agrandir et de se rénover selon les directives d'une politique urbaniste éclairée. La cathédrale elle-même, en conséquence, fut l'objet de travaux d'embellissement et d'agrandissement, qui en modifièrent en partie l'aspect.

Une première intervention, à laquelle est due la riche ornementation qui aujourd'hui encore caractérise l'intérieur (pl. 44), et sa plus grande luminosité grâce à l'élargissement des arrivées de lumière, fut décidée par l'archevêque Antonio Maria Brancaccio. Une inscription lapidaire en demeure le témoin, au-dessus de la porte principale; elle porte la date de 1718. Nelli évoque ainsi l'œuvre de Brancaccio : «Per dictum Archiepiscopum fuit refacta et ornata Ecclesia Metropolitana Matherana, suis expensis alboreo opere et navibus sarta tecta noviter fieri fecit, et ex picturis magnificis, ac fenestris redactis ad meliorem formam ut videtur, nam antea dicta Ecclesia videbatur ad similitudinem cujuscumque magni tugurii, quamvis esset degnissimae structurae».

Une intervention ultérieure, plus radicale, au temps de Mgr Alfonso Mariconda, s'appliqua à la zone du sanctuaire qui fut démolie pour faire place à un chœur plus profond, agrandissant la construction vers l'Est. Dans ce but l'archevêque céda une partie du terrain appartenant au palais archiépiscopal. Une inscription encastrée dans le mur du sanctuaire rappelle la construction du nouveau chœur en 1729, et sa reconstruction en 1738 à la suite d'un écroulement. Dans ces travaux, qui donnèrent naissance à un chœur de «plures palmos, fere quadraginta et amplius», plus étendu que le chœur originel et terminé par une abside polygonale, durent être compris également la coupole et la tour au-dessus, comme nous le verrons au moment de la visite.

Au XVIIIe siècle, sur l'ordre de Mgr Zunica (1776-1796), et une fois encore d'une façon plus voyante au XIXe siècle, on entreprit la dorure de l'intérieur : dans les Archives du chapitre de la cathédrale il existe un *Livre de la restauration de l'église et de sa dorure,* se rapportant aux dorures, nouvelles peintures et œuvres en stuc exécutées à partir de 1861, et d'autres cahiers concernent des travaux effectués jusque dans les années 80.

Au XXe siècle, à part des interventions isolées d'embellissement ou d'adjonctions, comme l'exécution de vitraux en couleurs par les soins des frères Pizzirano de Bari, les travaux ont eu surtout pour but de sauvegarder la stabilité de l'édifice et en particulier du clocher, endommagé par la guerre.

En 1938, à l'occasion de la réfection de l'autel Saint-Jean, fut retrouvé sur le mur Nord un fragment de fresque représentant un saint

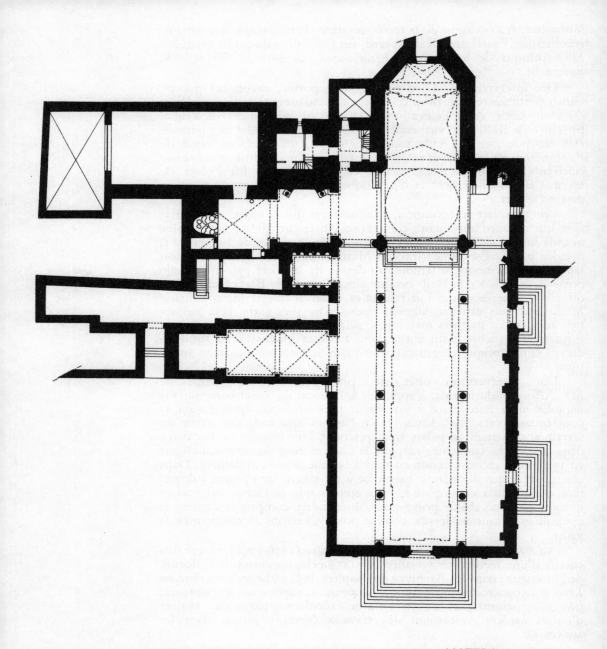

MATERA
cathédrale

moine en train de lire un livre : pour nous le faire connaître il reste un pastel.

Récemment la restauration entreprise par la Surintendance aux sites et monuments de la Basilicate (voir le *Projet pour les travaux de restauration et conservation de la cathédrale de Matera* rédigé par l'ingénieur Piergiorgio Corazza, Matera 1971-1973) a eu pour objet, entre autres, la consolidation du clocher, la révision de la couverture, le remplacement des blocs de tuf rongés à la base de la façade Ouest et du flanc Sud. Le tremblement de terre qui en 1980 a frappé la Campanie et la Basilicate a provoqué de graves lézardes à l'intérieur de la cathédrale, auxquelles on a porté remède dans les années qui ont suivi. La restauration, entreprise par la Surintendance aux biens artistiques et historiques de Matera en 1983 a conduit par ailleurs à l'heureuse redécouverte de fresques des XIVᵉ et XVᵉ siècles qui en 1627 avaient été recouvertes par la construction de Saint-Charles Borromée.

Visite

La cathédrale de Matera s'élève majestueuse au cœur de la «cité» sur le vaste plateau qui occupe le sommet de la colline; ainsi, «centre visuel du décor de la ville», la masse robuste domine le paysage et on peut la voir de loin grâce à son clocher (pl. 36) haut dressé au-dessus de l'enchevêtrement pittoresque, jadis populeux, des «Sassi».

Sur la place de la cathédrale donne la façade occidentale de l'église (pl. 31) et le flanc Sud (pl. 37). Ce sont les seules parties visibles de l'édifice, avec une portion du côté Nord, dont le reste est masqué par des constructions qui s'y sont adossées. Au côté Sud se rattache, à l'endroit du mur terminal du croisillon Sud, le flanc du palais archiépiscopal dont la façade borde la place sur un côté.

Extérieurement, à l'exception du chevet entièrement refait, la cathédrale garde presque intactes ses formes romanes du style des Pouilles, et de même son rapport à l'environnement : très parlante sur ce point la vue de Matera peinte à la fresque en 1709 sur la voûte du «salon des blasons» au premier étage du palais archiépiscopal.

La maçonnerie de l'édifice qui s'élève sur une haute plinthe est faite en toutes ses parties de la pierre fort appréciée des carrières de La Vaglia, disposée avec soin en assises horizontales de blocs équarris.

La façade précédée d'un emmarchement refait au cours des restaurations du siècle en cours, se présente avec le profil caractéristique à rampants interrompus et révèle la structure interne à trois nefs (pl. 31). La division de l'intérieur est bien marquée par les deux lésènes centrales auxquelles s'adossent, dans la partie supérieure de la façade, des colonnettes superposées portées par des atlantes et des animaux fantastiques (pl. 32); la présence, juste au-dessus, de deux éléments verticaux incomplets, fait penser – selon la remarque de Mᵐᵉ Calò Mariani – au point de départ d'un arc qui aurait dû se déployer au sommet, comme c'est le cas dans les églises Saint-Jean et Saint-Dominique à Matera même. Par contre la solution adoptée pour le couronnement est celui d'une fausse galerie d'arceaux sur colonnettes, rappelant le style de la vallée du Pô; son évident désaccord avec le reste de la façade suggère qu'elle est due à d'autres équipes, formées dans le

Nord plutôt que dans les Pouilles, peut-être agrégées au chantier après une interruption des travaux. Dans l'axe de la façade se détache une grande rose rayonnante (pl. 33) accompagnée, sur deux axes perpendiculaires, de quatre figures selon un schéma iconographique qui, également présent au mur Sud du transept, se retrouve en d'autres édifices de Matera, à savoir sur les roses de la façade de Saint-Dominique et de celle de Saint-Jean (incomplète en ce dernier cas), tandis qu'il ne semble pas se trouver ailleurs dans l'Italie méridionale. De sa signification iconographique nous parlerons plus loin. Par contre nous attirons l'attention sur certaines imperfections et sur l'asymétrie dans la disposition du registre supérieur de la façade, comme le déplacement vers la gauche de corniches, lésènes et colonnettes par rapport au décor central, dû sans doute aux équipes qui ont exécuté le dessin.

Au milieu de la façade s'ouvre le portail (remanié) sommé d'un arc en plein cintre entourant un tympan; dans le motif à entrelacs de la frise externe on a un souvenir du portail de Saint-Benoît à Brindisi (cf. *Pouilles romanes,* pl. 19); la frise interne présente des rinceaux fleuris. Les statues des saints en façade sont une addition, probablement de la fin du XVIe siècle. Aurelio Persio est l'auteur de la Vierge à l'Enfant du tympan et du saint Eustache et de la sainte Théopiste sur les côtés dans le bas (respectivement à droite et à gauche), tandis que la main de ses aides se trahit dans le saint Pierre et le saint Paul qui flanquent le tympan (Mme Grelle Iusco).

Les fenêtres en façade sont au nombre de deux et s'ouvrent dans l'axe des nefs latérales; deux colonnettes les flanquent, prenant appui sur des modillons à figures et surmontées de chapiteaux recevant l'archivolte décorée de feuillages et de fruits qui retombent (pl. 34). Selon la remarque de Mme Calò Mariani qui a consacré une étude approfondie à l'architecture de la cathédrale, il devait s'agir de fenêtres simples à ébrasement, d'un dessin semblable à celui de la fenêtre située entre les deux portails sur la face Sud, qui ont été «évidées» probablement au XVIIIe siècle, pour rendre l'intérieur plus lumineux. A l'endroit des nefs latérales, se déploient sur la façade, pour se continuer le long des flancs, des arceaux aveugles sur petites consoles séparés de deux en deux par des lésènes plates qui partent de la plinthe. Les consoles non prolongées par des lésènes portent un ornement (rosace, feuillage, motif à deux petites têtes accolées, etc.).

Le flanc Sud, du fait qu'il donne sur la place (pl. 37), révèle un souci du décor plus accentué qu'au flanc Nord. Ce dernier se borne à présenter la série d'arceaux aveugles à lésènes et la sobre corniche végétale qui borde tout l'édifice au-dessous de celle, à modillons, proche de l'égout du toit; également toutes simples ses deux portes d'entrée (la porte existant dès l'origine a été remaniée).

Par contre, c'est un décor important que présentent les deux portails, précédés l'un et l'autre d'emmarchements (refaits au XXe siècle), au flanc méridional, l'un dit «de la place» (pl. 38) et l'autre, plus célèbre, «des lions» (pl. 40), ainsi que la fenêtre simple (pl. 35), aujourd'hui murée, entre les deux. Le décor s'étend aussi — mais sans être visible du bas malheureusement parce que masqué par l'évêché — au mur terminal Sud du transept où se trouve une rose du type rencontré sur la façade occidentale (nous parlerons plus loin de son ornementation), tandis que le long des rampants et des arêtes se déploie une frise de rosaces à quatre pétales inscrites dans des cercles, comme au tambour de la coupole à l'église des saints Nicolas et Catalde de Lecce, et comme sur les piédroits du portail du flanc Nord du Saint-Sépulcre à Barletta. Deux lions sur consoles, peut-être reliés à l'origine par des éléments verticaux à la zone inférieure du mur, aujourd'hui englobés dans le bâtiment de l'évêché, complètent le décor. La frise de rosaces orne également le mur Nord du transept.

Dans les murs hauts de la nef centrale s'ouvre une série de cinq fenêtres; celles du mur Sud, d'un décor plus riche, sont flanquées de paires de colonnettes tantôt torses, tantôt lisses (tandis que celles du mur opposé sont toutes lisses), sur lesquelles retombe une archivolte légèrement trilobée; à l'intérieur de cette bordure, deux voussures qui se succèdent en léger ébrasement, ornées de motifs végétaux sculptés par ceux qui ont exécuté les portails. La voussure interne se trouve mutilée par l'entaille à angle droit opérée au cours des restaurations de Brancaccio pour donner plus de lumière à l'intérieur de l'église.

A la croisée du transept s'élève la tour-lanterne; la corniche sur modillons qui se déroule sous l'égout du toit des quatre faces est tardive. La tour-lanterne que nous pouvons voir aujourd'hui fut en effet surélevée au cours des travaux du XVIIIe siècle; à l'origine elle devait s'arrêter à la rangée d'arceaux aveugles qui de toute évidence constituaient le couronnement à proximité du toit, comme le confirme d'ailleurs la coupure dans l'appareil extérieur au-dessus de ceux-ci. L'écroulement survenu, on l'a évoqué, après la construction du nouveau chœur en 1729, «compromit les structures de la croisée»; ce que nous révèlent à l'extérieur les rapiéçages et les grossières réparations.

Au Nord-Est, à côté de la tour-lanterne, s'élève le clocher qui sert en même temps à un usage municipal (pl. 36 et 37). Cette construction, isolée à l'origine, est contemporaine de l'église, sauf la partie supérieure qui est une adjonction plus tardive; on y accède aujourd'hui par le mur Est du bras gauche du transept. De plan carré, le clocher présente trois étages de fenêtres doubles, marqués par des corniches intermédiaires, selon un schéma que l'on retrouve, dans la région, sur les clochers de Melfi (pl. 1), Montescaglioso.

Le chevet n'est visible que des toits.

L'intérieur de la cathédrale a une configuration basilicale; il se compose de trois nefs, séparées par une double rangée de colonnes en granit couronnées de splendides chapiteaux du XIIIe siècle, servant d'appui, de chaque côté, à six arcs en plein cintre, et d'un transept non saillant (pl. 44). A la croisée se trouve la coupole, réfection exécutée au XVIIIe siècle de celle du Moyen Age qui était voûtée à un niveau inférieur à celui de l'actuelle. La couverture des nefs et des bras du transept consistait en treize fermes apparentes décorées de couleurs vives, aujourd'hui masquées par un plafond plat peint du XVIIIe siècle. Du XVIIIe siècle également, le chœur, plus profond qu'à l'origine et terminé par une abside polygonale.

De la Renaissance datent les chapelles visibles le long de la nef latérale Nord (elles occupent aussi en partie la zone contiguë du cimetière), ainsi que les autels qui s'échelonnent le long des murs gouttereaux de l'église, tandis que le revêtement ornemental, de style baroque, est celui qu'à voulu l'archevêque Antonio Maria Brancaccio au début du XVIIIe siècle. Une inscription lapidaire sur la porte principale, portant la date de 1718, en évoque le commanditaire.

De nombreuses fenêtres et de grandes roses, nous l'avons vu, s'ouvrent dans les murs – et cela depuis l'origine. La luminosité qui en résulte «marque un stade particulier dans la conception de la lumière, et dans l'accueil des innovations «gothiques» au sein des formes romanes tenaces». La luminosité est cependant en partie faussée par l'élargissement des fenêtres du clair-étage et probablement de la façade, réalisé au XVIIIe siècle.

La disposition architecturale de la cathédrale renvoie à des solutions habituelles dans les Pouilles aux XIe et XIIe siècles, et se rattache en particulier par la pureté de ses structures, à des édifices de la terre de Bari et de la terre d'Otrante. Mais la persistance de formes romanes à une date aussi avancée n'indique pas nécessairement l'existence d'un retard culturel, démenti de toutes façons à Matera par les édifices religieux contemporains de la cathédrale, bien au fait des nouveautés. Il s'agit plutôt d'un archaïsme voulu. Selon une remarque de Mme Calò Mariani que j'approuve, c'est pour se tourner vers des sources plus anciennes que semble avoir été fait le choix voulu d'un modèle considéré comme la cathédrale par excellence. Le cas n'est pas sans intérêt; même si, dans son attachement attardé à des formes dépassées, comme nous le verrons, se trouve sous-entendue dans le programme iconographique une conception symbolique et sociale de l'église qui est tout à fait propre à Matera et dont on ne trouve pas d'exemples ailleurs.

Le décor de l'église est vraiment très important; nous nous attachons spécialement à ce qui reste du Moyen Age, c'est-à-dire à l'ornementation plastique externe et au *corpus* des chapiteaux des colonnes, ainsi qu'aux peintures. Le mobilier liturgique, et bien d'autres œuvres d'art conservées dans la cathédrale – parmi les plus célèbres, les livres de chœur de la Renaissance enluminés par Reginaldo Piramo de Monopoli – se situent à une époque plus tardive et sortent donc des limites de ce livre; à part un petit encolpion du XIe siècle en or et en argent niellé. Il s'agit d'une croix pectorale d'argent portant sur ses deux faces, au centre et aux extrémités des bras finement niellés, cinq médaillons en or avec des figures de saints en repoussé; considéré par Lipinsky comme un chef-d'œuvre de l'atelier d'orfèvrerie du palais royal de Palerme à l'époque normande, altéré ensuite (les médaillons, de moins bonne facture, auraient été insérés à la suite de la perte des pierres précieuses ornant, croit-il, la croix originelle), il a par contre été estimé par Mme Guglielmi Faldi et ensuite par Rotili comme une création sans retouche du XIe siècle, provenant de Constantinople.

Commençons par le décor sculpté qui présente un ensemble homogène : un lien étroit existe en effet entre les sculptures externes et les chapiteaux de l'intérieur. Les différences qui apparaissent doivent être attribuées aux diverses mains de sculpteurs qui ont cependant œuvré dans le même laps de temps. A l'extérieur, comme nous l'avons vu, le décor se concentre essentiellement sur la façade et le long de la face Sud. Les premiers à avoir été exécutés sont les ornements figurant sur le mur terminal du croisillon Sud, les travaux s'étant déroulés d'Est en Ouest. De la frise de rosaces à quatre pétales incluses dans un cercle, qui remplace ici le motif végétal se déroulant ailleurs, et des lions sur consoles, actuellement isolés, on a déjà parlé. Il convient d'accorder une attention particulière à la rose, aujourd'hui sans ses rayons, qui occupe le haut du mur. Ornée d'une frise à motif végétal, elle est surmontée d'un saint cavalier, certainement saint Eustache, patron de la ville, et flanquée de deux figures symétriques; vêtues comme le saint de longues tuniques sillonnées de plis parallèles serrés, elles sont destinées à soutenir la roue et se répondent comme dans un miroir. La quatrième figure, dans le bas, a disparu. Le style en est assez schématique.

Sur le flanc méridional, les éléments décorés sont la fenêtre simple et les deux portails de part et d'autre. La fenêtre rappelle celle qui, avec elle aussi un tympan et des figures zoomorphes sur consoles (pl. 35), se trouve à Matera dans l'abside de l'église Saint-Jean. Deux colonnettes aux chapiteaux décorés, portées par des lions posés sur des consoles, flanquent la fenêtre; celle-ci est ornée d'une double frise, l'une de feuillage, l'autre de rinceaux, et d'une couronne de feuilles et de fruits suspendus à l'arrondi de l'archivolte. De part et d'autre de l'arc sont posés sur des consoles deux sphinx en train de happer une proie.

La porte «des lions», qui s'ouvre à sa droite, est insérée dans un avant-corps à pignon (pl. 40). La voussure externe de cet avant-corps, elle aussi décorée d'une guirlande de feuilles avec des fruits suspendus à l'arc, repose sur le dos de deux monstres ailés (aujourd'hui rongés par le temps, comme beaucoup d'autres éléments décoratifs de la cathédrale, malheureusement). La voussure interne, à feuillage, est portée par des colonnettes avec des chapiteaux à feuillage et à petits fruits; ces colonnettes sont posées sur le dos de deux lions vigilants avec devant eux une figure humaine accroupie. Le modèle de cette porte se trouve dans le portail de l'église des saints Nicolas et Catalde à Lecce (1180). Taille identique, décor du linteau identique, avec la rangée de petites têtes toutes pareilles (pl. 41). Les têtes sont surmontées du motif habituel des fruits suspendus parmi les feuilles, qui reprend celui de la voussure externe, tandis qu'au registre inférieur du linteau il y a trois grosses corolles. A Matera une solution semblable se retrouve à Saint-Jean. Le tympan au-dessus du linteau est nu, tandis qu'une végétation dense se déploie, en deux bandeaux, sur la bordure cintrée du portail. Détail inhabituel : la présence de l'aigle aux ailes repliées (aujourd'hui décapité) au sommet du pignon qui surmonte la porte; il est porté par une colonnette posée sur un atlante.

A la «Bauplastik» de la terre d'Otrante se rattache également la porte «de la place» (pl. 38). Privée aujourd'hui de son pignon, elle est ornée, le long des piédroits et des voussures, de frises à motifs végétaux et pourvue d'un gracieux couronnement polylobé. A sa retombée, de part et d'autre du tympan et posées sur des consoles, se trouvent deux figures de moines en ronde bosse : l'un (décapité) est agenouillé en prière, l'autre, assis, médite sur le texte d'un livre ouvert sur ses genoux. Au tympan est encastrée une plaque qui porte, peut-être par allusion à la "porte du Paradis", la figure d'Abraham, désigné par le *titulus* gravé au-dessus (pl. 39). Le patriarche, assis, un livre dans la main gauche, se distingue des autres pièces sculptées par une facture différente, explicable sans doute par sa provenance d'un autre contexte. Anna Grelle Iusco a récemment proposé d'en attribuer la paternité à Melchior de Montalbano, car il lui semble possible d'affirmer la présence de cet artiste et de son atelier sur le chantier de Matera. Une autre zone décorée est celle des murs hauts de la nef centrale, avec leurs fenêtres à bordure trilobée, motif lui aussi d'origine apulienne.

En façade, un motif très intéressant nous est offert par la rose (pl. 33), postérieure à celle de Saint-Eustache mais de schéma identique. Deux bordures la décorent, sculptées l'une, la plus intérieure, de feuillage, l'autre de feuilles et de fruits suspendus. Elle est portée, sur les côtés et dans le bas, par trois personnages masculins – les deux latéraux en attitudes symétriques – tandis qu'au sommet l'archange Michel terrasse le dragon qui se tord à ses pieds (pl. 32). L'emplacement de l'archange est dû à la coutume, traditionnelle à l'époque carolingienne, de réserver à son culte les parties hautes de l'église, en sorte que le saint triomphant apparaisse comme le *custos ecclesiae*. Ce «culte aérien» est, selon un liturgiste du XIIe siècle, à mettre en relation avec l'apparition de l'archange au sommet du Gargan, vers la fin du Ve siècle. L'habillement des trois atlantes est divers : celui de gauche a une tunique courte (jupe), par contre celui de droite en porte une longue; l'atlante du bas, assis et les bras levés, est vêtu d'une tunique brodée, d'un manteau, et porte une guirlande perlée sur la tête (pl. 33). Le thème que l'on a voulu illustrer est, selon l'hypothèse la plus pertinente (proposée par Elisa Miranda), celle de la «roue de la fortune». «Malgré la disposition balancée des deux figures latérales – non pas une la tête en bas et l'autre tendue dans l'effort vers le haut –, malgré l'attitude d'atlante prise par la figure placée dans le bas – non pas écrasée par la roue – il faut, peut-être reconnaître avec Mme Calò Mariani un reste de l'expression des effets du destin changeant dans l'habillement qui apparaît ici volontairement différencié; autour de la roue sont en effet représentés : un homme à courte tunique retroussée à la taille (vêtement habituel de l'artisan), un autre avec une tunique à houppelande, le troisième avec longue tunique, manteau et couronne perlée». L'archéologue souligne «l'influence bénédictine dans la formulation du programme iconographique», dont il reste encore une trace entre autres dans les moines de la porte «de la place», et la «forte charge symbolique et sociale» qu'en raison de ce programme la cathédrale assume en adoptant une solution qui au Moyen Âge, on l'a signalé, est particulière à la région de Matera.

A l'intérieur du monument, un élément intéressant est fourni par le *corpus* des chapiteaux, œuvre d'une équipe homogène, et donc de la même époque mais de types variés. Égaux par leurs dimensions, et tous sculptés dans la pierre locale, ils offrent un riche répertoire, végétal et figuratif, à feuilles de fougère ou à palmettes (pl. 43), souvent dans un entrecroisement de thèmes (figure humaine et élément végétal), qui renvoie aux chantiers du temps des Frédéric. A l'inépuisable fantaisie s'unit aussi la volonté de montrer – c'est le cas des chapiteaux avec buste à l'angle – la condition sociale du temps à travers des hommes réels, différents par leur habillement pour marquer les diverses catégories (pl. 42). L'exemple analogue le plus proche de l'adoption d'un thème laïc, lui aussi marqué par l'époque des Frédéric, est fourni par l'ambon de Ravello (cf. *Campanie romane*, p. 52) signé de Nicolas di Bartolomeo, de Foggia (1272). Bien singuliers sont les chapiteaux à huit feuilles avec des fruits suspendus à leur extrémité recourbée (pl. 43); ils descendent du type à crochets d'origine cistercienne, habituel à l'époque souabe; on trouve des exemples analogues dans l'église Sainte-Marie d'Aurio, près de Surbo, et à Matera dans celle de Saint-Jean. C'est encore à un modèle de l'époque des Frédéric que renvoient les trois chapiteaux avec des bustes humains (pl. 42) − l'un près de la porte principale sur une demi-colonne du côté Nord, les deux autres sur la colonne suivante et sur celle qui lui fait face de l'autre côté; tirés de modèles antiques, ils sont exécutés soit dans le style abstrait, soit, comme les deux du côté Nord avec des qualités plastiques plus fermes, selon l'esprit du sculpteur à l'œuvre. Deux pièces encore d'un intérêt particulier : les demi-chapiteaux avec aux angles des aigles aux ailes repliées, au voisinage de la croisée; ils rappellent le chapiteau du portail de l'église des saints Nicolas et Catalde à Lecce, et celui de Meli da Stigliano au château de Bari. Autre exemple de filiation des mêmes prototypes − de Lecce et de l'époque des Frédéric − le décor plastique de l'église abbatiale de Santa Maria delle Cerrate, près de Squinzano (Lecce), en particulier la série des chapiteaux de la galerie parmi lesquels revient le schéma à crochets avec fruits suspendus à l'extrémité des feuilles, et aussi le type avec bustes aux angles (deuxième moitié du XIII\u1d49 siècle). Un caractère commun à tous les chapiteaux de la cathédrale de Matera est, en dépit de l'ouverture à des formes gothiques, «la persistance d'une conception romane et archaïsante de la forme, comme le montre l'épaisseur immuable du matériau».

Il convient de noter le décor pictural des poutres supportant le toit, difficilement visible aujourd'hui malheureusement, sinon au prix d'une expédition dans les combles, car il est masqué par le plafond du XVIII\u1d49 siècle. Les motifs, peints à la détrempe, sont végétaux et géométriques, mais il s'y trouve aussi un petit lion rampant, à l'extrémité d'un panneau plus petit, indice peut-être de la présence d'autres figures héraldiques. Le lis franco-angevin inscrit dans un cercle, sur des petites consoles rectangulaires, fait allusion au commanditaire. Le cas de Matera ne fut donc pas le seul, même si la dispersion de la couverture en bois des cathédrales des Pouilles ne permet pas des confrontations précises.

En ce qui concerne le reste du décor pictural, de ce qui appartient au XIII\u1d49 siècle il ne nous reste qu'un fragment de peinture murale, représentant une Vierge à l'Enfant dite *Madonna della Bruna* (pl. 45); à propos d'un autre fragment, on a le témoignage assez vague des archéologues locaux qui mentionnent des représentations soit de prophètes, soit de vierges ou d'anachorètes. Ce premier fragment a été sauvé parce qu'en 1578 il fut détaché, avec une partie du mur, du revers de la façade (il était à gauche de la porte d'entrée) et transféré, bardé de fer, au-dessus du premier autel du mur Nord, dédié à la *Madonna della Bruna*. Il s'agit d'une fresque de bonne facture, datable des alentours de 1270, et attribuable selon M\u1d50\u1d49 Grelle Iusco, à celui qu'on appelle «le maître de la Bruna», venu peut-être de Tarente, et à l'œuvre pendant la deuxième moitié du XIII\u1d49 siècle dans la région de Gravina-Matera, où il laisse de nombreuses traces (crypte de Saint-Guy-le-Vieux à Gravina, Saint-Jean in Monterrone et Sainte-Lucie-aux-Mauves, à Matera).

CALABRE

ROMANE

NOTES SUR

QUELQUES ÉGLISES ROMANES DE CALABRE

1 *CASSANO ALLO IONIO: LA CRYPTE DE LA CATHÉDRALE.* De la cathédrale telle qu'elle apparaît aujourd'hui la crypte est l'unique élément que l'on puisse rapporter à la période normande. La datation en est incertaine; Cappelli tend à la placer vers la fin du XIe siècle, contre ceux qui dans le passé l'avaient considérée comme byzantine. On y accède aujourd'hui par un escalier à l'extrémité de la nef latérale de gauche de la cathédrale, entrée que Cappelli estime relativement récente de même qu'une seconde qui communique avec l'extérieur. La crypte, remaniée et défigurée par des interventions ultérieures d'«embellissement», dégage une atmosphère pesante et oppressante, en raison de la rareté des arrivées de lumière et de la faible hauteur. De plan rectangulaire, deux colonnes avec chapiteaux de remploi la divisent en six petites travées couvertes de voûtes d'arêtes; une septième correspond à l'abside, privée aujourd'hui de son arrondi original. Au cours des travaux effectués dans cette crypte durant la première moitié du siècle en cours, ont été retrouvées quelques peintures murales, assez abîmées, avec des figures de saints – sainte Lucie, saint Blaise – d'époque tardive (du XIVe siècle pour Cappelli).

2 COSENZA: LA CATHÉDRALE. ON NE POSSÈDE AUCUN RENSEIGNEMENT certain sur l'origine de l'actuelle cathédrale de Cosenza; l'avait précédée sans aucun doute une cathédrale mentionnée dans un document de 1096, mais on en ignore l'emplacement. La construction aux formes romanes remonte, pense-t-on, aux environs de la moitié du XIIe siècle. Tel qu'il apparaît aujourd'hui, cependant, l'édifice est le résultat des multiples et lourdes interventions qu'il a dû subir au cours de son histoire tourmentée, et qui en ont profondément altéré l'image primitive.

Le plan se compose actuellement de trois nefs séparées par deux rangées d'arcs en plein cintre portés par de solides piliers rectangulaires aux arêtes légèrement chanfreinées avec des chapiteaux ramassés à feuillage; à leur suite un transept non saillant, le sanctuaire surélevé, et pour finir trois absides semi-circulaires. La couverture est faite de voûtes dans le transept, de fermes apparentes en bois dans les nefs, sauf la première travée de la nef latérale de gauche, la «chapelle de la Reine», qui présente une voûte à voûtains sur nervures, à forte courbure, apparue évidemment à l'occasion de la mise en place du monument funèbre d'Isabelle d'Aragon. La position chronologique du noyau primitif reste un problème. Un tremblement de terre destructeur, survenu selon les Annales Casinenses en 1184, fut la cause d'une première intervention à la cathédrale. Selon certains archéologues, que ne suit plus l'opinion savante récente, l'édifice fut entièrement détruit, et fut reconstruit à un emplacement différent du premier. Pour d'autres la cathédrale fut reconstruite au même endroit. S'il en fut ainsi, comme cela semble plus probable, il reste problématique de préciser l'importance des dommages subis : pour Cappelli c'est encore celui des origines que le corps longitudinal, à trois nefs, qu'il juge « de pure saveur romane » comme il trouve « tout à fait romane, la disposition de la façade à rampants interrompus ». Mais Bozzoni a remarqué que « les caractères stylistiques et thématiques des piliers et des chapiteaux... ne permettent d'aucune façon pas d'estimer cette partie de l'édifice antérieure à 1175-1180 approximativement »; il est donc plus probable, selon cet archéologue, que seule l'implantation originelle ait été conservée, à savoir le type basilical à piliers ; le corps longitudinal a dû être reconstruit aussitôt après le tremblement de terre, ou au début du XIIIᵉ siècle ; au cours d'une campagne ultérieure, dans la deuxième moitié du XIIIᵉ siècle, ont dû être refaits le sanctuaire et la façade occidentale qui manifestent des caractères différents. Mᵐᵉ Wagner Rieger souligne par contre l'unité marquée de l'œuvre qu'elle estime antérieure à 1222 (date de la consécration) et le caractère organique du plan.

Le 30 janvier 1222 eut lieu, en présence de Frédéric II de Souabe, la consécration solennelle de la cathédrale reconstruite (une tradition soutient qu'à cette occasion le souverain ait fait don du très célèbre reliquaire de la vraie croix conservé aujourd'hui au palais épiscopal voisin).

A l'époque où étaient en cours les travaux de la cathédrale, l'archevêque de Cosenza était le moine cistercien Luc Campano (1201-1224), ancien proto-magister à l'abbaye de Casamari ; son lieu de provenance est significatif si l'on considère que le schéma basilical à piliers rectangulaires, appliqué à la cathédrale, renvoie à des exemples du Latium ou des Abruzzes (Saint-Clément de Casauria), qui sont d'inspiration cistercienne, dont en Calabre les modes furent adoptées par les moines de l'abbaye Sainte-Marie de La Sambucina — peu éloignée de Cosenza — où par ailleurs à partir de 1193 fut abbé le même Luc, avant de devenir évêque. Aux modèles cisterciens tels qu'ils furent réinterprétés à La Sambucina et à Sainte-Marie de La Matina renvoient le décor plastique de la façade (qui par les motifs de feuillage sculptés sur les voussures de l'archivolte des portails rappelle les motifs analogues de San Giovanni in Fiore) et les détails décoratifs du transept et des absides secondaires.

En 1230 il y eut un nouveau tremblement de terre après lequel furent refaits, selon un certain nombre d'archéologues, le transept et les absides, ainsi que le décor des arcs, des chapiteaux, des corniches (selon Mᵐᵉ Wagner Rieger et Willemsen seul ce décor est postérieur à 1222), soit en raison des dommages éventuels causés par la secousse sismique, soit par suite d'une prolongation des travaux.

Au XVIᵉ siècle, du temps de l'archevêque Andrea Matteo d'Acquaviva, des ducs d'Andria (1573-1576), l'abside majeure fut transformée, agrandie, et fermée extérieurement par un mur aveugle à cinq pans.

En 1638, le clocher s'effondra ; on lui en substitua un autre, dans la seconde moitié du siècle, à un emplacement différent.

Au milieu du XVIIIᵉ siècle, alors qu'était archevêque Michele Maria Capece Galeota (1748-1764), l'intérieur fut pourvu d'un revêtement baroque. Au terme des travaux, en 1759, la cathédrale fut consacrée à nouveau.

Le XIXᵉ siècle vit de nombreuses et souvent arbitraires campagnes de restauration. En 1831, on entreprit la réfection « dans le style » de la façade, qui fut précédée d'un escalier monumental, et l'on ajouta deux tourelles pour les horloges. Entre 1886 et 1889, fut menée une nouvelle campagne par les soins de l'architecte Giuseppe Pisanti : ce fut une intervention

malheureuse qui dans l'intention de rétablir l'aspect original, ou supposé tel, de l'église a détruit les témoins des interventions successives et a refait « dans le style » les parties disparues. On supprima, à cette occasion, les superstructures baroques dans le transept et dans le chœur ; la singulière forme polygonale qui apparut alors, et est encore visible aujourd'hui, souleva le problème du plan original de l'abside centrale. Parmi les défenseurs de l'authenticité de la forme polygonale se trouva Bertaux : seules les recherches effectuées en notre siècle, nous allons le voir, ont permis d'en confirmer l'attribution aux remaniements du XVIIIᵉ siècle. L'abside polygonale fut revêtue arbitrairement de formes bourguignonnes. Les restaurations ont aussi concerné la façade, qui fut débarrassée de son revêtement gothicisant ; à l'intérieur furent remis au jour les piliers rectangulaires de la nef. Au cours des travaux, on retrouva en 1891, sous une épaisse couche d'enduit, le célèbre monument d'Isabelle d'Aragon, précieux témoin de l'art français à l'époque gothique.

En 1940 eut lieu une nouvelle campagne par les soins de la Surintendance aux monuments et aux musées de Calabre, dirigée alors par Umberto Chierici : l'intention était de rendre à la cathédrale ses lignes originales. Les nefs furent débarrassées des superstructures baroques ; la façade, renforcée par des contreforts, retrouva son aspect original avec les trois portails au cintre brisé, la rose centrale et de part et d'autre les deux petites roses quadrilobées.

Les sondages effectués par Gisberto Martelli dans les années 50 sous le pavement du chœur ont révélé finalement que l'abside centrale était semi-circulaire à l'origine : le plan primitif se terminait par trois absides semi-circulaires, celle du centre plus importante, à contreforts radiaux (les sondages ont en effet amené la découverte d'un mur semi-circulaire construit en blocs de tuf réguliers, et de l'amorce du contrefort gauche), solution que Martelli a rapprochée de celle de l'église de Fontelaurato (congrégation San Giovanni in Fiore), près Fiumefreddo Bruzio.

La dernière intervention, en 1981, a concerné l'environnement extérieur. Malheureusement, à cause de tant de remaniements intervenus au cours de son histoire, l'édifice dans son ensemble dégage une fâcheuse impression d'artifice, à laquelle nulle restauration ne pourra désormais porter remède.

MILET : LA CATHÉDRALE. C'EST EN 1975 QUE REMONTE LA DÉ- **3** couverte de quelques ruines se rapportant au chevet de la cathédrale normande de Milet dont avant cette date on estimait perdu tout vestige, depuis la destruction causée par le tremblement de terre de 1783. Reproduisons le rapport que son auteur, Giuseppe Occhiato, a donné de cette découverte : « Une fois ôtée la masse végétale serrée qui les enveloppait, les ruines de l'abside méridionale dégagées sont maintenant visibles dans toute leur sévère beauté, d'autant plus suggestives dans la sobre disposition des blocs de pierre en assises régulières que des siècles d'humidité ombreuse les ont recouvertes d'une mousse tendre. Là où aurait dû s'élever un mur linéaire avec une abside prise dans son épaisseur, se dessine au contraire nettement l'arrondi absidal qui, s'il en manque la moitié, se laisse entièrement déchiffrer dans la combe très rigoureuse à laquelle s'adaptent les assises de pierres équarries. Le fragment d'abside se rattache au reste de la zone du sanctuaire, localisée précédemment, constituant une seule masse rocheuse qui a toutes les apparences d'un énorme monolithe rongé abandonné sur le terrain. Les récupérations de pierre effectuées de façon répétée par les paysans, affamés de matériau pour leurs constructions, et l'érosion du vent et de la pluie en ont de fait altéré les formes qui devaient cependant, même après le tremblement de terre, avoir occupé un volume beaucoup plus imposant que ce qui se voit aujourd'hui. Mais on ne rencontre pas trop de difficulté à lire la composition de chacun des membres qui se laissent aisément reconstituer, nous mettant à même de remonter à la première disposition en plan de tout le corps absidal.

Les ruines présentent donc un grand arrondi absidal médian, orienté, d'environ 3 m de rayon, précédé d'un chœur long d'environ 3 m 90 et large de 7 m 30 à son entrée, les côtés légèrement convergents vers l'abside ; ce noyau central, qui est le plus imposant, s'élève sur un fondement massif qui va en diminuant vers le Nord à cause de la dénivellation du terrain, en forte pente vers le Sud-Est. La section de l'abside récemment remise au jour s'élève précisément dans la zone la plus basse du terrain, au Sud de l'hémicycle central, et il se compose de la partie terminale de l'abside en lien avec la zone souterraine de l'édifice : on y voit en outre une bonne moitié de l'ouverture destinée à éclairer le local semi-enterré qui, de ce côté, servait de plancher à l'église supérieure. Cette absidiole, en retrait par rapport à l'abside centrale selon le schéma à échelonnement adopté au chevet de l'église, se présente avec une forte épaisseur de maçonnerie, 3 m, tandis que l'abside centrale, bien que plus ample, a une moindre épaisseur, 1 m 40. L'anomalie apparente s'explique par le fait que le fragment d'abside au Sud se rapporte à la zone inférieure de la construction – c'est-à-dire la crypte, qui s'étendait seulement au-dessous du croisillon Sud du transept – et c'est pourquoi, pour des raisons évidentes de stabilité de l'édifice, elle est dotée d'une épaisseur plus grande que celle de la zone qui s'élevait à l'étage supérieur dont il ne reste qu'une faible trace et dont l'épaisseur devait être assurément moindre, c'est-à-dire semblable à celle de l'abside centrale et de l'absidiole Nord ; celles-ci, dépourvues de sous-sol ne prenaient naissance qu'à partir d'un niveau supérieur. Quant à l'absidiole Nord, il n'est pas possible en l'état actuel d'y voir quelque chose, ensevelie qu'elle est sous un amas de détritus encore en place à l'heure

qu'il est ».

De telles découvertes ont permis à leur auteur une reconstitution conjecturale de l'édifice, dont on ne connaissait qu'en partie la configuration sur la base de deux petits plans du XVIIIe siècle publiés en 1930, ainsi que de quelques passages contenus dans une description de l'église épiscopale, œuvre d'un érudit local, Francesco Pititto ; lui-même avait puisé de telles données dans un manuscrit *in folio* conservé aux archives de la curie épiscopale de Milet : *Mémoires pour l'église épiscopale de Milet* compilé par Mgr Uriele Maria Napolione (1770-1782). Occhiato s'exprime ainsi : « L'examen des découvertes (en ce qui concerne la partie orientale) et les indications de plan du XVIIIe siècle (pour la nef longitudinale) légitiment de façon irréfutable l'insertion de l'édifice de Milet au sein des premières réalisations romanes normandes en Italie méridionale : très proche, sous de multiples aspects, de la célèbre église abbatiale de la Très Sainte Trinité, édifiée un ou deux ans plus tôt, et de celle de Santa Maria di Santa Eufemia, sa contemporaine, qui sont les constructions où pour la première fois fut appliquée la thématique clunisienne. Et il est véritablement impossible de ne pas voir dans cette même abbatiale, située à peine en dehors de l'enceinte de la petite ville, la matrice culturelle à laquelle l'église épiscopale emprunta la disposition particulière du chevet tout en présentant un schéma basilical à colonnes. La cathédrale de Milet fit donc aussitôt sien le nouveau canon architectural qui avait constitué la grande innovation de l'église de la Très Sainte Trinité ; en vertu de quoi elle joua le rôle de protagoniste dans le grand courant de culture européenne qui, parti du Nord de la France, impliqua et conquit l'Italie méridionale et la Sicile et qui se traduisit par une série de réalisations grandioses comprises dans le renouveau général de la *romanisation* des États européens ».

L'église était une construction basilicale pas très grande, au premier corps divisé en trois nefs par un système de seize colonnettes jumelées (quatre paires de supports de chaque côté) et de deux supports isolés plus robustes, placés à proximité de l'entrée occidentale ; les fûts, prenant appui directement sur le pavement de l'église, étaient presque tous monolithes et en granit gris, provenant du pillage des anciens monuments greco-romains *d'Hypponion* toute proche ; ils y avaient quasi certainement été apportés des carrières romaines de Nicotera à l'époque impériale, pour la construction de quelque petit temple rustique. Sur ces fûts retombaient, comme l'atteste Napolione, des arcs brisés, ce qui laisse supposer pour l'édifice un discret élan vertical. La couverture des nefs devait être en parfait accord avec le caractère roman tardif de l'espace intérieur ; celles-ci étaient en effet couvertes à l'origine d'un toit d'un seul tenant à charpente apparente. A l'ensemble du corps à trois nefs rappelant l'art paléochrétien se greffait à l'Est la zone du sanctuaire aux absides échelonnées, de nette influence normande, comprenant un transept saillant et un chœur central peu profond se terminant par une vaste abside de plan semi-circulaire, le tout flanqué de deux autres absides un peu en retrait, l'une et l'autre précédées d'une travée droite très courte; une telle disposition constituait une variante en réduction du schéma bénédictin typique – très semblable à ce qu'un peu plus tard sera le chœur réduit de la cathédrale de Catane –, la nécessité d'une multiplicité d'autels comme pour les églises conventuelles ne s'étant peut-être pas fait sentir dès l'origine... C'est seulement dans la suite que l'on ajouta les prolongements occidentaux aux saillies latérales du transept, et sur la face Ouest le vestibule : tous éléments qui apparaissent sur les dessins de Napolione et dont le caractère n'est guère en accord avec le type de notre monument... La conception architecturale qui marque la construction est, en définitive, celle-là même créée peu auparavant à Milet précisément dans l'église abbatiale : la synthèse parfaitement réalisée de deux langages (le langage méditerranéen et celui du Nord de l'Europe), par laquelle de deux courants divers en résulte un troisième, typologiquement et philologiquement novateur, dont la particularité la plus frappante consiste précisément dans une atténuation des caractères originaux afin de les harmoniser selon un idéal profondément latin.

On n'a pas encore résolu le problème de la situation du monument dans le temps, que l'on peut cependant avec une approximation suffisante placer entre 1081 et 1086. Si l'on ne sait pas quand l'église fut consacrée ni quand elle fut achevée, on n'ignore pas que la fondation du siège épiscopal de Milet remonte à 1081; en considérant les dimensions très importantes de la construction, et le rang du commanditaire, le comte Roger – qui par ailleurs voulut avoir sa demeure à Milet, et tenait donc de façon particulière à la cathédrale –, on peut présumer que sa construction ne demanda pas beaucoup de temps.

4 MILET : LA TRÈS SAINTE TRINITÉ.
IL NE RESTE PLUS AUJOURD'HUI que quelques ruines de l'établissement bénédictin de Saint-Michel-Archange – ou, comme on l'appela à partir du XIIe siècle, de la Très Sainte Trinité –, fondé entre 1063 et 1070 par le comte Roger, auquel la ville de Milet avait été concédée par Robert Guiscard, son frère aîné, en 1059.

L'ensemble s'élevait, hors les murs, à l'Est de l'antique cité, sur la colline appelée alors Monteverde; de son enceinte ne subsiste qu'une avancée, connue sous le nom de « l'escarpement de l'abbaye ». Au Nord des bâtiments claustraux était située l'église qui s'y rattachait, parfaitement orientée.

Initialement la Très Sainte Trinité fut un prieuré dépendant de la maison mère de Sant'Eufemia, la première de la « trilogie ébrulfienne en terre italienne », c'est-à-dire des fondations monastiques confiées à partir de 1062, par Guiscard à l'abbé normand Robert de Grandmesnil, venant de Saint-Évroul-en-Ouche selon un plan politique qui prévoyait la relatinisation du pays calabrais au détriment des basiliens.

Grandmesnil confia l'abbaye de Milet – troisième de la « trilogie », après celle de Venosa – à l'abbé Guillaume Fitz Ingram qui la gouverna jusqu'à sa mort survenue entre la fin de 1094 et le début de 1098. Entre-temps avait été consacrée, le 29 décembre 1080, l'église abbatiale à laquelle le comte Roger avait voulu faire donner des formes grandioses afin qu'y trouvent un digne emplacement les mausolées de sa famille (il y sera enterré lui-même, en 1101, et avant lui sa femme Éremberge de Montreuil, morte en 1088). La consécration est indirectement rapportée dans la copie du diplôme comtal de fondation de la Très Sainte Trinité. En 1098 l'abbaye avec tous ses biens fut détachée de Sant'Eufemia et placée sous la protection du Saint-Siège, avec exemption de toute juridiction épiscopale (abbaye nullius) par une bulle papale du pontife Urbain II, promulguée à Bari le 10 octobre de cette année. Peu après – 1101 – eut lieu une nouvelle consécration papale pour fêter solennellement la présence à Milet du pontife Pascal II. Une troisième consécration suivit en 1166, motivée par un endommagement de l'église (écroulement partiel de la coupole qui tomba sur l'autel situé au-dessous et contenant les reliques des martyrs et des saints, et en conséquence profanation du munus consecrationis). Le rite, une fois les dommages réparés et l'autel reconstruit, fut célébré par Bernard, cardinal et évêque de Sainte-Rufine. C'est sur une bulle apocryphe que se base l'affirmation d'une consécration antérieure qui serait advenue en 1122, par les soins du pape Calliste II.

Grâce à la faveur de la curie pontificale et des seigneurs normands, qui la dotèrent de nombreux prieurés, jusqu'en Sicile, pour la plupart enlevés aux basiliens avec leurs propriétés, la Trinité devint très rapidement l'une des plus puissantes fondations monastiques de la Calabre. Fait significatif: Richard roi d'Angleterre choisit d'y faire halte lorsqu'à l'automne de 1190 il traversa le Sud de l'Italie à l'occasion de sa croisade en Terre Sainte.

Le prestige de l'abbaye, l'étendue et la richesse de ses biens, qui firent de l'abbé de Milet « un des plus grands feudataires du royaume napolitain », furent cependant la cause de différends et de litiges incessants avec les autorités tant laïque que religieuse, ainsi que de destructions et de menaces envers ses privilèges, qui provoquèrent fatalement un lent déclin. Le moindre de ces litiges n'était pas sa querelle avec l'empereur Frédéric II qui avait donné l'ordre à Matteo Marcafaba de reconstruire la ville de Monteleone (l'actuelle Vibo Valentia) sur des terres appartenant à l'abbaye. En août 1443, le pontife Eugène IV, pour porter remède à la décadence spirituelle et temporelle de la communauté et à la dispersion de ses biens, en confia l'administration à Giovanni de Gentiliis, nommé commendatarius, rector et gubernator S. Trinitatis, *et ultérieurement à des abbés commendataires désignés par Rome. En 1581, le pape Grégoire XIII mit fin à ce régime en agrégeant le monastère, dont le titre abbatial avait été supprimé, au collège grec que lui-même avait établi à Rome en 1577. Un vicaire représentait le collège à Milet (entre 1662 et 1704 les vicaires furent les jésuites, leur compagnie ayant été appelée à la direction du collège). Ce fut alors une période de splendeur retrouvée, comme nous le montre le fait que quinze synodes diocésains y furent convoqués et présidés par des vicaires. En 1659, entre les 5 et 6 novembre, cependant, l'ensemble monastique fut détruit presque complètement par un violent tremblement de terre. En 1660 fut entreprise la reconstruction totale des bâtiments de la communauté, plus à l'Ouest que leur emplacement originel. De l'ancien édifice cultuel avaient été en partie épargnés les murs externes du corps longitudinal, qui furent ainsi réutilisés dans la nouvelle construction.*

En 1717, le 13 août, le pape Clément XI agrégea l'abbaye avec tous ses biens à la mense épiscopale de Milet, contre l'obligation pour celle-ci de verser au collège des Grecs une rente annuelle de 2.400 écus romains. Ainsi prenaient fin les querelles séculaires entre les vicaires de la Trinité et les évêques du diocèse de Milet.

En 1766, en raison d'un différend né entre l'évêque de Milet, Giuseppe M. Carafa, et la cour de Naples, le roi Ferdinand IV confisqua les biens de la Trinité pour en assigner les revenus à l'Académie des sciences de Naples, supprimant du même coup la redevance au collège.

Le tremblement de terre du 5 février 1783 causa la ruine complète du nouvel ensemble, qui ne fut plus jamais reconstruit. La ville de Milet, elle aussi détruite, se releva à environ 2 km de l'ancienne.

Avant les recherches récentes de Giuseppe Occhiato, qui ont jeté une nouvelle lumière sur l'ensemble des bâtiments de l'abbaye, on ne savait pas grand-chose de son aspect. On ne connaissait en effet que la description, générale et souvent inexacte, donnée par le jésuite Diego Calcagni, vicaire général de l'abbaye entre la fin du XVIIe siècle et le début du XVIIIe, dans son Historia chronologica brevis Abbatiae Sanctissimae Trinitatis Mileti de 1699, et deux représentations, tout aussi imprécises, faisant partie d'une vue du XVIIe siècle publiée par Francesco Pititto et d'une estampe de Pacichelli (1703), mais toutes deux, étant postérieures à 1659, relatives à la reconstruction de l'ensemble après l'écroulement. En outre en 1916 l'archéologue Paolo Orsi effectua à cet endroit des fouilles qui remirent au jour quelques sections des murs gouttereaux du corps longitudinal et de nombreux fragments d'origine classique (chapiteaux, bases, corniches et une colonne). Occhiato a en 1975 repéré de nouvelles ruines assignables à la première implantation de l'église; et il a retrouvé à Rome, dans les archives de l'abbaye conservées au collège grec pontifical, trois dessins de plan remontant le premier au XVIe siècle, les autres au XVIIe ou aux

premières décennies du XVIIIe, et représentant donc le monastère avant et après le tremblement de terre du XVIIe siècle (le dessin le plus ancien est daté de 1581). Il y a un ou deux ans, cet archéologue a fait connaître l'existence d'un autre fragment de la maçonnerie de l'église retrouvé par lui.

Voici ce qu'il dit à propos de ses découvertes : «Quant aux ruines, elles se composent d'éléments architecturaux appartenant au sanctuaire de l'église, d'un relief si extraordinaire que, conjointement aux sections encore en place et déjà connues des murs gouttereaux de la nef, elles permettent de reconstituer avec beaucoup de vraisemblance le plan entier de l'édifice sacré. L'élément le plus intéressant est incontestablement le fragment de l'abside, qui à son point le plus haut atteint 2 m et qui à la jonction avec le mur du chœur encore debout dépasse les 4 m; deux débuts de lésènes ornent ce témoin et l'on peut facilement deviner qu'à l'origine l'abside devait être rythmée d'au moins quatre svelte pilastres sur toute sa hauteur, peut-être couronnés d'arcs en plein cintre, de façon analogue au motif décoratif présent sur l'abside primitive de la cathédrale normande de Gerace, de peu postérieure. Le mur auquel l'avancée de l'abside se raccorde est la partie inférieure d'un des deux murs imposants qui délimitaient à l'origine le profond chœur central; il a une épaisseur de 1 m 90 et une longueur de 13 m 25, sur une hauteur d'environ 2 m. Nous avons ainsi la possibilité non seulement de reconstituer très fidèlement la disposition du sanctuaire en plan, mais aussi de fixer l'extension en profondeur du chœur central ainsi que des deux chœurs mineurs; tandis que la largeur des trois travées parallèles peut être déterminée sur la base des mesures relatives aux trois nefs longitudinales dont elles constituent le prolongement idéal et dont on connaissait déjà les rares vestiges. Tous les fragments décrits à l'instant sont faits de blocs de tuf calcaire, soigneusement équarris et assemblés à joints fins; les dimensions des blocs sont très variées, certains étant longs de plus de 1 m et d'autres d'à peine 15 cm». La dernière découverte d'Occhiato consiste en une partie des murs gouttereaux constituant l'angle Nord-Ouest entre le mur longitudinal de la nef et le mur Ouest du transept. Voici les conclusions de l'archéologue sur l'église du XIe siècle : «Le plan de la construction apparaît doté d'une clarté et d'un agencement harmonieux entre les diverses parties, tels qu'il est rarement donné d'en rencontrer dans toute l'Italie du Sud. Même s'il fait voir qu'il s'inspire d'une double thématique dénotant des origines diverses, on n'arrive pas à discerner de discordance ou de dichotomie dans la disposition en plan, bien composée et équilibrée, des deux corps principaux. Le corps longitudinal présente un schéma basilical, à trois nefs, avec un nombre discret de colonnes (quinze en tout) et de larges arcades, tout à fait dans la tradition italienne paléochrétienne. La partie la plus intéressante est le corps oriental qui se déploie en un vaste transept saillant dont les bras reproduisent le carré de la croisée et sont reliés aux travées des nefs latérales par des arcades. A l'Est s'étend, bien au-delà du transept, le chœur tripartite, lui aussi relié par trois arcades à la croisée et aux bras du transept. Trois absides, légèrement décalées, celle du milieu beaucoup plus large que les latérales, terminent la partie orientale qui, par cette disposition typique, rappelle de très près les constructions mises au point au-delà des Alpes. On reconnaît facilement en effet dans les édifices de cette zone le type de construction répandu surtout en Normandie où il se présente très fréquemment au cours du XIe siècle... Nous savons désormais que l'abbaye de Milet présentait, sur le côté gauche, neuf passages scandés de huit colonnes; le premier et le dernier étant compris entre une colonne et un pilastre adossé soit au pilier cruciforme, soit au revers de la façade. Il devait y en avoir autant du côté droit, sauf que la première colonne a été supprimée pour faire place à la construction en forme de tour dont il n'est pas possible actuellement de fixer la date de construction. Les quinze colonnes ont été dispersées à la suite de la destruction de la ville. Sur place il n'en reste qu'une dont le fût, en granit gris, a un diamètre de 0 m 66 et une longueur de 4 m 82. Toutes les colonnes n'étaient pas en granit; il y en avait aussi de marbres plus précieux (en font foi les tronçons de fût en cipolin et en brèche africaine conservés dans la cour de l'évêché actuel, et provenant de l'église de la Trinité); de même il y en avait de dimensions différentes : certains tambours affleurant du sol à une centaine de mètres plus au Sud, ont un diamètre de 0 m 75, tandis que l'une des rares bases encore en place a des dimensions inférieures à celles des autres bases, ce qui laisse supposer que le diamètre des diverses colonnes devait lui aussi être varié. La présence des bases comme aussi celle des colonnes et des chapiteaux et de quelque fragment du parement intérieur constitue la preuve d'un emploi important de matériel antique récupéré, dont la provenance a été vérifiée par Orsi ». L'intervalle entre les axes des arcades, selon Occhiato qui tient compte aussi de l'intervalle entre les bases encore en place, devrait être de 4 m 85 environ; il est significatif que la distance interaxes des arcades de la cathédrale de Monreale est la même. La couverture des nefs était en charpente apparente, dans la ligne de la tradition paléochrétienne. La couverture de la zone du sanctuaire était probablement faite d'une voûte. A la croisée du transept quatre forts piliers avec leurs colonnes de marbre adossées soutenaient, selon le témoignage de Calcagni, une haute coupole.

L'intérêt de l'édifice vient, en définitive, du « fait que ses constructeurs y ont effectué une synthèse architecturale inédite dans l'aire géoculturelle de la Calabre et de la Sicile, réalisant pour la première fois la fusion parfaite des deux conceptions différentes : celle inspirée d'au-delà des Alpes (solution bénédictino-clunisienne au chevet), et celle de caractère antique tardif (corps basilical à colonnes). Convergence syncrétique d'éléments du Nord et de la Méditerranée qui, s'affirmant dans le monument de Milet, constitue un élément absolument nouveau dans l'architecture de l'Italie méridionale, un fait d'une portée exceptionnelle, en mesure de s'imposer aux autres constructions normandes surgies ultérieurement en Calabre (cathédrales de Milet et de Gerace) et surtout en Sicile (cathédrales de Mazara, Messine, Catane, Cefalù, Monreale et Palerme) ».

NICASTRO : LA CATHÉDRALE. 5

LA CATHÉDRALE DE NICASTRO, fondation normande décidée, vers 1100 par Éremburge, fille de Drogon et nièce de Robert Guiscard, a été complètement détruite par le tremblement de terre de 1638. L'acte de fondation de la cathédrale, dédiée à saint Pierre, n'est pas parvenu jusqu'à nous, mais on a connaissance d'un diplôme de donation de 1101, du frère d'Éremburge Richard Sénéchal, qui en fait mention. Selon la tradition locale, la consécration eut lieu en décembre 1121 par les mains du pape Calliste II.

Il devait s'agir d'un édifice basilical à trois nefs, pourvu d'une haute tour et précédé d'un «atrium» que Schwarz a rapproché du vestibule carré de la cathédrale de Milet et de la pièce précédant la nef de Saint-Jean-le-Vieux à Stilo, tandis que Bozzoni l'a associé à celui de la cathédrale de Salerne. Cet archéologue a le premier noté une analogie avec les formes de la cathédrale de Salerne, fondée une vingtaine d'années plus tôt par Guiscard, tout en admettant lui-même que le petit nombre des données disponibles ne permettent pas d'autres conjectures.

REGGIO CALABRIA : LA CATHÉDRALE. LA CATHÉDRALE NOR- 6

mande de Reggio Calabria, qui se dressait dans « la partie orientale de la ville au pied du château royal, distante de 130 cannes du bord de la mer», fut démolie en notre siècle à la suite des dommages subis pendant le tremblement de terre de 1908, qui dévasta toute l'agglomération. Le monument aurait pu être épargné. Il avait d'abord été décidé une restauration à l'identique, dont avait été chargé l'ingénieur Pietro De Nava, le surintendant au Plan régulateur de reconstruction de la ville de Reggio; mais ensuite prévalut la malheureuse résolution de reconstruire la cathédrale à un autre emplacement et l'ancienne fut abattue jusqu'aux fondations. A l'édifice disparu nous consacrons quelques lignes de notre volume, car sur la base de descriptions anciennes et d'un relevé graphique de De Nava, les archéologues ont pu reconstituer avec une certaine sécurité la disposition originale en plan, qui est apparue de type bénédictin, et retrouver ainsi un précieux témoin de la production architecturale de la région; d'autant que, notons-le, des cathédrales calabraises de fondation normande seule est parvenue jusqu'à nous celle de Gerace.

La description la plus ancienne remonte à 1615 et se trouve dans les Actes de la visite pastorale de l'archevêque Annibale D'Afflitto –; vient ensuite celle contenue dans la Platea de'beni... de Tobia Barilla, rédigée en 1772 à la demande de l'archevêque Alberto Capobianco, et la dernière, de 1873, dans les Actes de la visite pastorale de Mgr Francesco Converti.

En ce qui concerne la datation de l'établissement primitif, on manque de données historiques, mais tout porte à croire qu'il fut fondé dans les vingt dernières *années du XIe siècle. Après la conquête normande de Reggio (1060) et avec la mort du dernier métropolite grec Stéphane survenue en 1078, le diocèse de Reggio passa sous la direction d'un pasteur latin; il est vraisemblable qu'à la suite de cet événement les Normands aient édifié une nouvelle cathédrale, plus conforme aux exigences du rite latin et à l'importance accrue de la ville, laissant l'ancienne au clergé grec. De façon plus précise, les études récentes (Occhiato) tendent à fixer la date d'érection aux années où la cathédrale était gouvernée par un archevêque d'origine normande, Guillaume (1082-1089), peut-être moine bénédictin, étant donné que son prédécesseur, le Normand Arnolphe, le premier des évêques latins, gouverna l'archidiocèse pendant moins de quatre années et que son successeur, Rangier, fut lui presque toujours absent de Reggio. L'édifice a été ensuite, au cours de son histoire, soumis à des remaniements multiples.*

Avant le XIVe siècle fut établie au Nord de la travée centrale du chœur la chapelle du Saint-Sacrement; puis au Sud celle de Santa Maria del Popolo. Dans la seconde moitié du XVe siècle fut effectuée « la restauration de la partie antérieure de la cathédrale qui menaçait ruine ». Le promoteur en fut l'archevêque De Ricci (1453-1490), celui-là même à qui l'on doit, en 1477, l'adjonction du clocher à l'extrémité méridionale du porche précédant la façade. Au XVIe siècle eurent lieu à leur tour deux interventions de remise en état, la première opérée en 1580 à l'initiative de l'archevêque Gaspare Dal Fosso, pour porter remède à un incendie allumé par les Turcs dans la cathédrale en 1574, la seconde motivée par un second incendie dû aux Turcs en 1594, et patronnée par Mgr D'Afflitto, qui rouvrit l'église au culte en 1599.

Plus sérieux furent les travaux effectués en 1682 sur l'ordre de l'archevêque Martino Ybanez de Villanueva (1675-1695) : à la croisée fut construite une coupole, et aux nefs furent ajoutés deux corps latéraux dans lesquels on ouvrit de nombreuses chapelles. Des travaux d'embellissement, qui enrichirent l'intérieur — dévasté par un incendie — de peintures et de marbres précieux, furent entrepris au XVIIIe siècle par l'archevêque Damiano Polou; les travaux se conclurent par une nouvelle consécration de la cathédrale, le 22 octobre 1741.

Le grand tremblement de terre de 1783 qui causa entre autres l'écroulement de la façade, détruisant du même coup le porche voûté qui la précédait, rendit nécessaire une nouvelle campagne de remise en état, qui fut décidée par l'archevêque Alberto Capobianco et dirigée par l'ingénieur G.B. Mori : à cette occasion, on démolit la façade et l'on établit une chapelle dédiée à saint Paul, à la place des trois chapelles existant auparavant, à l'angle du bras Sud du transept et du chœur. Au terme de la campagne eut lieu une solennelle inauguration (1796). Le tremblement de terre de 1841 fut suivi de nouveaux travaux de consolidation qui furent financés par l'archevêque Pietro di Benedetto. Avec le tremblement de terre de 1908 se termine l'histoire de notre édifice.

En effet la disposition en plan de la bâtisse normande n'avait pas subi de modifications substantielles, exception faite du chevet où les structures adjacentes au chœur central profond avaient déjà été altérées au Moyen Age pour servir à de nouvelles fonctions et subirent encore des transformations aux siècles suivants. Comme le note Occhiato, « de l'ensemble original s'étaient conservés jusqu'aux premières décennies de ce siècle les éléments suivants, soit englobés dans des structures plus importantes, soit masqués par des adjonctions récentes qui en déformaient les caractéristiques particulières : l'ensemble des espaces longitudinaux avec comme supports des piliers, l'espace transversal avec les deux bras latéraux en saillie bien marquée par rapport aux murs gouttereaux, et le chœur terminé par une abside profonde ». En fait foi un dessin publié en 1941 par De Nava, sur lequel celui-ci trace le plan de l'église telle qu'elle apparaissait avant sa destruction, mettant en évidence les parties se rapportant à la fondation normande.

D'après ce plan et les descriptions de l'édifice rassemblées par lui (et aussi les dimensions qui y sont relevées) Occhiato, à qui l'on doit l'étude la plus récente sur la question, a ainsi reconstitué l'établissement primitif : « Quelles que fussent ses dimensions, il s'agissait incontestablement d'une église grandiose, similaire par sa taille aux constructions normandes contemporaines de Santa Maria di Sant'Eufemia et de la Très Sainte Trinité de Milet, qui étaient alors les plus grandes constructions religieuses de Calabre. Elle était parfaitement orientée, le corps longitudinal divisé en trois par des piliers déterminant cinq arcades par côté, le corps transversal en saillie marquée par rapport aux nefs et le sanctuaire s'étendant bien au-delà du transept... l'exigence stylistique, d'une part, qui demandait un équilibre original de plan et d'élévation pour les volumes du sanctuaire dans la cathédrale de Reggio, et d'autre part la présence assurée des deux chapelles anciennes flanquant le chœur imposent de penser que celles-ci devaient à l'origine constituer les chœurs latéraux vraisemblables, et que ces derniers, dotés d'une largeur égale à celle des nefs latérales correspondantes — comme on peut l'observer dans la Très Sainte Trinité de Milet et dans les églises cathédrales postérieures de Sicile — étaient disposés sur des axes parallèles, de façon à donner aux travées du sanctuaire l'aspect caractéristique du triple chœur bénédictin avec absides échelonnées. La présence d'un transept en nette saillie, typique des constructions d'au-delà des Alpes, repris dans les premières constructions bénédictines normandes de la Calabre (Santa Maria di Sant'Eufemia et la Très Sainte Trinité de Milet sont des témoins par leur date et par leur plan), postule nécessairement, comme une conséquence logique, la présence d'un chevet dont les dispositions en plan s'accordent avec les autres caractéristiques générales de saveur nordique manifestées par la construction de Reggio. Du fait, donc, de l'espace à trois nefs, du développement marqué du corps transversal et du chœur à trois absides échelonnées assez vraisemblablement présent, et sur la base de la considération historique selon laquelle l'établissement fut fondé et construit au début de l'époque normande, cette église est elle aussi à ranger parmi les édifices cultuels qui trouvent leur juste place, pour le style et le type, au sein de la culture architecturale romane bénédictine introduite en Calabre par les Normands et répandue en premier lieu par les prototypes que constituent les centres monastiques de Sant'Eufemia et de Milet ». Occhiato établit l'existence d'un lien plus étroit avec l'abbatiale de Sant'Eufemia, pour le type de support (pilier) et pour l'absence de coupole, ce qui n'est pas le cas à Milet. L'archevêque Guillaume, qui devait certainement avoir des rapports étroits avec ses concitoyens de Sant'Eufemia, « pourrait être considéré avec juste raison comme l'intermédiaire naturel de l'arrivée à Reggio des traits de style et de structure qui caractérisaient l'abbaye de Lamezia ».

7 SAN MARCO ARGENTANO : LA CRYPTE DE LA CATHÉDRALE.

On ne possède pas de renseignements certains sur le diocèse de San Marco Argentano ; selon son historien, F. Russo, il aurait été érigé au XIᵉ siècle, entre 1070 et 1075, sur l'ordre de Robert Guiscard (celui-ci, rappelons-nous, avait déjà fondé au voisinage l'abbaye Sainte-Marie de la Matina) ; selon Conti, par contre, le diocèse serait né en remplacement de celui plus ancien de Malvito et remonterait donc au XIIᵉ siècle.

La cathédrale normande a malheureusement perdu son aspect primitif ; l'ex-cathédrale Saint-Jean-Baptiste d'aujourd'hui qui se trouve à l'entrée de l'agglomération, est le résultat de sa réfection sous des formes « néo-normandes », effectuée en 1938 et au cours de laquelle ont été détruites les structures originelles encore en place.

Un élément intéressant demeure cependant : la crypte, ou plutôt le vaste espace souterrain qui s'étend sous le sol de l'église. Il a en effet gardé sa configuration originelle, qui remonte elle aussi à l'époque normande. Après la crypte de Gerace, c'est la plus vaste de la région : elle occupe une surface de 360 m² et mesure 20 m 30 × 17 m 60. De plan rectangulaire, l'espace, auquel on peut accéder soit de l'église, soit directement de l'extérieur, est divisé par douze courts et gros piliers de pierre en quatre nefs pourvues d'absides, réparties chacune en cinq travées, et il est couvert de voûtes d'arêtes en brique avec des arcs brisés, dont les claveaux sont faits de blocs de tuf alternant avec des briques. L'alternance dans la crypte de blocs de pierre et de brique crée un effet chromatique marqué, qui la caractérise comme un fait unique par rapport aux autres cryptes normandes de Calabre.

8 SANT'EUFEMIA LAMEZIA : SAINTE-MARIE. L'ABBAYE DE

Sant'Eufemia appartient au groupe de fondations bénédictines favorisées par Robert Guiscard dans le cadre du programme de relance de l'économie et de relatinisation des terres conquises, selon une politique de bonne entente avec la papauté. Faisant suite à l'abbaye Santa Maria della Matina près de San Marco Argentano, celle de Sant'Eufemia est la première des fondations ébrulfiennes, c'est-à-dire celles qui furent confiées à l'abbé normand Robert de Grandmesnil, venant de Saint-Évroul-en-Ouche ; elle fut suivie de celles de Milet et de Venosa.

Un diplôme de Roger Iᵉʳ, connu à travers des copies des XVIᵉ et XVIIᵉ siècles auxquelles cependant Ménager a reconnu « un certain substrat d'authenticité », la dit fondée en 1062, donc peu après la conquête de la Calabre, et en 1065 les travaux étaient certainement en cours puisqu'un passage de la chronique de Geoffroi Malaterra, moine de Sainte-Euphémie et pour autant au courant des faits, la mentionne en cette année-là comme « noviter incoepta ». Le document de Roger parle en réalité de la restauration d'une petite église byzantine, « quondam fundatam sed malis habitatori[bus] diructam », et c'est de cette « parvam ecclesiam » qu'Ordéric Vital parle dans ses adjonctions à la chronique de Guillaume de Jumièges ; mais comme il a déjà remarqué Pontieri, il devait s'agir d'une construction entièrement neuve, à laquelle la vieille église fut peut-être incorporée, étant donné que le modeste oratoire devait certainement être insuffisant pour les besoins des nombreux moines qui s'y établirent. La même adjonction d'Ordéric Vital le confirme : « At ille ut erat magnanimus — dit-il en parlant de Guiscard — ingens coenobium ibi condidit et magnam multitudinem monachorum ad militandum Deo ibidem congregavit », ainsi que le « noviter incoepta » de Malaterra.

De l'ensemble abbatial il ne reste plus à présent que des ruines. Celles-ci se trouvent dans la fertile Piana di Sant'Eufemia, dans le lieu-dit Sant'Eufemia Vetere — commune de Terravecchia — non loin de la mer et tout près de ce qu'on appelle le Bastione di Malta. Un violent tremblement de terre, en 1638, détruisit les bâtiments monastiques ainsi que les hameaux et les villages de la région ; les importants éléments de construction de l'établissement monastique qui ont subsisté, ont été peu à peu masqués par la végétation de plantes sauvages et d'abord par la boue des marécages infestés par la malaria. Ce qui a empêché les archéologues de faire une étude précise du monument qui de ce fait est resté longtemps mal connu. C'est seulement récemment que Giuseppe Occhiato a entrepris une recherche qui lui a permis de reconstituer le plan originel de l'édifice et de lui assigner sa juste place dans le panorama de l'architecture médiévale calabraise, c'est-à-dire dans le cadre de la production romane, lui restituant le rôle qui lui revient, de centre de rayonnement des nouveaux canons architecturaux. Voici les remarques d'Occhiato que nous reproduisons textuellement : « Les ruines couvrent une grande étendue de terrain située presque au centre de la vaste plaine de Lamezia dont à l'époque de son plus grand essor le centre monastique bénédictin contrôlait les voies de communication entre le Nord et le Sud, indice manifeste du soin avec lequel la politique avisée des Normands choisissait les emplacements les plus appropriés pour les nouvelles colonies bénédictines, les disposant stratégiquement aux points névralgiques de la région... ».

Ces ruines sont maintenant entourées de florissantes cultures d'agrumes, surgissant exactement là où il y a une cinquantaine d'années s'étendaient encore des étangs paludéens et des marécages qui rendaient les lieux inhabitables. Si on les regarde de l'Est, il est possible d'apercevoir sur la droite la silhouette tranchée d'une énorme muraille – qui est ce qui reste de plus frappant de l'église conventuelle – percée d'une série de fenêtres simples en plein cintre, alternant avec des confreforts; sur la gauche, un corps de bâtiments appartenant à l'aile méridionale du monastère, lui aussi percé de nombreuses ouvertures cintrées; et au milieu de ces deux ouvrages de maçonnerie, un quadrilatère dépourvu de ruines, sans doute l'endroit où s'élevait l'ancien cloître. Encore plus au Sud, se dresse un pan massif du mur d'enceinte du monastère et vers le Nord-Est on remarque les restes d'une tour rectangulaire.

Le matériau employé pour la construction n'est pas celui qu'un peu plus tard sera utilisé pour l'érection des deux ensembles cultuels de Milet, dont la technique en opus quadratum *a fait usage de blocs calcaires parfaitement équarris, mais il est pauvre, consistant en un aggloméré irrégulier de galets de rivière et de mortier très dur, où se mêle parfois quelque élément de brique. Les angles des murs encore debout présentent aussi la même technique de construction, privés qu'ils sont d'éléments en pierre équarrie, ce qui nous laisse supposer que l'aspect des édifices était à l'origine dépourvu de prétention esthétique, sévère dans la nudité stricte des surfaces revêtues d'enduit; seuls les restes de la tour, construite elle aussi de galets de rivière, présentent des pierres d'angle en granit. Aux alentours, on ne trouve pas trace de matériaux plus nobles, tel le marbre, le granit ou la pierre taillée, peut-être parce qu'ils sont enfouis dans le limon apporté par les alluvions fluviales pendant deux bons siècles, ou bien qu'ils ont été emportés par des amateurs d'art et des collectionneurs locaux».* De l'analyse des structures encore en place et en rapport avec le plan de l'église, Occhiato tire les conclusions que voici : «En premier lieu s'impose le fait que dans l'avant-corps de l'église on a adopté un schéma à trois nefs, et non à nef unique. Deux considérations inclinent à défendre une telle assertion : d'abord la remarquable amplitude du corps longitudinal qui est d'environ 26 m 50. On peut faire une telle mesure aux points de jonction de la nef avec les deux murs Ouest du transept, dont on peut noter la trace du point de départ. C'est pourquoi il semble clair qu'il aurait été très difficile de couvrir un espace aussi vaste soit au moyen d'une charpente apparente, soit plus encore avec une voûte, l'adoption d'un pareil système étant techniquement impossible pour une ouverture de plus de 26 m, étant donné l'élévation et l'épaisseur insuffisante des murs gouttereaux, même renforcés par des contreforts externes. Au-delà de cette constatation, il est un autre élément qui parle en faveur de la thèse énoncée plus haut. Sur ce qui reste du mur au revers de la façade Ouest, se trouve un arrachement épais de 1 m 90 qui apparaît comme le point de départ d'un arc; sa position, sa forme et sa distance du mur gouttereau encore debout permettent d'établir qu'une rangée de lourdes arcades se déployait sur la longueur

du corps longitudinal de ce côté, et qu'une autre semblable devait se trouver symétriquement du côté opposé. Les deux rangées d'arcades divisaient l'espace en trois nefs. Il est possible aussi, sur cette base, de fixer la largeur des nefs latérales comme de la nef centrale : les premières larges chacune d'environ 5 m 85; la seconde de 11 m. Pour compléter cette série de mesures, donnons encore ici la longueur du corps longitudinal qui est d'environ 35 m. Quant au système de couverture de ce corps longitudinal de l'église, nous sommes en mesure d'affirmer en toute certitude que les collatéraux étaient voûtés en berceau, car sur le côté interne de la section subsistante de la face Sud sont encore parfaitement visibles les traces de la naissance de la voûte qui couvrait la nef latérale Sud. Il ne nous a cependant pas été permis de faire de même au sujet du système adopté pour couvrir la nef centrale car rien n'a été conservé de cette partie de l'église. Si cependant nous devons voir dans l'église de Lamezia une construction toute marquée de schémas franco-normands du début du XIe siècle, où se manifestent le refus quasi absolu de la grande voûte de la nef centrale et la coexistence d'éléments architecturaux avec voûte et sans voûte dans la même église, il est légitime de supposer l'existence à Sant'Eufemia également d'une couverture en charpente apparente sur la nef centrale.

Le mur gouttereau encore en place, celui du Sud, se présente percé de lumineuses fenêtres simples en plein cintre fortement ébrasées vers l'intérieur, aujourd'hui au niveau du sol; il est flanqué à l'extérieur d'une série de contreforts, de section inégale, qui devaient compenser la poussée de la voûte aujourd'hui écroulée. Au-dessus de ce mur, épais de 1 m 45, se trouve une section d'un autre mur de surélévation qui porte les traces de trois fenêtres murées», probablement une «addition postérieure», comme le laissent deviner «soit le type de ses fenêtres, non plus en plein cintre mais rectangulaires, soit sa position au-dessus de la ligne de l'avant-toit de la nef latérale».

«L'église était dotée d'un transept saillant... On peut en effet remarquer, à l'extrémité orientale du mur gouttereau subsistant, le départ d'un des murs de l'aile Sud du corps transversal; symétriquement au Nord se dresse un gros bloc de maçonnerie formant l'angle du mur gouttereau disparu et de celui du bras Nord du transept dont il reste une brève section. Il n'est cependant pas possible de déterminer la mesure du ressaut de ce transept par rapport aux murs gouttereaux de la nef; de même qu'il ne nous est pas donné de formuler quelque hypothèse sur la configuration de la zone absidale de l'édifice. De la partie postérieure de l'église on ne peut en effet rien discerner d'autre que des blocs de maçonnerie et un amas de décombres à demi ensevelis dans un fol enchevêtrement de plantes... L'église abbatiale était très vaste, analogue en dimension à celle de la Très Sainte Trinité de Milet. Elle avait encore en commun avec elle un autre élément, à savoir le clocher carré qui, comme dans l'édifice de Milet, était situé à l'angle de l'énorme mur de la façade occidentale et de celui du flanc longitudinal conservé; on en relève en effet des traces indéniables. Utilisa-t-on ici comme à Milet des fûts de colonnes antiques pour la séparation des nefs?

Peut-être que le dessein de classicisme du père abbé Grandmesnil, qui devait se déployer dans toute sa magnificence dans la construction de Milet, rencontra à Sant'Eufemia un obstacle insurmontable dans l'absence de monument classique à exploiter, et l'on dut donc avoir recours à des éléments architecturaux bien plus pesants, comme les piliers... La similitude de plan constaté entre Sant'Eufemia et Milet, les relations étroites entre les deux monastères... les éléments d'origine nordique présentés par les ruines — en particulier le transept saillant — font supposer pour Sant'Eufemia elle aussi une conception inspiratrice de l'architecture de l'église, conception marquée par les modes et les formes propres aux églises de Normandie ». Le sanctuaire de l'église de Lamezia présentait donc probablement un schéma de type bénédictino-clunisien c'est-à-dire un triple chœur à travées parallèles terminé par trois absides étagées. « Ces moines qui s'étaient établis à Sant'Eufemia — observe Occhiato — avaient connu, et peut-être même directement expérimenté dans leur pays d'origine, des dispositions de plan qui, inspirées du schéma propre à Cluny II, y avaient été introduites par l'abbaye de Bernay; et ce fut par leur intermédiaire que ces formes furent apportées en Calabre ».

9 SANTA MARIA DELLA MATINA. L'ABBAYE SANTA MARIA

della Matina, dans la vallée du Crati, est la première des fondations bénédictines voulues par Robert Guiscard, dans le dessein de soustraire la terre de Calabre à l'influence déterminante des basiliens, et d'y promouvoir un nouveau développement économique; sans parler de l'importance que pour les conquérants normands ce lieu présentait comme base d'opération, étant donné sa position stratégique. La construction de l'abbaye au voisinage de San Marco Argentano, au bord du Follone, est à placer entre 1059 et 1061. En 1065 eut lieu la consécration de l'église conventuelle, si l'on peut identifier à celle-ci l'église que le pape Alexandre II donna l'ordre de consacrer à l'archevêque de Cosenza, Arnolf.

Ce qui reste aujourd'hui de l'ensemble, dont le noyau originel fut probablement un monastère basilien, vient des réfections opérées par les moines cisterciens de La Sambucina, auxquels ce centre, d'ailleurs à demi détruit par un tremblement de terre en 1189, échut en 1222. Il convient de signaler la salle capitulaire, ainsi que quelques portails et autres restes. Les bâtiments du monastère – supprimé en 1808 – ont été malheureusement gravement détériorés aux temps modernes, car ils ont été adoptés pour servir d'établissement agricole.

Selon des études récentes, on ne peut rapporter à la construction normande qu'un pan de mur de la galerie Sud du cloître. Un plan, jamais publié cependant, de l'église a été dressé par Martelli après avoir effectué des sondages dans les fondations, mais on n'a pu déterminer si le corps longitudinal, large d'environ 15 m et

terminé par trois absides semi-circulaires, était à une ou trois nefs. Selon Bozzoni, l'église devait s'inspirer des schémas campano-cassinais, à en juger par le transept peu ou pas saillant, sinon totalement inexistant.

SANTA SEVERINA : LA CATHÉDRALE VIEILLE. LA CATHÉ- 10 DRALE VIEILLE, élevée sur la pointe Nord-Est de la

colline de Santa Severina, remonte au XIe siècle. Deux inscriptions byzantines jadis encastrées dans l'édifice nous renseignent sur son origine : l'une d'elles dit qu'elle fut fondée en 1036 au temps de l'archevêque Ambroise, l'autre rappelle l'aide financière fournie à l'entreprise par un officier byzantin, le spathaire Stauracius, candidat impérial, commandant militaire de Santa Severina.

La légende assure que la cathédrale fut abandonnée à la fin du XIIIe siècle à cause des miasmes paludéens qui montaient de la vallée située au-dessous et transférée pour cette raison par Roger Stefanuzia au sommet de la colline où elle se trouve encore. L'archéologue Paolo Orsi qui rapporte la légende n'est pas porté à lui faire crédit, attribuant plutôt le changement d'emplacement à un tremblement de terre ou à d'autres raisons qui nous échappent aujourd'hui.

Les structures de la cathédrale ont été partiellement incorporées à la modeste église baroque de l'Addolorata (Notre-Dame des Sept Douleurs). Celui qui la repéra pour la première fois, en 1911, fut Paolo Orsi; en se basant aussi sur les éléments non incorporés ou demeurés à l'état de fondations (dans la partie orientale de la cathédrale vieille, laissée en dehors de l'église baroque, et qu'il trouva détruite et utilisée comme carrière de pierre et asile pour les animaux), Orsi donna dans un dessin une reconstitution de l'édifice primitif.

Nous savons ainsi que le plan était de type basilical, à trois nefs séparées par douze piliers enjambés par des arcs en plein cintre; sans transept, il comportait trois absides en échelonnement, — celle du milieu de plus grandes dimensions. A cause de récents remaniements, il n'a pas été possible d'établir si à l'origine il y a eu une coupole. L'édifice mesurait à l'intérieur 28 m 70 × 16 m 70.

Les piliers sont faits d'une maçonnerie de blocs calcaires alternant avec des paires de briques en partie de remploi, de module varié, tandis que les arcs qui retombent sur les supports sont en gros blocs calcaires. La structure polychrome apparaissait aussi sur certains des arcs en plein cintre des fenêtres simples qui s'ouvraient dans la nef centrale au-dessus de chacune des arcades. Le reste de la maçonnerie était en opus incertum cimenté avec du mortier.

La rareté des sources de lumière, petites et espacées, et le schéma basilical à pilier montrent l'accueil fait aux manières occidentales; la présence des trois absides, cependant, et le chromatisme des supports et des autres éléments mettent en évidence l'inspiration encore byzantine de l'édifice, comme on pouvait s'y attendre dans un centre soumis depuis des siècles au pouvoir byzantin.

*L'église de l'Addolorata, abandonnée depuis long-
temps, est fermée au visiteur.*

11 SCALEA : LA CRYPTE DE SAINT-NICOLAS IN PLATEIS.

La crypte est ce qui reste de la construction
normande de Saint-Nicolas in Plateis, qui
remonte à 1167 (Occhiato); l'église située
au-dessus, tout en conservant peut-être quelques éléments datant du XIIe siècle, a en
effet subi des transformations substantielles
à l'époque angevine, et a encore été remaniée
au XVIIIe siècle.

En réalité même la crypte n'a pas été épargnée par les restaurations qui en ont de quelque
façon modifié la disposition spatiale originelle.
L'espace, de plan rectangulaire, se développe
dans le sens longitudinal et déploie sous le sol
de la nef de l'église actuelle trois nefs de
cinq travées couvertes chacune de trois voûtes
d'arêtes portées par de lourds supports –
colonnes cylindriques et piliers polygonaux –
surmontés de courts chapiteaux très simples.
A la regarder, on éprouve une impression
de lourdeur, causée par les voûtes basses
et massives, sans arcs-doubleaux. Elle a été
encore alourdie par un banal décor en stuc
du XIXe siècle.

La travée Est derrière l'autel laisse voir les
trois voûtes d'arêtes coupées par un mur de
fermeture; une des voûtes s'étend au-dessus de
l'escalier d'accès, de l'autre côté du mur, formant une sorte d'atrium. La crypte est éclairée
directement du côté Sud.

12 TERRETI : SAINTE-MARIE. LE MONASTÈRE BASILIEN ET

*l'église Sainte-Marie de Terreti s'élevaient à part sur
un plateau aux alentours de Reggio Calabria.
Aujourd'hui il n'en reste plus aucun témoin sur place,
les éléments qui en subsistaient ayant été détruits en
1915, mais on conserve au musée national de Reggio
Calabria quelques plaques de stuc et deux colonnettes
qui ont fait partie jadis du décor interne de l'église.
A l'emplacement de l'abbaye se dresse aujourd'hui
l'église moderne Saint-Antoine abbé.*

Selon une source du XVIIe siècle, celle d'un historien
le père Fiore, le monastère aurait été fondé en 1103
par Roger II. Mais des témoignages concernant le
monastère remontent déjà à 1050 environ (brebion de
la métropole byzantine de Reggio, l. 72 Guillou). De
toute façon c'est à l'époque normande que la plupart
des archéologues tendent à situer l'église détruite.
Cependant l'influence de modèles byzantins sur les
plaques – dont nous reparlerons – et la disposition en
plan incitent Venditti à faire l'hypothèse d'une
datation dans la dernière phase de la domination
byzantine.

Au XVe siècle le monastère, sous la conduite d'un
archimandrite, fut mis en commende.

En 1561 un violent tremblement de terre frappa
Reggio; un autre suivit deux ans plus tard; il est

probable que de telles calamités endommagèrent aussi
l'église de Terreti (écroulement du toit). A l'occasion
des visites apostoliques de Mgr Annibale D'Afflitto,
à la fin du siècle, on trouva le monastère en ruine,
comme nous le lisons dans les Actes, et l'église aussi,
que nous savions « bene ornatam in usum graecum »
(et desservie selon ce rite) au temps de la visite
pastorale de 1551 avait visiblement besoin de réparations.

Deux inscriptions lapidaires relevées par le chanoine A. De Lorenzo (1891) nous font connaître
les restaurations exécutées en 1637 et 1688, à
l'initiative respective des abbés commendataires le
cardinal Marzio Ginnetti et Mgr Paolo Ginnetti.
Deux tremblements de terre, l'un en 1638, l'autre en
1659, s'étaient succédé dans l'intervalle. Le séisme de
1783 infligea de nouveaux dommages à l'église, et celui
de 1908 fit de même. L'édifice aurait cependant
subsisté, n'était intervenue la décision de l'autorité
communale, propriétaire depuis 1860 du terrain sur
lequel se trouvaient les restes de l'ensemble monastique
(qui dès lors furent alloués à un cimetière – avec
utilisation d'une partie de l'église coupée par un mur
transversal, comme chapelle), de le raser au niveau du
sol.

En fait de document sur l'édifice, il nous reste une
expertise rédigée par le directeur du Corps des
ingénieurs des eaux et des routes, Bartolomeo Giordano, le 3 mars 1840, et la reconstitution graphique
réalisée par l'archéologue Paolo Orsi en prenant pour
base, outre les vérifications effectuées par lui sur les
ruines, la description de De Lorenzo, qui avait visité
le monument lorsqu'il n'était encore que partiellement
écroulé, en 1879 et en 1887. « Aujourd'hui ce sanctuaire nous apparaît – écrivait celui-ci en 1891 –
privé de toit dans sa partie antérieure, les murs et les
piliers brisés à mi-hauteur, état dans lequel ont dû le
laisser les tremblements de terre de 1783... La moitié
postérieure de l'église survécut à la catastrophe et,
fermée par un mur sur le devant, constitua la chapelle
de l'abbaye où se continua le culte... ».

De Lorenzo fournissait en outre les dimensions
générales de l'édifice, 22 m de long et 11 m de large,
l'épaisseur des murs étant de 70 cm. Quant à la
présence des piliers, il faut dire que le témoignage
du chanoine ne s'accorde pas avec celui du curé
Vincenzo Saraceno, qui à Orsi avait parlé plutôt
de colonnes mais il se trouve confirmé par l'expertise
de Giordano.

Il s'agissait donc d'une église de type basilical,
divisée en trois nefs par des colonnes, sans transept, et
terminée à l'Est par trois absides. Au centre du
sanctuaire quatre arcades brisées supportaient une
coupole couvrant moins d'une demi-sphère. Venditti
attire l'attention sur la parenté de ce plan avec celui de
Sainte-Marie de Tridetti, bien qu'il y ait pour le
premier « une plus grande conformité à des formes
latines et occidentales » dans les proportions allongées
du plan et dans le rapport simple de 1 à 2 existant
entre la largeur et la longueur de l'édifice.

Mais l'intérêt majeur de cette église réside dans son
décor plus que dans les solutions architecturales. Le
pavement était décoré de dessins géométriques réalisés
au moyen de tesselles de différentes couleurs; les

fragments en sont aujourd'hui réutilisés — en même temps que ceux du pavement, lui aussi en marqueterie de mosaïque, de l'église byzantine des Optimates à Reggio Calabria aujourd'hui disparue — dans le pavement de l'église reconstruite des Optimates. Ce type de pavement rappelle des réalisations campaniennes de la période normande — pavements de la cathédrale de Salerne et de Sessa Aurunca, de l'abbatiale Saint-Ménas à Sant'Agata dei Goti, etc., dont le modèle se trouve dans le pavement détruit de Saint-Benoît au Mont-Cassin, œuvre, on le sait, des maîtres dans l'art de la mosaïque et du carrelage, appelés de Constantinople par l'abbé Didier.

De l'ensemble ornemental nous sont encore parvenues quelques plaques en stuc, entières ou non, retrouvées en 1915 dans les décombres de l'édifice détruit, ainsi qu'un fragment d'arceau et deux colonnettes en calcaire, toutes œuvres exposées aujourd'hui, on l'a dit, au musée de Reggio pour les collections duquel elles furent achetées par Paolo Orsi, qui le premier les fit connaître. Au moment de la démolition de l'église, les éléments décoratifs n'étaient pas en place, ayant été déposés au cours des restaurations du XVIIe siècle et conservés dans une pièce derrière l'autel majeur.

Les deux colonnettes de calcaire, analogues à deux autres également au musée de Reggio mais provenant d'un monastère basilien disparu, Saint-Nicolas de Calamizzi, sont revêtues d'un réseau de losanges entourant des rosaces à quatre pétales. Leur ressemblance avec l'une des colonnettes qui soutiennent le baldaquin du tombeau de Roger II dans la cathédrale de Palerme et d'autres analogues du cloître de Monreale, et aussi le fait que des incrustations avec des motifs assez semblables ornent les fenêtres aveugles de la partie de la cathédrale de Palerme construite sous Guillaume II, font penser que les colonnettes calabraises sont l'œuvre d'un atelier sicilien. C'est encore à des artistes siciliens que nous renvoie le décor plastique en stuc. De diverses dimensions, les panneaux sont tous en plâtre blanc mêlé à du sable silicieux et armés avec de la paille commune, et ils ne sont ornés que sur une seule face ; il s'agit peut-être des panneaux de la clôture du bêma, ou du socle de la partie absidale ; ou encore, comme le suggère le fragment d'arc, du revêtement de l'autel. Leur décor, exécuté à l'estampe, est fort intéressant. Quelques-uns présentent huit petits cercles disposés en deux rangs, reliés entre eux par des rosaces et entourés de palmettes et autres motifs végétaux ; ils renferment des animaux héraldiques (dans le haut des paons affrontés, mais qui tournent en arrière leur tête dont le bec tient un lis, dans le bas des gazelles adossées mais avec la tête tournée cette fois en avant vers l'arbre qui se trouve au milieu, dont elles broutent les pousses). Certaines plaques sont pourvues d'un encadrement orné d'inscriptions pseudo-coufiques ; celles-ci, présentes aussi sur la bordure de l'arceau fragmentaire (décoré de motifs à entrelacs) se retrouvaient, comme l'indiquent les fragments qui nous restent, à la base des plaques, sur le large bandeau qui accueille en son milieu une série de sept panneaux carrés comprenant un rond à rayons en creux. Une des bordures est spéciale, avec ses cercles entourant les animaux les

plus divers, oiseaux affrontés, lions, hippogriffes et bêtes qui se battent.

A propos du classement stylistique de l'ensemble des stucs, Monneret de Villard a établi, pour ce type de figuration, un lien avec des modèles de tissus byzantins — les étoffes dites « rotatae », d'ascendance iranienne. Dans sa ligne Scerrato, rappelant le pavement à « rotae » du Patirion, lui aussi orné d'une pseudo-inscription arabe, a fixé avec plus de précision la date des stucs au milieu du XIIe siècle. Une autre opinion s'exprime dans une étude de Guillou et de Mme Tchérémissinoff : les stucs — rapprochés de bois sculptés en Égypte au XIe siècle en raison de la communauté de thèmes — sont datés de la même époque et considérés comme l'œuvre d'artisans arabes présents en Calabre : « la pseudo-écriture coufique qui entoure les plaques comme d'un bandeau est une copie faite par un Arabe occidental, qui ne sait pas lire, d'un texte arabe gravé au XIe siècle ».

TRIDETTI : SAINTE MARIE. 13 CE FUT L'ARCHÉOLOGUE PAOLO

Orsi qui découvrit, en 1913, l'humble église en ruine de Sainte-Marie de Tridetti, qui se trouvait perdue dans une petite vallée, entre les villages de Brancaleone Superiore et de Staìti, dans la province de Reggio Calabria.

L'église appartenait à un vieux monastère basilien aujourd'hui disparu sauf dans le souvenir qu'évoque le nom de la localité où s'élevait l'ensemble monastique, à savoir « le Badie » (les abbayes) ou « Badia ». L'édifice religieux se trouve malheureusement dans un état d'extrême dégradation.

Sur la fondation du monastère, on ne possède pas de données certaines. L'unique document que l'on connaisse est un privilège normand auquel se réfère Paolo Orsi d'après les renseignements fournis par un érudit local, le chanoine Pasquale Natoli, et puisés dans les Memorie della chiesa di Bova, d'Autelitano ; par un privilège de 1060 le comte Roger aurait transféré une partie des rentes de l'abbaye de Tridetti — qui donc existait déjà à cette date — au chapitre de Bova. L'acte aurait été ensuite confirmé par Charles II d'Anjou, en 1305, et par les souverains aragonais.

En 1607, Mgr Camerata, évêque de Bova, agrégea à son chapitre l'abbaye, déjà donnée en commende à plusieurs reprises. Il s'agissait alors d'un établissement en pleine décadence. Un témoignage éloquent de son état de profond abandon est donné par la description qu'en fait la visite pastorale de 1551 : le monastère ne comptait qu'un seul séculier et quant à l'église, « erat sine ornamentis et quasi spelunca latronum et animalium ».

A l'époque baroque, l'édifice fut soumis à une campagne de restauration, dont il reste encore quelque marque. En ce siècle une autre campagne de restauration a été entreprise (1970-1971) par la Surintendance aux monuments de Calabre, sous la direction de l'architecte Degani (à cette occasion fut rénovée la maçonnerie du mur absidal, et furent mis en place deux contreforts pour épauler la façade).

Regardons maintenant les ruines qui subsistent. Le chevet et la façade occidentale sont en meilleur état; le corps longitudinal est par contre envahi de ronces, et ne conserve que des vestiges des piliers, tandis qu'ont disparu les arcs et au-dessus les murs qui portaient les poutres de la couverture (on peut repérer le point d'appui des fermes en bois sur les murs latéraux, le revers de la façade et le mur qui surmonte l'arc triomphal).

Modestes sont les dimensions de l'édifice, de plan rectangulaire, construit presque entièrement en brique : toutes les cinq ou les huit assises de brique, s'intercalent des assises de blocs équarris, selon une façon de construire répandue parmi les maçons calabrais à l'époque normande, encore sensibles aux effets de couleurs tirés de l'utilisation de matériaux différents (les traces d'enduit visibles à l'extérieur doivent vraisemblablement être attribuées aux interventions baroques). A l'endroit des encoignures et des arêtes au bas de l'arrondi on peut voir par contre de gros blocs de pierre, évidemment utilisés pour les renforcer. Parmi les blocs, à l'angle Sud-Est il s'en trouve un, remployé, avec le *kymation* dorique archaïque, et un autre porte gravée une inscription grecque médiévale dont seuls sont lisibles les mots suivants : (ΤΟΥ ΑΓΙΟΥ ΑΠΟΣΤΟΛΟΥ) (du saint apôtre).

La façade occidentale laisse voir la structure interne à trois nefs; une de ses particularités est le très haut arc brisé en brique qui s'ouvre en son milieu. Ses dimensions et la configuration des piédroits avec semi-colonnes adossées en brique elles aussi «peuvent faire supposer — comme l'a remarqué Bozzoni — l'existence d'un second portail plus à l'intérieur, à rattacher peut-être à un endonarthex». Au-dessus de l'arc s'ouvre un oculus, aux côtés duquel il y a une crénelure en queue d'aronde. Sur l'origine de ce motif, propre à cette église, où on le retrouve, nous le verrons, en d'autres parties, les hypothèses sont diverses. Il pourrait en effet dériver du motif roman des arceaux, ou plutôt de l'interruption de leur rythme, mais Bozzoni observe «que l'usage de ce parti sur des surfaces rigoureusement symétriques, par rapport à une fenêtre en plein cintre... rappelle aussi le souvenir de la décoration byzantine typique : un arc flanqué de deux demi-arcs». De part et d'autre de l'arc, deux fenêtres simples éclairent les nefs latérales. Le caractère rustique de la construction se trouve renforcé par le petit clocher-mur qui surmonte la façade, présent dès le début comme le montrent entre autres les bandeaux en brique, semblables à ceux qui se répètent en d'autres endroits de l'église; le pinacle flanquant le pignon qui couronne la façade est par contre une adjonction baroque. Cette façade est percée de deux ouvertures cintrées et au sommet, dans le pignon, d'un oculus.

Les flancs de l'édifice sont scandés d'une suite d'arceaux sur lésènes, qui circonscrivent au sommet des fenêtres simples alternant avec des niches, solution qui fait écho à des exemples paléochrétiens ravennates. Une porte s'ouvre dans chacun des flancs; Orsi explique leur présence par les exigences du rite byzantin selon lequel l'entrée des fidèles devait se faire séparément selon le sexe.

A l'extrémité de la nef s'élève une haute tour à deux étages (en partie délabrée) autour desquels se déploie le décor en queue d'aronde, aux côtés de la fenêtre centrale. L'étage supérieur est carré comme celui du dessous mais en léger retrait par rapport à lui. La coupole, aujourd'hui presque complètement écroulée, émergeait à peine extérieurement du second bloc carré.

La zone la plus importante est sans aucun doute le chevet. A la différence des autres parties de l'édifice où l'émergence de l'étage inférieur de la tour par rapport à la partie haute de la nef devait être assez limitée, ici «l'aspect offert est celui d'une triple superposition de volumes qui crée l'impression frappante d'une masse garnie de tours».

Il y a trois absides. Les deux latérales ne sont marquées que d'un arc en plein cintre à double rouleau qui entoure dans le haut une fenêtre simple cintrée; l'abside centrale, de plus grandes dimensions, est par contre divisée en trois zones basses par des lésènes entre lesquels on retrouve le décor à queue d'aronde; à lui est confiée la charge de faire le lien entre le chevet et la tour qui le domine où, nous l'avons vu, il est également présent. Mais on peut supposer que ce motif ait été aussi utilisé par les constructeurs le long des murs de la nef centrale, dans le dessein «de relier ensemble, grâce à ce singulier parti, l'organisme tout entier», tout en «confirmant l'intérêt majeur qu'ils portaient à la recherche d'un élément rythmique décoratif». Une corniche en dents d'engrenage couronne l'arrondi des absides et le premier étage de la tour.

Avec la richesse décorative de l'extérieur contraste le caractère tout simple de l'intérieur; crépi, peut-être qu'à l'origine il était seulement en partie couvert de fresques, mais aucune trace de leur présence éventuelle ne nous est parvenue, à l'exception d'une Vierge à l'Enfant ancienne qui affleure sous l'enduit de l'entrée du diaconicum.

Dans son état actuel, le local dit bien peu de chose sur sa configuration primitive; outre l'abandon séculaire, ont contribué à sa dégradation les multiples interventions pour tirer de la bâtisse du matériau de construction. Mais imaginons-la encore intègre. Le bref corps longitudinal est divisé en trois nefs par des arcs retombant sur des piliers à demi-colonnes adossées en brique surmontées de chapiteaux en pierre à coussinet; il se termine par un transept à trois absides, non saillant. On ne sait pas avec certitude si les demi-colonnes en brique étaient adossées à un seul petit côté des piliers (selon la reconstruction graphique d'Orsi) ou aux deux. C'est pour cette seconde solution, typiquement septentrionale, lombarde et normande, que penche Bozzoni, bien que lui-même souligne l'impossibilité d'une réponse définitive; les récentes restaurations d'entretien n'ont pas davantage affronté le problème, car elles étaient limitées à la remise en état du pavement; la section initiale de la nef est aujourd'hui noyée dans le ciment des fondations des murs de soutien de la façade, de sorte qu'est exclue la possibilité de recherches ultérieures.

Un arc triomphal brisé, en brique, est reçu par deux piliers avec à nouveau des demi-colonnes en brique, et deux arcs de part et d'autre, en brique, introduisent au sanctuaire, marquant avec leurs saillies complexes une nette séparation entre cet espace et les nefs. Le sanctuaire se compose de trois travées droites avec abside, les deux latérales rectangulaires, la centrale de plan presque carré; elles communiquent entre elles par deux arcs brisés au côté du *bêma*. Les deux espaces latéraux qui servaient de prothèse et de diaconicum sont couverts de voûtes d'arêtes; sur la croisée du transept est monté par contre un tambour rectangulaire auquel se raccorde au moyen de trompes comme à Saint-Jean-le-Vieux de Stilo un deuxième tambour octogonal voûté d'une calotte hémisphérique basse. Pour résoudre le problème du passage du rectangle de base au carré du premier tambour (le sanctuaire est plus large que long) on a recouru à l'expédient peu ordinaire de faire reposer le tambour inférieur directement sur le côté interne de l'arc triomphal et sur l'arc d'entrée de l'abside médiane en disposant, sur les côtés adjacents à la prothèse et au diaconicum, deux arceaux en plein cintre portés par des consoles en pierre, au lieu de recourir, comme à Saint-Jean, à la double corniche en dents d'engrenage formant saillie. Encore à la différence de Saint-Jean, évidemment sous l'influence des constructions septentrionales, il y a, à Sainte-Marie de Tridetti, deux rangées de fenêtres, une dans chaque étage de la tour, «qui devaient donner à l'espace intérieur cette qualité qui manquait à l'autre». Dans les angles de l'arcade de l'abside centrale sont insérées de fausses colonnes faites de disques de brique, coiffées de deux chapiteaux ioniens remployés et placés la tête en bas, provenant peut-être des ruines de Locri, située non loin de là.

L'édifice est donc l'expression d'une culture composite: par un certain côté il renvoie à des structures occidentales avec tours, tandis que dans les arcs, brisés, et dans le recours à une double rangée de trompes pour raccorder les deux étages de tambour, il révèle une influence

arabe. La composante byzantine apparaît toutefois dominante: que l'on pense à la nette séparation entre *naos* et *bêma* (ce dernier avec prothèse et diaconicum), aux fausses colonnes en brique ou, à l'extérieur, au goût encore marqué pour les effets d'ombre et de lumière obtenus grâce à la brique, ou encore à la scansion des volumes; enfin, à l'absence de décor plastique.

On a beaucoup discuté sur la datation de cet édifice: Orsi le place au XIᵉ siècle, mais pas avant la conquête normande; Bottari repousse la date aux environs de 1093 en raison de l'étroite ressemblance entre cette église et celle des Saints Pierre et Paul à Itàla, sur le territoire de Valdemone en Sicile, construite précisément à ce moment-là. Schwarz fut le premier à transférer l'église au XIIᵉ siècle, l'estimant un des premiers exemples de la fusion réussie, en Calabre, de motifs occidentaux et orientaux. Les études les plus récentes admettent un placement, très approximatif d'ailleurs, dans la première moitié du XIIᵉ siècle, en raison des notables ressemblances avec Saint-Jean-le-Vieux de Stilo, et aussi de l'usage de piliers avec demi-colonnes adossées, «sans exclure que la petite église de ce monastère basilien isolé, certainement en existence bien avant cette date, puisse être due à une reconstruction plus tardive aussi de quelques décennies» (Bozzoni).

TROPEA: LA CATHÉDRALE. IL RESTE BIEN PEU DE CHOSE 14 *de la construction normande après les nombreux remaniements et adjonctions opérés au cours des siècles, en raison surtout des fréquents tremblements de terre.*

Après le très violent séisme de 1783, on donna à l'église un revêtement néoclassique, supprimé dans des restaurations malheureusement menées «de façon lourdement excessive, surtout dans le sanctuaire» au cours de la troisième et de la quatrième décennie de ce siècle sous la direction du surintendant aux monuments du Bruttium et de la Lucanie, en collaboration en un premier temps de l'architecte Angelo Vitale, puis de l'ingénieur Pietro Lojacono; elles se sont terminées en 1932 par la consécration de la cathédrale.

L'édifice, de plan basilical, comporte trois nefs séparées par deux rangées de piliers octogonaux en grès (refaits au cours de la restauration) et couvertes de fermes apparentes en bois; la solution adoptée pour l'implantation, a-t-on observé, rappelle en partie la cathédrale d'Agrigente. Pour terminer trois absides, de plan semi-circulaire, rétablies «à l'identique».

L'élément le plus intéressant est sans aucun doute le flanc Nord — mis au jour en 1927 au début de la restauration — qui, bien que remanié, appartient à la construction originelle, si ce n'est que, pour une partie, il est dû à un prolongement ultérieur des nefs. Le parti décoratif qui s'y déploie est caractéristique; il consiste en un effet de couleur sur la paroi de pierre claire, obtenu essentiellement par l'alternance, sur les voussures des arcades aveugles, de losanges en écume de lave ou en calcaire, et sur celles des fenêtres au-dessus d'écume de lave et de calcaire ou de brique et de calcaire. Entre les fenêtres dont les axes correspondent aux écoinçons des arcades aveugles — ce qui anime la cadence du rythme — sont insérés des triangles en matériaux divers. Les arcs de la première rangée qui, dans leur succession, simulent un portique, prennent appui sur une imposte sous laquelle se trouve un bandeau en opus reticulatum fait de lave et de calcaire. Lojacono estime pouvoir assigner les structures originelles aux dernières décennies du XIe siècle (vers 1080), en relation avec l'installation de l'évêque Justin, auparavant prélat latin de Tropea, qui bénéficia des largesses du comte Roger. Mais sur la position chronologique, les avis des archéologues diffèrent. Schwarz penche plutôt pour une date plus tardive; Bozzoni, en se basant sur certaines similitudes avec des monuments siciliens du XIIe siècle bien avancé, paraît enclin à assigner à cette période la construction de notre église. C'est en effet à des exemples campaniens et siciliens de la fin du XIIe siècle que renvoient l'emploi de la couleur dans le parement extérieur.

み

STILO

Présentation

Pourquoi Stilo, demandera-t-on, dans un ouvrage consacré à l'art roman de Calabre? Certainement pas pour les particularités architecturales et décoratives du monument. Du plan ramassé à la grappe des coupoles, des espaces en forme de croix au jeu de la lumière, tout dans la Cattolica renvoie sans équivoque à Byzance, comme l'écho qu'en donne la province mais avec un cachet toujours bien personnel. Et si l'ascendance et l'aspect de la petite église sont orientaux, c'est aussi le cas de son unique reflet qui se trouve à Saint-Marc de Rossano.

Cependant ce minuscule assemblage de briques qui se présente dans l'infini d'un paysage immobile, a été pendant des siècles − et est encore − avec son charme incomparable, un point de référence d'une puissance évocatrice extraordinaire pour l'imagination. Qui fait le tour de la Calabre sur les routes ou simplement par l'esprit ne peut pas ne pas placer à Stilo le sommet en même temps que le point de départ de son voyage. C'est là qu'il trouvera résumé, concentré comme en un point de densité extrême, un épisode de civilisation qui est parmi les plus suggestifs de l'Occident. Il y trouvera la quintessence de la spiritualité d'une terre antique dont la voix se fait entendre encore. Le contact pris avec Stilo lui permettra de parcourir les routes romanes avec une aisance familière, comme un terrain déjà connu. Dans la diversité des formes, il saisira la continuité d'un discours intérieur.

(suite à la p. 179)

TABLE DES PLANCHES

23

24

25

27

28

30

32

34

35

39

42

43

44

46

STILO

49

ROSSANO

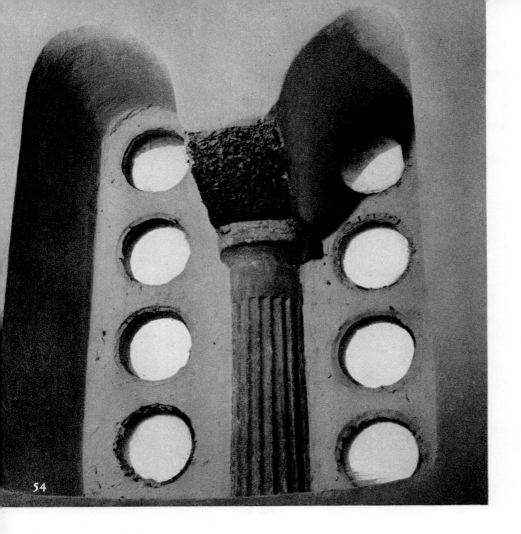

54

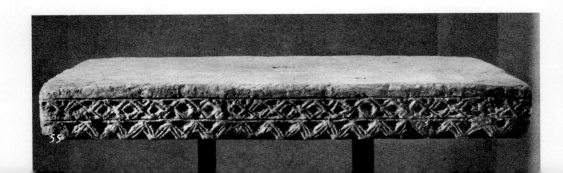

55

L'histoire de cette petite église élevée sur les pentes du mont Consolino, d'où elle domine la ville, est entourée d'un silence absolu jusqu'au XVIe siècle où en apparaît la première mention dans le *Mémoire historico-géographique* du chanoine Macrí. Mais celui-ci nous apprend seulement que la Cattolica était encore utilisée à cette époque. Entre la fin du XVIIe siècle et le début du XVIIIe, l'édifice, déjà soumis sans doute à des modifications à la période médiévale, subit des travaux de restauration qui en altérèrent en partie la physionomie.

C'est probablement à une retouche médiévale qu'est dû le couronnement de la façade formé d'un pignon à angle obtus, tandis que datent de l'époque baroque le remplacement de l'architrave de la porte d'entrée par un arc en plein cintre et l'obturation partielle du tympan au-dessus pour faire place à une ouverture trilobée, ainsi que l'emploi de tuiles rondes pour la réfection de la couverture.

Le XIXe siècle se signale par un regain d'intérêt à l'égard de la Cattolica. Ce fut le comte Vito Capialbi, érudit calabrais, qui attira sur elle l'attention en 1836 et souleva, en même temps, le problème de la restauration, l'église se trouvant désormais dans un état déplorable bien qu'elle continuât à être desservie. Alors que l'œuvre de restauration ne fut entreprise qu'au siècle suivant, c'est cependant peu après que, portée d'ailleurs par le courant de l'intérêt renouvelé pour le monde médiéval, apparut cette floraison d'études sur la Cattolica, à commencer par Schulz qui parvint à faire du petit édifice une étape privilégiée sur l'itinéraire des voyages dans le Sud de l'Italie.

Il semblerait que le bâtiment ait subi d'autres remaniements après la visite de Schulz vers 1840, car certains éléments présents sur les dessins publiés par l'archéologue allemand ne concordent pas avec l'état de l'édifice (entre autres, un élément de chancel byzantin a disparu). A une époque imprécise (selon Teodoru en 1927, mais Orsi qui dirigeait alors les travaux de restauration n'y fait pas allusion), on fit descendre jusqu'au niveau du sol les deux absidioles latérales, auparavant surélevées de 87 cm par rapport au pavement, à s'en tenir du moins au relevé de Schulz, pas tellement précis à vrai dire.

En 1914, sous la direction de l'archéologue Paolo Orsi, qui déjà en 1911 avait visité le monument, commencèrent les travaux de remise en état; interrompus à cause de la guerre, ils furent menés à terme avec la décoration picturale en 1927 seulement. Orsi en donna un compte rendu détaillé, publiant en particulier des photographies de l'église qui en montrent aussi l'aspect avant restauration, alors qu'elle se trouvait à l'état d'abandon. L'édifice fut ainsi rendu en partie à son état original : on élimina l'oculus trilobé et le petit arc au-dessus; on supprima les versants ajoutés aux frontons terminant la couverture des bras du transept, tandis que fut maintenu, chose étonnante, le pinacle central au couronnement incertain; on enleva encore le revêtement de tuile de la couverture, le remplaçant, selon une suggestion formulée sans appui dans les textes par Capialbi, par une chape de ciment, ce qui suscita de violentes polémiques. On refit les parements, abîmés en divers endroits.

Une nouvelle campagne de restauration fut menée entre 1947 et 1951 par Gisberto Martelli, d'après les relevés et les suggestions d'un assez grand nombre d'archéologues, en tout premier lieu de Teodoru. A cette occasion on rendit à la Cattolica sa couverture de tuiles rondes dont on comprit la valeur chromatique, non perçue par Orsi qui avait vu là un signe de décadence technique. On modifia la forme du fronton terminant les voûtes en berceau, grâce à un petit pignon correspondant à la double pente des toits.

Les travaux suivants, en 1968-1970, assurés par le surintendant et architecte Alessandro Degani, furent surtout des travaux d'entretien, mais on procéda aussi à la fermeture en briques «a coltello» de l'arc en plein cintre surmontant le portail d'entrée, pour empêcher la pénétration de l'eau de pluie, et l'on arrangea l'espace qui précède l'édifice et y donne accès, comme prévu déjà dans le programme d'Orsi.

Ces dernières années ont été récupérés de nouveaux fragments de la décoration picturale.

Il reste à dire maintenant quelle fut la destination originelle de la Cattolica, et comment elle se situe dans le temps. Si en raison de la modestie de ses proportions, de son aspect dépouillé et ramassé, et de son emplacement excentrique par rapport à l'agglomération, les archéologues sont tous plus ou moins d'accord pour faire de l'édifice le «katholikon», c'est-à-dire l'église principale d'un monastère ou d'une série de laures basiliennes présentes tout autour, et non l'église mère de la ville, ils ne semblent pas s'entendre aussi bien sur le problème de la datation. En dépit de l'apport substantiel des études que l'on possède sur ce point, il reste jusqu'à maintenant du domaine des hypothèses qu'aucun document certain ne vient garantir. Il ne sert pas à grand-chose de parcourir l'histoire de Stilo, puisque la petite ville, important centre byzantin du VIIe siècle, conserve, même après la conquête normande survenue en 1071, son caractère byzantin, demeurant «longtemps grecque de population, de langue et de rite». En témoignent les assez nombreuses ruines de monastères basiliens dans la région, mais aussi les documents grecs de l'époque normande, publiés par Trinchera, où les noms et les signatures indiquent des stratèges, des protospathaires, des protopapes, etc., c'est-à-dire des fonctionnaires byzantins de nom sinon de fait. On ne peut donc tirer des éléments de datation que de l'analyse des structures et des éléments décoratifs. La datation d'entre le Xe et le début du XIe siècle, proposée en son temps par Orsi, cadre mieux avec ce qui ressort de l'examen de l'édifice et de la confrontation avec des exemples byzantins présentant des solutions apparentées, tandis que la datation plus tardive (XIIe-XIIIe siècle) paraît difficilement soutenable.

Une thèse audacieuse sur les origines de la Cattolica a été récemment formulée par Jurlaro, d'après qui la construction que nous voyons aujourd'hui est née au XIIe siècle de la restructuration d'un édifice ecclésiastique antérieur, détruit ou écroulé, datable du VIIIe ou du IXe siècle. Du plan, cet archéologue donne une interprétation symbolique : le côté de l'espace (carré) est, à l'intérieur, de dix-huit pieds byzantins (5 m 67); or ce nombre est figuré en grec par les lettres-chiffres IH, autrement dit il signifie le nom de Jésus. Également symbolique, le module adopté pour l'élévation, dix pieds byzantins (les arcs sont hauts de dix pieds – 3 m 15 – et la coupole centrale de deux fois dix pieds) : le chiffre grec correspondant – I – représente comme lettre l'initiale du nom de Jésus décacorde. Mais le désaccord entre les mesures en plan et en élévation («les arcs qui surmontent les quatre colonnes centrales sont par rapport à leur diamètre de base hauts de deux fois un quart, deux fois un cinquième, et n'ont donc pas de proportion constante ni celle de un à deux qui est habituelle; ainsi la hauteur de la coupole centrale à l'intérieur dépasse d'un dixième la longueur du côté à la base de l'édifice» écrit Jurlaro) suggère à cet archéologue que le plan est plus ancien que l'élévation qu'il date du XIIᵉ siècle, le module de dix pieds byzantins étant en usage à l'époque normande. Ce qui confirme pour Jurlaro la datation de la construction primitive entre le VIIIᵉ et le IXᵉ siècle, ce sont les quatre chapiteaux des colonnes (pl. 47 à 49), manifestement remployés, comme le fragment de chancel et celui d'une colonnette torse actuellement dans la fenêtre double du tambour de la coupole centrale, tous datables précisément de cette période. En outre la petite croix sculptée sur la première colonne de droite en entrant est apparentée à certaines petites croix figurant sur des monnaies byzantines du Xᵉ siècle et sur des lampes chrétiennes en bronze d'époque antérieure. Le texte qui accompagne la croix de Stilo, tiré du verset 27 du psaume 117, est là selon certains pour marquer que l'église était dédiée à la Nativité. La dédicace de l'église actuelle à la Vierge de l'Assomption est datable de la période normano-souabe, d'après Jurlaro.

Visite

A la Cattolica qui se dresse, merveilleusement fondue dans le paysage environnant, sur une esplanade de peu d'étendue à mi-pente du mont Consolino (pl. coul. p. 178), on parvient en gravissant une petite route tortueuse au-dessus de l'agglomération qui, dans son rude cachet de type méditerranéen, ne laisse en rien présager l'enchantement bientôt réservé au visiteur. Pratiquement c'est seulement de près, après un tournant, que la petite église s'offre au regard – cube minuscule en brique avec abside et couronnement –, et cependant elle s'impose immédiatement, dans toute sa séduction, avec l'élégance colorée de l'appareil culminant dans le jeu exquis de son couronnement de coupoles. C'est à sa parfaite insertion dans le paysage, avec lequel cependant, tel une touche de couleur sur un écran aride de rochers et de végétation sauvage, il ne se confond pas, que l'édifice doit sans aucun doute son immense attrait. Mais tout aussi heureux, et très sensible à celui qui, montant à Stilo, arrive à proximité de l'agglomération, est le rapport entre l'édifice et la petite ville dont il fait partie intégrante tout en surgissant en amont de celle-ci. Mais autre chose encore contribue à faire de ce monument l'un des plus pittoresques de la Calabre : c'est «la fusion qu'il réalise entre une rigoureuse conception géométrique, d'ailleurs mise en œuvre avec une grande liberté, et un jeu de couleurs plein de fantaisie», fusion qui, si elle est typique de la culture artistique byzantine, est ici, en raison de la modestie des moyens employés, obtenue de façon d'autant plus suggestive.

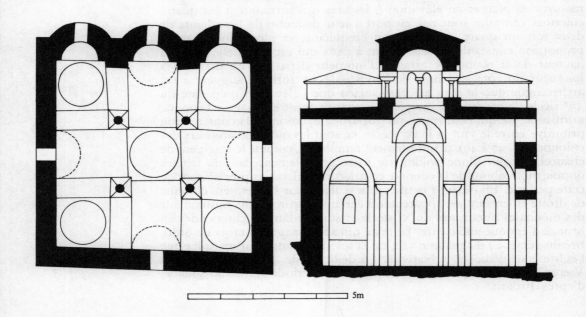

5m

**STILO
LA CATTOLICA**
plan et coupe

L'édifice présente un plan en croix grecque inscrit dans un carré. La croix est engendrée par la subdivision du carré, au moyen de quatre colonnes isolées, en neuf espaces presque égaux, eux aussi carrés (pl. 47 et 48); l'espace central et les quatre espaces d'angle sont couronnés de coupoles d'égal diamètre sur tambours cylindriques, tandis que les autres le sont de voûtes en berceau (pl. 49). Le plan révèle l'originalité des constructeurs locaux : si en effet la solution des cinq coupoles est répandue en Grèce continentale et insulaire, et dans les provinces d'Asie mineure – en Calabre elle a pu être introduite du Péloponnèse ou de l'Épire –, par contre le principe de l'équivalence de toutes les parties n'a pas d'analogue ailleurs, sinon à Saint-Marc de Rossano qui, nous le verrons, se situe dans le sillage de la Cattolica.

L'extérieur révèle clairement la structure interne, car de la masse serrée se détachent les cinq tambours et les quatre bras de la croix. Le tambour central, bien que de dimensions égales aux autres, les dépasse, son point de départ étant à un niveau plus élevé.

Ce qui se présente face au visiteur, c'est le flanc méridional, qui fait fonction de façade; solution imposée par la volonté bien arrêtée de maintenir l'orientation des absides vers l'Est, et par l'impossibilité d'une ouverture dans la face opposée parce qu'elle est tout contre la montagne. La maçonnerie est caractérisée sur toutes les faces par un parement nu en grosses briques irrégulières liées par d'épaisses couches de mortier; la face Sud se distingue cependant des autres, qui sont aveugles, par le portail ménagé en son milieu : simple ouverture rectangulaire au linteau surmonté d'un tympan à voussures de brique en dents d'engrenage. C'est aujourd'hui l'unique accès à l'église. Un renfoncement visible dans le mur à gauche de la porte d'entrée suggère toutefois l'existence dans le passé d'une seconde ouverture, et une autre elle aussi ouverte jadis puis bouchée apparaît dans le mur Nord. Sur une brique du piédroit de gauche du portail sont visibles des lettres et des symboles aujourd'hui indéchiffrables, peut-être tracés par le constructeur de la Cattolica.

Les faces présentent un couronnement rectiligne, interrompu seulement en son milieu par les frontons fermant les voûtes en berceau des bras du transept, dans chacun desquels s'ouvre une fenêtre simple cintrée, soulignée par une frise en brique (la fenêtre de la face Sud est manifestement désaxée par rapport à l'entrée).

Du côté Est, tourné vers la vallée du Stilaro, se déploie le jeu des volumes des trois absides semi-cylindriques, de même hauteur et percées chacune d'une fenêtre cintrée, montées sur un haut mur avec des contreforts en pierres vives qui étendent vers la vallée l'esplanade naturelle sur laquelle s'élève l'église (pl. 46).

A l'extrême sobriété des façades s'oppose la richesse décorative des tambours, dont l'effet est entièrement confié au revêtement de plaques carrées en brique (en partie remplacées au cours de la restauration) qui enveloppent les surfaces cylindriques dans un mouvement de spirale qui engendre des losanges (ou un appareil réticulé). Le décor est interrompu, à la hauteur du départ des arcs des fenêtres, par une frise de briques en dents d'engrenage qui fait le tour de chaque cylindre, se raccordant à la voussure des fenêtres. Le tambour central se distingue des autres par le fait qu'il présente au-dessus des fenêtres (doubles et non plus simples) une double rangée de losanges, séparés par une assise de briques à plat. Dans le revêtement réticulé (ou si l'on veut à bandeaux de losanges), Megaw a trouvé un point de repère pour la datation de la Cattolica. Ce type de revêtement est en effet déjà présent dans des édifices du XIe siècle dans la péninsule de Magne, en Laconie et en Arcadie, et aussi du Xe siècle. Et puisque la Cattolica offre des absides semi-circulaires et des tambours cylindriques couverts de tuiles de 10 à 11 cm comme celles des églises grecques du Xe siècle, Megaw date de ce siècle l'église calabraise.

Le motif à dents d'engrenage se répète au couronnement des tambours, en légère saillie masquée par l'égout du toit de tuile des calottes, autour du tympan du portail et sur les absides : ici encore la frise se déploie à la hauteur du départ des arcs des fenêtres et dans le haut sous l'égout du toit.

Les coupoles sont revêtues de tuiles rondes en disposition rayonnante; un revêtement identique se trouve aussi sur les bras de la croix, sur les cubes d'angle ainsi que sur les calottes des absides. Celui qui regarde l'église depuis les pentes supérieures de la montagne peut remarquer l'heureux contraste offert ainsi par la disposition tantôt divergente et tantôt concentrique des tuiles (pl. coul. p. 178).

L'intérieur est un espace recueilli, marqué d'un caractère d'absolue simplicité accordé à l'idéal de renoncement ascétique poursuivi par les commanditaires, à savoir les membres, certainement, d'une petite communauté érémitique. Contrairement à l'extérieur, il présente des murs enduits animés de fresques qui assurent à elles seules le décor (pl. 47 et 48).

Les colonnes qui, on l'a dit, subdivisent le carré de base, diverses par le matériau et la forme, sont des remplois comme aussi les bases sur lesquelles certaines prennent appui, provenant peut-être des ruines de Caulonia ou des villes de la vallée du Stilaro : à l'angle Sud-Est se trouve un fût de marbre blanc qui porte gravée une croix gemmée aux extrémités, avec une inscription grecque autour des quatre bras, tirée du psaume 117, verset 27, relatif à l'Épiphanie; des fûts des autres colonnes deux sont en cipolin, le quatrième de granit. Byzantins par contre les chapiteaux qui surmontent les colonnes, en tronc de pyramide renversé, et privés de tout décor. Selon la remarque de Mme Raffaella Farioli Campanati, «les proportions et la forme évasée des chapiteaux-imposte utilisés à Stilo se trouvent déjà dans des édifices de l'époque macédonienne». Comme le révèlent quelques trous de boulin dans les murs gouttereaux en face de l'un des quatre supports centraux, les maçonneries internes étaient jadis reliées par des poutres de bois à la hauteur du départ des arcs et des voûtes; leur disparition diminue malheureusement aujourd'hui la possibilité d'apprécier pleinement l'agencement spatial de l'édifice; «au-delà d'une fonction d'ordre statique» ce chaînage en remplissait «une autre d'ordre expressif; interrompant la tension verticale, il rétablissait d'une part un espace à la mesure humaine et de l'autre il suggérait, au-delà de la ligne, un éloignement indéfini des coupoles d'où pleut la lumière». La dimension longitudinale est presque nulle : peu profondes, en effet, sont les trois absides qui ferment le côté Est, jouant respectivement le rôle de *bêma*, *prothèse* et *diaconicum* (pl. 47). Les deux absides latérales, de la même largeur et de la même profondeur que la centrale, ne semblent pas être descendues jusqu'au niveau du sol à l'origine, contrairement à ce que l'on voit aujourd'hui.

La couverture se compose, on l'a signalé, de coupoles sur trompes cylindriques au-dessus des quatre espaces des angles et de celui du centre, de voûtes en berceau sur les autres (pl. 49). Une particularité lui vient de l'absence de «cette subordination structurelle et spatiale à l'égard de la coupole centrale qui, dans les édifices de la métropole, est par contre toujours en position dominante, en vertu même de ses dimensions plus grandes». Ici, en effet, les coupoles sont de même diamètre; l'émergence de la coupole centrale est obtenue en montant plus haut le tambour; on fait aussi usage de l'artifice consistant à reculer les quatre colonnes de soutien par rapport à l'aplomb du départ de la coupole centrale, créant ainsi un espace central plus grand que celui situé au-dessous des autres coupoles, évitant en même temps l'impression d'un espace encombré de supports.

L'intérieur reçoit le jour des deux fenêtres simples – ou d'une seule (côté montagne) – qui s'ouvrent dans chacun des tambours des coupoles d'angle, des quatre fenêtres doubles, orientées comme les bras de la croix, ouvertes dans celui de la coupole centrale, et des fenêtres simples dans les murs fermant les quatre berceaux. Cet intérieur est ainsi plongé dans une pénombre favorable au recueillement et d'un grand pouvoir de suggestion. La disposition des arrivées de lumière, toutes dans le haut, accentue aussi l'élan vertical, déjà marqué par la plus grande hauteur de la base de la coupole centrale. Les arcs des fenêtres doubles sont reçus par des colonnettes, ou de petits pilastres, en marbre remployé; deux sont lisses, une autre est torse, la quatrième est carrée (prise peut-être à quelque chancel); les chapiteaux qui les coiffent, à béquille, sont en marbre pour deux d'entre eux, en granit pour un autre, le quatrième en brique.

Quant aux fresques, comme on l'a rapporté, les premières découvertes remontent à la restauration d'Orsi (1927) mais de nouveaux témoins ont réapparu dernièrement, certains d'ailleurs d'une époque antérieure à celle des fresques déjà connues; les plus anciennes revêtent une importance particulière, car elles fournissent un *terminus ante quem* pour la datation du monument. Les possibilités limitées de lecture, en raison de l'état de conservation des fragments parvenus jusqu'à nous, ne permettent pas cependant une datation absolument certaine.

L'élément le plus ancien, à la lumière des dernières découvertes, présente deux saints-soldats et une sainte, en pied, d'influence byzantine; Mme Di Dario Guida propose une datation entre la fin du Xe siècle et les débuts du XIe. Le second élément, déjà connu d'Orsi qui en fait le plus ancien (XIe siècle), se compose de figures fragmentaires de saints et d'un précieux *saint Jean Chrysostome* (pl. 52).

D'une époque ultérieure sont l'*Ascension* (XIIIe siècle), avec le *Pantocrator* dans une mandorle soutenue par quatre anges à la voûte du bras oriental (pl. 50) et l'*Annonciation* au mur Nord côté montagne (pl. 51). Sensiblement plus tardives, les fresques qui affleurent sur les couches suivantes. C'est au XIVe siècle que remontent un *saint Jean-Baptiste* et quelques saintes mutilées; plus tardives encore (XVe siècle) les fresques de la dernière couche dont une *Dormitio Virginis*, déjà marquée par les nouvelles réalisations du gothique international, sous la forme valentinoise, semble-t-il. Mme Castelfranchi Falla fait remarquer la présence, sur le mur du fond, à gauche de la *Koimesis,* de l'image d'un commanditaire, laïc, accompagné d'une inscription en grec. Sur ce même mur se trouve un personnage en habits militaires, identifié par l'archéologue comme celui du centurion Longin et appartenant sans doute à une scène de crucifixion (où précisément Longin apparaît en général à la gauche de saint Jean l'Évangéliste); datable d'entre la fin du XIIe siècle et le milieu du suivant, ce fragment est le plus ancien de ce mur.

DIMENSIONS DE STILO

Longueur dans œuvre : environ 54 m.
Largeur dans œuvre : environ 18 m.
Longueur hors œuvre : 7 m 50.
Largeur hors œuvre : 7 m 40.

ROSSANO

L'ÉGLISE SAINT-MARC DE ROSSANO

Histoire

L'absence totale de données historiques concernant les origines de l'église Saint-Marc ne permet qu'une solution approximative du problème de sa datation qui, dans l'opinion des archéologues, a oscillé entre le IXe et le XIIe siècle. Les parentés de plan avec la Cattolica de Stilo font pencher en faveur d'une même situation chronologique pour les deux constructions, que l'on s'accorde désormais généralement à rattacher à l'architecture dite «deutéro-byzantine», des Xe-XIe siècles; au plus l'église de Rossano, par son ouverture aux modèles d'Occident – nous en reparlerons –, pourrait être de peu postérieure, du début de l'époque normande peut-être, par rapport au monument, lui tout à fait byzantin, de Stilo.

De même la fonction primitive de l'édifice n'est pas, jusqu'à présent, certaine : il fut probablement le centre de quelques laures érémitiques, mais on ne peut exclure son identification à l'oratoire annexé au monastère féminin détruit de Sainte-Anastasie, elle aussi proposée. Si l'on pouvait le prouver, on aurait alors un point de repère pour la datation de notre monument : la vie de saint Nil nous apprend, en effet, que le monastère Sainte-Anastasie fut fondé par Euphrase, de Rossano, juge impérial d'Italie et de Calabre vers le milieu du Xe siècle. Un *terminus post quem* pour la construction de Saint-Marc a été repéré par Lojacono dans le violent tremblement de terre de 950, qui détruisit

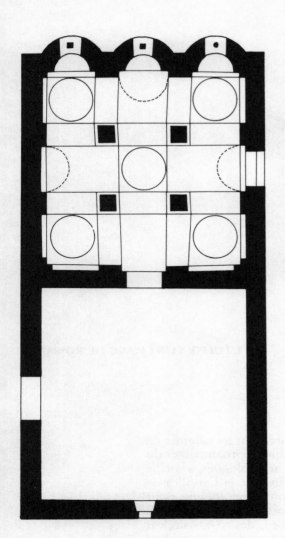

5m

**ROSSANO
SAN MARCO**

toute la partie Sud-Est de Rossano, ouvrant deux failles dans les localités appelées aujourd'hui Suda et Ciperi, précisément au pied du coteau rocheux sur lequel s'élève l'église. Comme *terminus ante quem* cet archéologue prend l'année 1060, celle de la conquête normande de Rossano, mais les auteurs plus récents n'excluent pas une datation plus tardive, la tradition byzantine se montrant tenacement enracinée dans la région et persistant longtemps même après la conquête.

L'édifice a subi au cours des temps des adjonctions et des remaniements – outre les restaurations nécessitées par les dommages dus au tremblement de terre de 1836 – qui n'auront pas cependant altéré irréparablement la physionomie originelle. Des travaux d'embellissement furent exécutés à l'époque baroque, tels le plafond «de bois peint au décor rustique de rosaces» dans le vestibule, et un nouvel autel.

Au siècle dernier, l'église a été utilisée comme lieu de sépulture des victimes du choléra.

Entre 1926 et 1931, par les soins de la Surintendance des antiquités de la Calabre et de la Lucanie, a été menée une campagne de restauration dirigée par le surintendant Edoardo Galli, avec la collaboration de Pietro Lojacono, grâce à laquelle est possible aujourd'hui une interprétation plus exacte du monument. On a eu pour but, en effet, non seulement d'en consolider la construction et d'en renforcer les fondations (malmenées par les fosses creusées pour les morts de l'épidémie), mais aussi de lui rendre son aspect primitif. On a ainsi démoli l'adjonction tardive du petit clocher-peigne sur la face latérale de gauche, la sacristie délabrée, de l'autre côté, et encore le mur qui masquait l'abside centrale. Ont été supprimés également le plafond et l'autel baroques. On a entrepris de refaire les toitures, d'après celles d'origine, et aussi le pavement. On a rouvert les petites fenêtres fermées dans les coupoles et la fenêtre double de l'abside centrale. Au cours de ces travaux ont réapparu des fragments de sculptures isolées, et des restes de fresques, en particulier une *Vierge à l'Enfant* (pl. 57), ayant fait partie jadis d'un décor pictural certainement plus étendu. Le travail de restauration a également assuré le dégagement de l'édifice pour en améliorer la visibilité.

Visite

L'église Saint-Marc se dresse à l'extrémité Sud-Est de l'agglomération actuelle, sur un banc de rocher tufier qui la fait dominer les constructions environnantes (pl. 53), le terrain environnant ayant été par ailleurs abaissé pour y faire passer une route.

Une fois franchie la grille qui ferme la vaste place devant le flanc Nord de l'église, on y accède par une salle carrée adossée à la face occidentale. Cet espace – au toit avec charpente apparente dû à la restauration – est une adjonction postérieure par rapport au corps de l'église, comme le prouve la nette coupure entre les deux maçonneries, et fut probablement construit pour accueillir un nombre accru de fidèles. Certains ont supposé qu'il avait remplacé un narthex primitif, de moindres dimensions.

L'église, si l'on en examine la structure primitive, présente d'étroites parentés avec la Cattolica de Stilo : même plan, en croix grecque inscrite dans un périmètre carré et terminé à l'Est par trois absides semi-circulaires égales, dimensions presque identiques, couronnement similaire à cinq petites coupoles sur tambours cylindriques. Cependant notre édifice s'en distingue surtout par son sens des volumes. De la Cattolica, Saint-Marc ne présente pas la recherche chromatique raffinée. Le parement, sur toutes les parties de la construction, se compose d'un *emplekton* de chaux et de pierres revêtu d'un enduit. Unique note qui tranche : le brun rouge du manteau de tuiles rondes – renouvelé au cours de la restauration – qui couvre le toit à deux versants, le dôme des coupoles et les absides.

Sur les faces latérales, le léger renflement triangulaire du toit révèle les berceaux qui à l'intérieur couvrent les bras de la croix, solution qui rappelle des modèles grecs, et surtout ceux de l'île de Crète.

C'est la zone orientale qui présente le plus d'intérêt, par le jeu remarquable des absides en faible saillie descendant jusqu'au banc rocheux, et des tambours cylindriques dont ceux des angles paraissent enfoncés dans la pente du toit (pl. 53). On est frappé par l'absolue nudité des murs, à peine animés par les ouvertures des fenêtres doubles (au lieu des fenêtres simples de la Cattolica) sur les trois absides, et des simples sur les tambours. Comme on l'a signalé dans la partie historique, la fenêtre double de l'abside médiane fut retrouvée par la restauration; à cette occasion y fut découverte une pièce sculptée remployée, un pilier «trapésophore» cannelé en marbre (pl. 53), à la place du petit pilier maçonné qui figure au milieu des fenêtres doubles latérales. Des fenêtres simples s'ouvrent également dans les frontons fermant les berceaux sur les faces latérales, au-dessous desquelles se trouvent des baies cintrées, de plus grande ouverture (avant la restauration, elles étaient réduites à de simples petites fenêtres rectangulaires). Les claustras en stuc perforé, qui apparaissent dans toutes les fenêtres, sont l'œuvre de la restauration.

L'intérieur de l'église, si l'on excepte l'espace qui la précède et qui, on l'a dit, est une adjonction postérieure, garde substantiellement inchangé son aspect originel (pl. 56). Le caractère dominant est, ici comme à l'extérieur, l'absolue austérité. L'espace cubique est subdivisé par quatre piliers maçonnés recouverts d'enduit en neuf espaces quasi égaux, celui du milieu et ceux des quatre angles couverts de petites coupoles sur tambour, les autres de berceaux. Pour finir, trois absides de dimensions égales, le sol des latérales étant plus haut que le niveau du pavement.

L'intérieur de Saint-Marc se différencie lui aussi en quelque manière de celui de la Cattolica. Par exemple on n'a point, dans l'église de Stilo, l'impression d'encombrement produite ici par le choix, pour supporter la coupole centrale, non plus de colonnes mais de piliers. Il ne faut pas rattacher le fait à la seule impossibilité de recourir à des matériaux de remploi, mais aussi, et surtout, à une volonté précise, fruit d'un «singulier attachement chez les constructeurs à la conception pleine d'imagination et de poésie qui fut celle du roman à ses débuts» (Bozzoni). À cette même conception renvoie le trait, absent à la Cattolica, de la scansion de l'espace créée par la présence, sur les murs en face des piliers, de ressauts en stuc. Attirons l'attention aussi sur la retombée des arcs qui, en accord avec la recherche de simplicité absolue, est marquée ici sans recourir aux chapiteaux en tronc de pyramide de la Cattolica. A ce sujet Teodoru a rappelé qu'à l'enduit primitif le chanoine Lavorato avait ajouté une épaisseur de près de 4 cm en se basant sur la moulure située au-dessous. Il faut donc se représenter les piliers nettement plus minces.

Par contre est commune aux deux églises l'absence de subordination des espaces à la coupole centrale. Les cinq coupoles ont en effet même diamètre et même hauteur et l'émergence de la coupole centrale est obtenue (mais à Saint-Marc de façon très limitée) par l'artifice consistant à en placer le départ à un niveau plus élevé.

Les sources de lumière de ce modeste espace, qui créent des zones de pénombre très évocatrices, sont les trois fenêtres doubles absidales, les ouvertures dans les pignons latéraux et les petites fenêtres simples des coupoles qui par leur disposition accentuent l'élan vertical de la construction.

Les murs, enduits, présentaient à l'origine des décorations fresquées dont il ne reste plus aujourd'hui que quelque trace, découverte au cours de la restauration récente : sur le mur de la petite nef de gauche se détache une *Vierge à l'Enfant* (pl. 57), de style byzantin, datable d'avant le milieu du XIIIᵉ siècle (décollée de la paroi, on lui a donné un support en bois).

Élément intéressant, la table d'autel qui réutilise une plaque retrouvée, avec d'autres fragments sculptés (exposés dans l'église), au cours de la restauration : la plaque présente sur la bordure des ornements géométriques gravés au moyen d'entailles aiguës (pl. 55).

En conclusion, on peut dire que la simplicité nue des murs, un goût pour les masses serrées où la prédominance des pleins sur les vides donne une impression de solidité fruste, l'emploi de lourds piliers et le mouvement donné par les pilastres sur les murs, tous ces éléments trahissent une ouverture certaine, au sein même du plan byzantin, à des influences occidentales, ouverture qui par conséquent «fait de l'église de Rossano un cas exceptionnel dans le contexte de l'architecture calabraise prénormande ou normande et nous oblige à rejeter la possibilité de la tenir pour une réalisation rustique et populaire» (Venditti).

DIMENSIONS DE SAN MARCO DE ROSSANO

Longueur hors œuvre : 8 m.
Largeur hors œuvre : 7 m 80.

ਥ

BIVONGI

Histoire

L'histoire de l'église de Saint-Jean-le-Vieux, dite «de Stilo» bien qu'elle ne s'élève pas dans cette localité mais au voisinage de Bivongi, a été relativement clarifiée par les études les plus récentes.

L'église était rattachée à un certain monastère basilien fondé probablement vers le milieu du XIe siècle, si, comme le dit un diplôme, vivait encore en 1099 le moine *Pancratius,* présent dans ce monastère depuis ses origines. Initialement modeste, l'établissement religieux devint assez important pour être considéré comme «caput monasterium S. Basilii in Calabria», avec la présence de saint Jean Terista («Theristes» le moissonneur), moine sicilien qui y était entré vers 1060 et y avait vécu saintement jusqu'à sa mort survenue vers 1090. Dans l'acte (d'une authenticité douteuse, à vrai dire) relatif à la fondation du diocèse de Squillace, de 1096, figure déjà en effet la «abbatia S. Ioannis de Stylo» et celle-ci est citée dans la charte de 1099 mentionnée plus haut.

Le document le plus ancien concernant l'église conventuelle est un diplôme daté de l'année 6609 de l'*era mundi* (soit 1100-1101) attestant une importante donation, en terres et autres biens, «au sanctuaire de notre père S. Jean» de la part du comte Roger Ier (donation confirmée et accrue par Roger II en un diplôme de 1144) : l'acte de donation évoque une église extrêmement pauvre et insuffisante. D'autres donations suivront en 1105, 1106 et 1139.

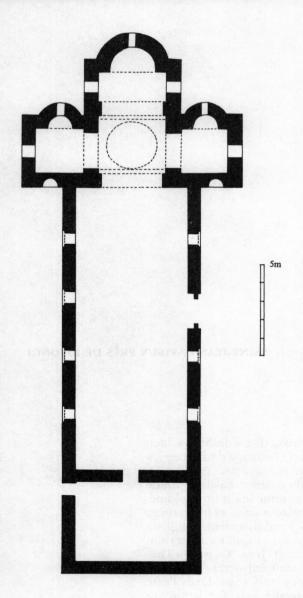

**BIVONGI
SAN GIOVANNI
IL VECCHIO**

En 1122, l'église fut consacrée par le pape Calliste II ; la chose nous est rapportée par une source tardive, la *Vie de saint Jean Tériste, abbé archimandrite de l'ordre de saint Basile le Grand*, par le moine basilien Apollinaire Agresta, archimandrite du monastère de Saint-Jean-le-Vieux en 1653. Peu après cette date, en 1660, le monastère fut définitivement abandonné.

L'ensemble monastique devint plus tard domanial, jusqu'au milieu du XIXᵉ siècle ; il fut ensuite vendu à des particuliers. Actuellement à l'état de ruine, il sombre dans une honteuse dégradation (pl. 58).

Le diplôme de Roger Iᵉʳ mentionné plus haut revêt une grande importance dans le débat sur la datation de l'église actuelle. Une partie des archéologues a en effet lié les travaux qui la concernent à la date de la donation, qui aurait précisément rendu possible la reconstruction de l'édifice sous une forme plus digne. La date de consécration de l'église (1122 est le *terminus ante quem* de la fin des travaux) ne s'oppose pas à l'opinion de ceux qui placent l'entreprise à une date postérieure à la donation, c'est-à-dire à la première décennie du XIIᵉ siècle, ou peu après. Venditti, lui, penche pour une datation à la dernière décennie du XIᵉ siècle, dans le sillage d'une première étude de Schwarz sur le bâtiment ; l'archéologue allemand attribuait l'absence d'unité entre le corps longitudinal de l'église, d'une extrême simplicité et dérivé d'un modèle d'Asie Mineure, et la zone du sanctuaire d'une ordonnance complexe et d'influence clunisienne, à la non-réalisation à l'époque de la fusion entre les motifs occidentaux importés de fraîche date et la tradition architecturale locale. Une nouvelle preuve s'en trouvait dans l'exécution défectueuse de l'espace carré de la croisée. La dichotomie entre les deux parties de l'église, soulignée par ailleurs, nous le verrons, par la diversité de la maçonnerie, a cependant suggéré à Schwarz, en un second temps, une nouvelle hypothèse, à notre avis tout à fait convaincante, et soutenue aussi par les dernières études (Bozzoni, Rotili), à savoir celle de deux campagnes de construction distinctes. A une première campagne, remontant au XIᵉ siècle, appartiendrait la nef (rattachée cependant par Bozzoni à un type introduit par les bénédictins réformés) ; à une deuxième, postérieure à la donation, la construction ou reconstruction du sanctuaire, lequel remonte aux vingt premières années du XIIᵉ siècle pour deux raisons : l'origine clunisienne du plan qui n'aurait pu être acceptée aussitôt dans un centre basilien ; la présence d'influences islamiques (ces dernières avaient même suggéré à Bertaux une datation au-delà de 1130 pour cet édifice qu'il rattachait à des exemples siciliens du temps de Roger II).

Il n'est pas exclu qu'une telle opération ait été effectuée, selon une hypothèse de Bozzoni, « avec en vue peut-être une réfection générale de toute l'église qui ensuite, pour une raison demeurée inconnue, ne fut pas réalisée ».

Visite

L'église Saint-Jean-le-Vieux se dresse solitaire dans une vallée non loin de Bivongi ; réduite à des ruines, elle est actuellement, on l'a signalé, dans un état d'extrême dégradation (pl. 58). De l'abbaye à laquelle elle était rattachée demeurent des restes de faible intérêt architectural, datables du XVIᵉ siècle.

De grande importance sont par contre les remarquables restes de l'église qui – si la chronologie proposée est exacte – est le témoin pour la Calabre, dès la première décennie du XIIᵉ siècle ou peu après, «de l'accueil de formes romanes occidentales en plein monastère basilien».

Dans son état actuel l'église est privée de sa face Nord, écroulée en même temps que la couverture du corps longitudinal, originellement à charpente apparente (on peut encore voir la marque de l'ancrage du toit dans le mur au-dessus de l'arc triomphal).

Le plan est en T, avec nef unique, longue et étroite précédée d'un espace rectangulaire; deux séries de cinq fenêtres cintrées sont percées au sommet des murs latéraux de la nef (certaines d'entre elles sont aujourd'hui obturées) (pl. 61). Un arc triomphal au cintre brisé introduit dans le sanctuaire composé de trois espaces carrés. L'espace central à coupole se poursuit, grâce à l'ouverture d'une seconde arcade brisée, par un bref chœur rectangulaire, couvert d'une voûte d'arêtes et terminé par une abside en arrondi. Les deux espaces latéraux, de dimensions moindres, sont eux aussi pourvus d'absides et couverts de voûtes d'arêtes; ils communiquent avec l'espace central par deux arcs longitudinaux en plein cintre. La solution du sanctuaire à triple chœur, avec abside centrale en saillie et précédée du bêma, vient des bénédictins transalpins. A l'influence clunisienne on doit aussi, selon Schwarz, l'espace qui précède la nef (pour Orsi, par contre, il est dû à un remaniement postérieur) qu'il interprète comme une «transformation à la manière occidentale du traditionnel narthex byzantin».

De l'extérieur on accède à la nef par une ouverture dans le flanc méridional – un simple arc à double voussure en brique (pl. 61) –, tandis qu'on pénètre dans l'espace antérieur par une porte percée dans le côté opposé. L'habituelle ouverture sur la face occidentale fait défaut car celle-ci se trouve face à un rocher abrupt. La façade pour cette raison n'est visible que de loin, ce qui explique aussi l'absence d'éléments décoratifs; elle ne présentait peut-être qu'une fenêtre centrale en plein cintre; mais les fréquents remaniements subis par la maçonnerie au cours des siècles n'en permettent qu'une interprétation approximative.

La faible ouverture de l'arc triomphal empêche de saisir, de la nef, le jeu spatial complexe de la zone du sanctuaire et l'agencement de la coupole. Celle-ci est portée par trois tambours superposés (pl. 62). Le tambour inférieur, qui prend appui sur les quatre arcs de la croisée (soutenus à leur tour par des piliers) est de plan carré, et se caractérise par un riche décor fait d'une double rangée de dents d'engrenage sur les côtés longitudinaux. Le second tambour est de base octogonale; le raccord entre le carré et l'octogone est ménagé, selon une solution d'inspiration islamique, par quatre trompes d'angle à double ressaut disposées diagonalement; avec les trompes alternent autant de petites fenêtres cintrées. Le tambour supérieur sur lequel est tendue la coupole, est cylindrique et se trouve interrompu à mi-hauteur par un léger ressaut qui, on l'a relevé, «confère à la section intérieure de la coupole un profil de saveur nettement islamique».

Contrairement à ce qui se passe à l'intérieur, à l'extérieur cette structure complexe et singulière, rappelant par son élan vertical marqué les tours-lanternes d'au-delà des Alpes, prend tout son éclat et capte immédiatement l'attention du visiteur, constituant à coup sûr l'élément le plus saisissant de tout l'édifice.

Ce qui frappe aussi l'observateur, ce sont les effets chromatiques savants de son parement de brique, hommage à la tradition byzantine non entièrement supplantée par les nouvelles pratiques d'Occident (pl. 60). Un cube en brique animé par des arcades – dans la partie centrale, emploi caractéristique d'arcs en quart de cercle – renferme les deux premiers tambours ; sur lui prend appui un cylindre un peu en retrait, qui contient la coupole, la masquant à la vue depuis le sol ; une pseudo petite galerie, faite de seize colonnettes en brique portant une série d'arcs en brique également, entoure le tambour cylindrique, créant un constraste avec le fond de brique originellement couvert d'enduit (comme l'indiquent les traces encore visibles).

La maçonnerie des autres parties de l'édifice, réparée en plusieurs points, est le fruit de diverses techniques. Dans le corps longitudinal elle est faite d'une alternance irrégulière d'assises de briques à plat avec des galets de rivière, et parfois de pierres équarries (pl. 61). Le mur était peut-être crépi à l'origine et seules étaient visibles les bordures en brique de l'entrée et des fenêtres.

Un soin plus grand et une sensibilité aux effets de couleur se révèlent par contre dans la maçonnerie de la zone du sanctuaire conçue évidemment pour être apparente (pl. 59 et 60) ; elle est composée de rangées de briques alternant avec des rangées de blocs de pierre équarrie et de galets de rivière, et elle est parcourue par des faisceaux de lésènes réalisés avec un même matériau disposé tantôt à l'horizontale, tantôt à la verticale ; ces lésènes partent du bandeau dentelé de la plinthe pour se raccorder aux arcs entrelacés d'ascendance arabe qui se déploient le long de la courbe de l'abside centrale, sous une frise en dents d'engrenage, ainsi qu'aux arcs à double rouleau des fenêtres des chœurs latéraux et les arcs en quart de cercle à l'endroit des arêtes. Ce type d'arcades, utilisé à Saint-Jean sur les parois terminales des chœurs latéraux et sur le tambour carré, est d'origine byzantine (des solutions analogues figurent à Saint-Théodore et à la Kapnikarea à Athènes, dans les églises d'Arta et de Kastorià). Il se distingue des arceaux en queue d'aronde que nous verrons adoptés dans l'église Sainte-Marie de Tridetti, car, contrairement à ce cas, il n'est pas utilisé pour créer une scansion rythmique de l'architecture. Le parti décoratif des arcades aveugles entrelacées présent sur l'abside (pl. 58) se retrouve dans l'église basilienne des saints Pierre et Paul en Sicile dans la vallée d'Agrò (région de Messine ; construite en 1116 et rénovée en 1172). On peut penser qu'ont travaillé, de part et d'autre du détroit, des équipes provenant d'un même milieu culturel, étant donné l'homogénéité stylistique observable entre les constructions basiliennes de Calabre et du Valdemone.

Des traces de peinture ont été trouvées dans les niches externes des chœurs latéraux. L'intérieur devait être recouvert d'enduit et au moins en partie décoré, comme l'attestent les importants fragments de fresques byzantinisantes signalées pour la première fois par l'archéologue Paolo Orsi avec d'autres d'époques diverses, et aujourd'hui malheureusement presque illisibles. Particulièrement intéressantes, la Vierge orante (XIIIe siècle) dans la niche extérieure méridionale, fort abîmée, et une *Vierge à l'Enfant* (XIIIᵉ-XIVᵉ siècle), qui n'est plus *in loco* (jadis le chœur de droite), est attribuée par Morisani à l'artiste qui a exécuté la *Déèsis* au cul-de-four de l'abside subsistante de l'église Saint-Zacharie à Caulonia – non plus considérée aujourd'hui comme du XIIᵉ siècle, selon la proposition des archéologues, mais d'au moins un siècle plus tard (Pace). Récemment Mᵐᵉ Castelfranchi Falla a signalé une tête mutilée peinte à la fresque sur le mur gouttereau Sud, datant peut-être de la fin du XIIᵉ siècle. Si, comme il le semble, à s'en tenir à cette trace d'enduit à l'extérieur et aux autres, l'édifice était fresqué extérieurement (comme souvent dans le monde byzantin), nous nous trouverions en face d'un cas unique, aucun exemple de ce genre n'étant connu en Italie méridionale. De la même lignée est la «Vierge orante», elle aussi déposée.

DIMENSIONS DE SAINT-JEAN-LE-VIEUX

Longueur totale : 29 m 10.
Largeur du transept hors œuvre : 11 m 20.
Largeur de la nef : 5 m 60.

CATANZARO

Histoire

Les faits historiques relatifs à la fondation de l'église Sainte-Marie de la Roccella – aujourd'hui ruines parmi les plus pittoresques de la Calabre – ont posé aux archéologues de nombreuses questions qui pour l'instant ne sont que partiellement résolues, du fait de l'absence de documents écrits.

Une chose fait penser qu'il s'agit d'une église abbatiale plutôt que d'une cathédrale : c'est que les uniques traces d'une agglomération au voisinage, celles appartenant à un centre romain abandonné ensuite, en qui on peut reconnaître l'antique *Scolacium,* ne peuvent en aucune manière être mises en relation avec notre édifice.

Le plus ancien document à faire mention d'un établissement religieux dédié à Sainte-Marie de la Roccella remonte à 1094 : il s'agit d'un privilège du 22 juin par lequel le comte Roger donne quelques biens fonciers à Jérôme, abbé du monastère «Beatae Mariae de Rokella apud Palaepolim». Sur cette Palepolis, nous n'avons pas de données dignes de foi : le caractère générique du nom, cependant, qui pourrait bien s'appliquer à un antique centre abandonné depuis longtemps au point d'avoir perdu sa dénomination originelle, et l'existence dans la région des restes archéologiques mentionnés plus haut, rendent vraisemblable l'identification de Palepolis à la *Scolacium* romaine.

Un document ultérieur, de 1096, à savoir l'acte de fondation de l'évêché latin de Squillace par Roger, qui y nomme évêque Jean de

Nicéphore, «canonicus et decanus venerabilis sanctae Militensis ecclesiae», cite une «abbatia sanctae Mariae de Roccella» parmi les biens dont est doté le diocèse. Cette donation est confirmée par un acte de la comtesse Adélaïde «supplens Rogerius filius ejus», donné le 1er mars 1110, qui réaffirme les droits de l'évêché. Le fait que dans le document en question on ne parle plus d'abbaye mais de «ecclesiam sanctae Mariae de Roccella», tandis que l'on rapporte la mort de l'abbé Jérôme, a conduit Gröschel à penser que dès le début du XIIe siècle l'abbaye avait pu être abandonnée. Un acte de Roger II, rédigé à Palerme le 20 mars 1145, confirme à Celse, nouvel évêque de Squillace, les anciennes concessions.

Dans les documents que nous avons cités, une partie des archéologues, à commencer par Gröschel, avait cru trouver un point d'appui pour une datation du monument aux dernières décennies du XIe siècle, démentant ainsi l'attribution à une période immédiatement postconstantinienne, aux Ve et VIe siècles, ou bien au haut Moyen Age, datations proposées par davantage de chercheurs. C'est à l'époque normande, et en particulier à la fin du XIe siècle que renvoyaient, selon Gröschel, les ressemblances observables avec les églises françaises de Montivilliers, Cognat, Saint-Guilhem-le-Désert, dans l'agencement du chœur et dans l'absence de fusion entre le sanctuaire et la nef. A la même datation conduisait, selon Schwarz, la fusion non encore réalisée entre la culture basilienne et la culture bénédictine occidentale dans l'église calabraise, considérée comme résultant de la greffe d'une longue nef apportée par les moines basiliens d'Asie Mineure sur la structure d'un chœur à échelonnement à la façon des bénédictins clunisiens.

L'authenticité des documents a cependant été fortement mise en doute récemment par Corrado Bozzoni, qui par ailleurs est porté à reconnaître dans le monastère mentionné par eux, non pas le monument que nous avons sous les yeux mais un bâtiment conventuel gréco-basilien, aujourd'hui disparu : cela sur la base du nom grec de l'abbé (Hieronimos ou Gerasimos) et en considération de la politique ecclésiastique de Roger Ier, tendant à doter les fondations religieuses latines et normandes aux dépens du patrimoine des monastères grecs, surtout s'ils étaient en décadence. «Ce n'est certainement pas le cas, note Bozzoni, de la communauté à laquelle appartenaient les constructeurs d'un édifice aussi imposant, qui devait au contraire être nombreuse, riche et influente, composée de moines occidentaux, probablement des bénédictins réformés, provenant peut-être d'au-delà des Alpes, et par conséquent sûrement au fait des expériences architecturales françaises, mais aussi en contact direct avec l'ambiance culturelle sicilienne et celle de l'Orient byzantin. Il est très difficile d'admettre que ces moines qui, dans leur activité architecturale, présentent de façon exceptionnelle des programmes vastes et grandioses et des conceptions très modernes, aient été soumis au contrôle économique et juridictionnel de l'évêché de Squillace, peu d'années après la fondation de l'abbaye...; et cela précisément dans les années où l'objectif politique naturel du monachisme occidental... était celui de l'exemption à l'égard de toute hiérarchie ecclésiastique locale».

Bozzoni trouve une confirmation de son hypothèse dans la bulle du pape Pascal II, datée du 5 avril 1110, où est réaffirmée la dernière donation d'Adélaïde; il y figure un «oratorio sanctae Mariae», qui ne peut être que l'«ecclesia» mentionnée dans le privilège d'Adélaïde. Cet oratoire, édifice modeste donc, ne peut certainement pas être confondu avec notre construction, tandis que l'on peut sans doute en retrouver un souvenir, d'après l'archéologue, dans la petite église moderne de Roccelletta, élevée sur le site d'une église plus ancienne intitulée Sainte-Marie de Roccellis.

Le caractère roman de la structure de la grande église aujourd'hui en ruine et l'étroite parenté avec des édifices normands, tels Saint-Jean-le-Vieux de Stilo d'un côté, et de l'autre la cathédrale de Gerace en Calabre, et avec les cathédrales siciliennes de Mazara del Vallo, de Cefalù et de Monreale, non moins que la connaissance de procédés artistiques byzantins qui s'y manifeste – laquelle, révélant une influence directe de l'Orient et de Constantinople, renvoie au deuxième quart du XIIᵉ siècle – font pencher pour une datation du monument précisément à cette époque.

Bien étrange certes est l'absence de sources historiques sûres à propos d'une des plus vastes églises de Calabre. On n'en parle pas avant l'acte notarié du 17 février 1469 qui fait connaître sa dépendance à l'égard de l'évêché de Squillace. Le document nous apprend qu'à l'époque l'édifice était déjà privé de couverture.

Par la description du monument que nous a fournie l'abbé Pacichelli (1693) et par celle de l'abbé de Saint-Non (1781-1786), nous savons que l'église fut aussi utilisée à des fins militaires.

L'unique témoin de l'ensemble de l'église avant son écroulement est constitué par l'une des gravures de Châtelet qui accompagnent le *Voyage pittoresque* de Saint-Non. Tout ce qui avait subsisté jusque-là a ensuite été détruit par des tremblements de terre qui se sont succédé à partir de 1783.

L'édifice fut confisqué par l'État à la suite des lois destructrices de 1867; vendu plus tard à des particuliers (1869) il est aujourd'hui propriété de l'État.

Au cours des années 1915-1917 fut consolidée la masse des ruines, par les soins d'Abatino et de Galli. Les restaurateurs allèrent malheureusement plus loin. Abatino remplit d'une maçonnerie les renfoncements d'angle des piliers garnis de colonnes de marbre, à l'endroit de l'arcade d'accès à la dernière travée du chœur, renfoncements encore visibles sur une photographie publiée par Bottari. Il créa de plus en façade une ouverture elliptique n'ayant jamais existé auparavant, refit la base des absides et le portail Nord, reprit en plusieurs points la maçonnerie des murs. La restauration grossière du mur Sud est plus ancienne (elle a été attribuée à l'époque normande par ceux qui ont estimé la construction d'un âge antérieur).

On souhaite aujourd'hui une restauration de la bâtisse qui porte remède aux abus du passé et dégage la crypte et le sanctuaire des décombres actuels; on souhaite aussi une campagne de fouilles dans la crypte et au voisinage immédiat de l'édifice pour vérifier l'éventuelle présence, sous les fondations, de traces d'autres constructions.

Il reste à donner aussi la raison de l'interruption des travaux de l'église, qui ne fut jamais complètement achevée. Il semble qu'elle est due non pas tellement à ce que la localité se serait révélée malsaine ou aux incursions sarrasines auxquelles elle était soumise, ou à un incendie, mais plutôt aux conjonctures historiques qui devaient entraîner pour

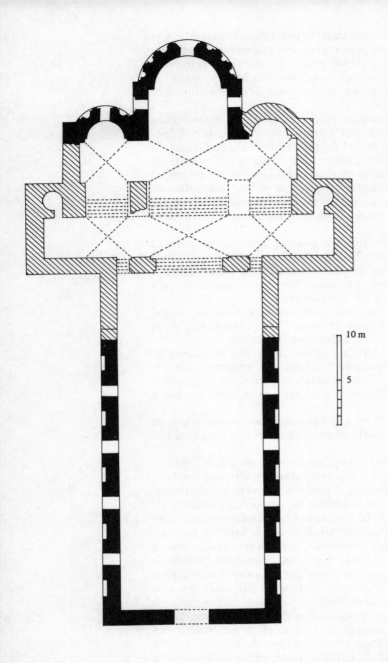

10 m

5

SANTA MARIA
DELLA ROCCELLA

l'abbaye la perte imprévue de la faveur dont elle jouissait auprès de la cour de Palerme.

Visite

Les ruines de Sainte-Marie de la Roccella se détachent de façon imposante sur la plaine de Catanzaro Marina, à peu de distance de la mer, au milieu d'une oliveraie, près de l'agglomération de Roccelletta di Borgia.

La région, comme en témoignent les restes déjà mis au jour par les campagnes de fouilles, avait vu s'élever dans l'Antiquité les édifices d'une colonie romaine, identifiée par les archéologues comme celle de *Scolacium*.

Selon la reconstitution la plus digne de foi, le plan de l'église est à nef unique, rectangulaire; deux étroits passages cintrés aux côtés de l'arcade de la croisée (passages *berrichons*) relient la nef au transept, surélevé et en saillie. A l'extrémité se trouve le sanctuaire au-dessus de la crypte; il est divisé en trois chœurs absidés dont celui du centre est plus profond (schéma de Cluny II) (pl. coul. p. 244 et pl. 65). Au sanctuaire on accède de la nef en passant sous l'arcade du chœur médian – celle-ci largement ouverte (pl. 66); au chœur central les bras du transept et les chœurs latéraux se raccordent par deux paires d'arcs séparés par des pans de murs ou des piliers très développés dans le sens de la longueur.

La couverture de l'édifice, aujourd'hui entièrement disparue, était constituée sur les chœurs par des voûtes en berceau s'achevant dans les culs-de-four des absides, par des voûtes d'arêtes sur le sanctuaire et le transept; sur la nef il a dû y avoir une couverture à charpente apparente. Dans la technique de construction des voûtes, on a vu un rappel de celle d'édifices constantinopolitains du Xe siècle, de modestes proportions, telle l'église de la Bodrum ou de la Fener-i 'Isa Çami.

Le monument dans son état actuel ne conserve que les murs gouttereaux de la nef – celui de gauche interrompu cependant par une large échancrure (pl. 63) –, l'abside de gauche et celle du milieu (pl. 65), et une maigre partie du transept, presque entièrement écroulé. La gravure de Châtelet au XVIIIe siècle, mentionnée dans la partie historique, fournit l'unique image de l'église avant l'effondrement : au transept figurent deux ouvertures dans les murs terminaux et une dans la face Ouest du bras représenté sur le dessin.

La crypte, que l'église a possédée depuis l'origine, est encombrée de gravats qui envahissent même la zone du sanctuaire.

C'est la partie orientale du bâtiment qui attire l'attention du visiteur par le jeu animé des absides cylindriques et leur frappante verticalité, dont l'élan n'est tempéré que par des rangées d'arcades – trois sur l'abside centrale, deux sur l'autre – qui de façon fort décorative alternent avec de vastes zones pleines, créant d'agréables effets d'ombres et de lumières (pl. coul. p. 244).

(suite à la p. 245)

TABLE DES PLANCHES

59

CATANZARO

65

76

77

82

SANTA MARIA DI PATIRE

83

84

85

86

Dans la zone inférieure, aujourd'hui partiellement enterrée, marquée par le léger ressaut de bandeaux de briques, est creusée une série de niches aux arcs de brique en forme de croissant, percée chacune en son milieu d'une fenêtre qui éclaire la crypte située à ce niveau (pl. 64); simples fentes à l'extérieur, les fenêtres présentent à l'intérieur un ébrasement marqué. Les niches continuent sur les murs orientaux du transept. Le registre médian est marqué d'arcades à triple rouleau en brique qui contiennent des niches aveugles et, dans l'axe de chacune des absides, d'une arcade à double rouleau, plus vaste, qui est percée d'une grande fenêtre. Le troisième registre, limité à l'abside médiane, dont il fait ressortir la plus grande importance volumétrique et symbolique, est scandé d'une série de niches peu profondes. Ce registre est aujourd'hui tronqué par suite de l'écroulement du haut des murs.

La maçonnerie de l'abside a la particularité de monter au-delà du cul-de-four de l'intérieur qui se trouve ainsi complètement englobé dans un volume cylindrique; c'est également le cas de l'abside latérale subsistante.

L'abside centrale présente aussi à l'intérieur une série de niches semi-circulaires (pl. 66).

Les flancs, adoptant une solution qui, comme l'a remarqué Bottari, renvoie entre autres à l'église sicilienne de Sainte-Marie de Mili (1090), sont pourvues de fenêtres alternativement ouvertes et aveugles, toutes avec un arc à double rouleau (pl. 63). On observe, en même temps que l'absence d'alignement des murs gouttereaux de la nef avec ceux des chœurs secondaires, un pareil manque d'alignement horizontal des niches de l'abside avec les fenêtres de la nef. La façade occidentale elle-même a son autonomie. Elle présentait une seule fenêtre en plein cintre sur l'axe du portail, à ce qu'on peut tirer du moins des photographies du monument avant les restaurations du début du XXe siècle et de la gravure de Châtelet (l'ouverture elliptique actuelle est le résultat d'une initiative arbitraire des restaurateurs). L'unique élément décoratif est dû à la présence, à peu près au même niveau que la rangée supérieure des niches absidales, de quatre arcades aveugles peu profondes, marquées d'un triple bandeau de briques.

On ne peut cependant pas supposer que la construction de l'édifice ait été réalisée en des campagnes différentes, étant donné l'affinité du langage et l'emploi d'une même technique de maçonnerie, celle du type répandu au Xe siècle à Constantinople et à Salonique. Il s'agit d'une maçonnerie de pierres et de fragments de brique grossièrement agencée, doublée de deux parements de briques assez régulières assemblées avec un abondant mortier. Il est tout à fait évident que, dans le corps longitudinal, la facture est de moins en moins soignée, du fait de l'introduction plus fréquente de marbres et de pierres interrompant la régularité du parement de brique, mais le mode de construction demeure inchangé. En outre l'emploi de blocs calcaires à partir de l'imposte des arcs qui bordent les fenêtres des murs extérieurs Sud et Ouest est évidemment l'indice d'un remaniement exécuté anciennement, peut-être d'un achèvement des murs gouttereaux demeurés sans doute interrompus juste au-dessus des fenêtres, achèvement réalisé, comme le suggère Bozzoni, «en vue d'une utilisation militaire ultérieure de la construction».

SANTA MARIA
DELLA ROCCELLA
plans de restitution
comparés

10 m

L'église en effet ne fut jamais terminée. Cela est vrai en particulier pour le corps longitudinal, sur lequel fait défaut toute trace d'enduit, que l'on trouve par contre dans le sanctuaire au moins pour les niches internes de l'abside médiane; il n'a pas non plus été possible d'y retrouver de pavement. De ce corps longitudinal on n'exécuta pas davantage la couverture, qui aurait dû être placée au-dessus du niveau actuel des murs, comme l'indique la présence des trous de boulin.

Par contre l'abbé Pacichelli (1693) atteste la présence de la couverture sur le transept à laquelle on accédait peut-être par un escalier menant à la crypte. Pour l'escalier, Bozzoni suppose un épaississement du mur dans la zone du transept; l'archéologue pense qu'on ne peut exclure qu'à l'origine le transept ait été plus étroit que ce qu'il est aujourd'hui, car dans sa partie orientale, au moins dans le bras qui émerge actuellement du sol, c'est-à-dire celui de gauche, il a subi une réfection quasi totale au cours des restaurations dirigées par Abatino, et peut-être même plus tôt lorsque fut réalisé l'accès extérieur actuel à la crypte.

L'intérieur manifeste lui aussi une nette distinction «entre le volume parallélépipédique de la nef, bien éclairé et bien défini dans ses valeurs dimensionnelles et géométriques, et l'espace profond et chargé de mystère du sanctuaire, rendu immatériel par le fort contraste entre les ombres et les lumières et par l'effet aveuglant des sources lumineuses, disposées frontalement à la hauteur de l'œil» (Bozzoni). La dichotomie grâce à laquelle les deux espaces se valorisent aussi l'un l'autre par le contraste de leurs valeurs représentatives est accentuée par le modèle distinct de couverture et par la différence de niveau des pavements.

Le sanctuaire est en effet surélevé par rapport au sol de la nef; au-dessous de lui, profitant aussi de la dénivellation naturelle du terrain, s'étend la crypte. De cet espace, à demi enseveli sous la terre et la masse des décombres des voûtes partiellement écroulées, on ne connaît pas bien encore l'agencement réel; aujourd'hui on croit plutôt qu'elle se limitait à la zone au-dessous du triple chœur, dont elle reproduit la disposition et le type de couverture, on s'oriente diversement aussi au sujet des accès originels : une partie des archéologues pense qu'on descendait à la crypte par un escalier situé dans chacun des bras du transept, Schwarz par contre, pour qui la crypte s'étend sous tout le sanctuaire, est partisan d'un accès direct de la nef. L'espace est dépourvu de supports intermédiaires.

Comme nous avons eu l'occasion de le signaler, on a beaucoup écrit pour expliquer la complexité du plan de Sainte-Marie de la Roccella, et pour la situer chronologiquement. Bozzoni, qui a mené dernièrement une étude attentive de l'édifice, a avancé une nouvelle proposition, que nous croyons pouvoir adopter, en raison de sa plus grande adéquation à la réalité du monument. L'archéologue, en se basant aussi, du fait de la grandeur de la nef de l'édifice, sans parallèle dans la typologie architecturale traditionnelle de la région, sur le lien relevé par lui avec des cathédrales latines érigées par les Normands, exclut la référence à un modèle oriental; il fait à l'inverse dériver le plan de Sainte-Marie de la Roccella dans son ensemble – et pas seulement celui du sanctuaire – de l'architecture romane française (de la Trinité de Milet, la première des églises calabraises à reprendre le thème clunisien, divers archéologues ont fait le prototype du genre, pour le sanctuaire — en tout dernier lieu Occhiato, qui a repéré une confirmation supplémentaire du lien entre les deux églises dans la présence, en l'une et l'autre, de colonnes d'angle dans les piliers de la croisée). Des raisons historiques et stylistiques incitent en outre Bozzoni à abaisser la datation du monument au deuxième quart du XIIe siècle. Un bon nombre d'éléments le rattache à la culture artistique de la France de cette époque. Le type d'église à nef unique, avec transept et triple chœur, apparaît largement présent dans les bâtiments monastiques français du XIIe siècle, où en outre, précisément entre 1100 et 1150, se répand l'usage des *passages berrichons* dont on a montré la présence dans notre église. Le schéma de Sainte-Marie de la Roccella est par ailleurs fondé sur un système savant de proportions mathématico-musicales, qui est impensable avant le XIIe siècle.

Dans l'église apparaissent aussi des éléments dérivés de l'architecture comnène tardive de Constantinople, bien qu'exprimés avec une sensibilité différente; en particulier c'est aux églises de la capitale du XIIe siècle, celles de Gül Çami, Zeyrek Kilise Çami, Kariye Çami que renvoie la décoration externe, surtout celle des absides; d'inspiration byzantine également, la disposition centrée du sanctuaire, dont la profondeur est égale à la largeur. Les points de rencontre ne manquent pas, témoignant ainsi de la puissance de fermentation de son milieu culturel, entre Sainte-Marie de la Roccella et la production sicilienne des premières années du royaume — la chapelle palatine, la Martorana par exemple —, et constituent une confirmation ultérieure de la datation proposée par Bozzoni au deuxième quart du XIIe siècle, où se fait jour une reprise de la politique philobyzantine de la cour de Palerme.

Dans l'église Sainte-Marie de la Roccella, on a donc retrouvé un précieux témoin architectural du temps de Roger II en Calabre où celle-ci, «tout en étant un point de repère de l'architecture romane occidentale, représente aussi le point d'arrivée de l'architecture byzantine, qui ne correspond plus aux orientations spirituelles et culturelles communes, mais continue à exercer une extraordinaire fascination» (Rotili).

DIMENSIONS DE SANTA MARIA DELLA ROCCELLA

Longueur dans œuvre : 38 m 90.
Largeur dans œuvre : 15 m 65.
Longueur du sanctuaire : environ 23 m 30.

GERACE

Histoire

On peut s'étonner aujourd'hui de trouver dans un centre modeste comme Gerace un édifice religieux d'une envergure telle que – après la destruction de l'abbaye de Milet – il est le plus vaste et le plus imposant de la Calabre, et pas seulement de la Calabre normande. Mais la situation de Gerace était tout autre jadis lorsque fut érigée la cathédrale. Sur l'époque de cet événement, c'est seulement récemment que l'on est parvenu à une certaine clarté. La tradition la disait consacrée en 1045. Cette date avait été tirée par l'évêque Ottaviano Pasqua (1574-1591), historien du diocèse de Gerace, d'une inscription, aujourd'hui perdue, gravée sur une lame de plomb placée dans la cathédrale sur la troisième colonne avant la fin *in cornu evangelii*, ainsi que de la consultation d'autres documents pas davantage parvenus jusqu'à nous. La même date se trouvait rapportée aussi par une inscription lapidaire du XIXᵉ siècle, destinée à rappeler les restaurations ordonnées par l'évêque Giuseppe M. Pellicano : «D.O.M. Hoc cathedrale templum A R S MXLV consecratum VI terraemotus A. MDCCLXXXIII e fundamentis pene collapsus temporum inde vestatione deperditum J.M. Pellicanus episcopus idibus sext. MDCCCXXIX ad sacra revocavit». Cependant dans l'état actuel des études, la datation traditionnelle, soutenue dans le passé par la plupart des historiens, locaux ou non, qui la considéraient aussi comme celles des travaux, paraît dépassée. Ne paraît plus acceptable non plus l'hypothèse, également émise par certains, d'une double campagne de construction (à la première, prénormande, aurait appartenu la nef tripartite, à la seconde postérieure à la reconquête – 1062 – la zone du sanctuaire après la réfection).

Le caractère monumental et grandiose de l'édifice, inexplicable dans la région à une époque antérieure à la venue des Normands, cadre par contre parfaitement avec les nouvelles instances politiques et culturelles mises en place par les conquérants. Qu'il s'agisse d'une fondation normande, l'histoire de Gerace le confirme. Bien qu'habitée depuis une époque beaucoup plus ancienne, la ville ne semble pas avoir revêtu une importance particulière avant la conquête. C'est peut-être seulement au Xe siècle qu'elle acquit une rôle prééminent dans l'administration politique et religieuse de la zone, en devenant siège épiscopal (selon deux historiens locaux, Scaglione et Oppedisano, le diocèse succéda directement à celui plus ancien de Locri, ville voisine, après que ce centre ait été détruit au début du Xe siècle).

Mais ce sont les Normands qui portèrent Gerace – stratégiquement importante pour sa position sur une des routes de jonction entre les Pouilles et la Sicile – à son plus grand éclat, au point d'être défini «dives opus Geratia». On n'est pas très au clair sur les événements relatifs à l'occupation de la ville. On sait tout de même que, si la conquête eut lieu en 1062, c'est seulement en 1081 que Roger Ier en assuma le contrôle définitif. Dans les années qui suivirent, le centre grandit en puissance et en richesse, avec la faveur de la cour, dont témoigne la fondation par Roger II du monastère Saint-Philippe d'Argirò (1112-1119). On construisit les églises Sainte-Marie «del Mastro», en 1084, et Sainte-Catherine, en 1105, marque d'une activité architecturale intense, avec laquelle il n'est pas hors de propos de mettre en relation l'édification de la cathédrale elle-même.

Les études plus récentes du monument réalisées à la lumière des résultats des restaurations entreprises en notre siècle (grâce auxquelles a été rendue à l'édifice au moins une partie de son ancien visage déjà endommagé par les injures du temps et l'œuvre de l'homme), ont permis aux archéologues (Bozzoni, Occhiato) de circonscrire la période des travaux de construction. Ceux-ci ont dû commencer entre 1085 et 1110 pour se terminer peu après 1120.

Les caractéristiques de la construction sont en effet latino-occidentales, et ainsi antérieures à la reprise voulue des relations culturelles avec Byzance favorisée par la cour de Palerme au second quart du XIIe siècle. Pour ne rien dire du fait qu'une datation plus tardive contredirait le caractère roman primitif de la construction, observable entre autres dans l'adoption du transept bas pour isoler la croisée à coupole, dans le décor externe des murs terminaux du transept avec hautes niches et fenêtres à double ressaut et des flancs avec des arcades aveugles (pl. 71), aussi que dans les piliers massifs et la façade robuste (pl. 67). La date de 1045 pourrait se rapporter à un édifice antérieur dont quelques traces ont été découvertes, nous le verrons, dans le bras de la crypte situé sous le chœur. Alors que les travaux étaient quasiment achevés, on dut entreprendre le décor en mosaïque de la zone du sanctuaire. Un témoignage sur ce point nous est donné par Pasqua qui dans l'abside Nord, près de l'autel dédié au Sauveur, vit représenté en mosaïque les figures de Roger II et de l'évêque Léonce II (1124?-1149). On trouve encore une allusion à ces figures dans la *Calabria illustrata* du père Giovanni Fiore au XVIIe siècle (la mosaïque fut ensuite détruite, au début du XVIIIe siècle, pour lui substituer une nouvelle représentation religieuse).

Une inscription lapidaire disparue mais relevée par Salazaro faisait allusion à une consécration de la cathédrale survenue en 1222, à l'occasion du passage de Frédéric II. On a voulu mettre cet événement en relation avec une réfection de l'église suscitée par l'empereur à la suite des dommages subis par cette dernière au cours d'un tremblement de terre, peut-être celui de 1219-1221. Mais il faut tenir compte de l'observation de Bozzoni qui n'a trouvé dans l'édifice – au moins tel qu'il est parvenu jusqu'à nous – aucun élément qui puisse être raisonnablement rattaché à la période souabe. Le portail méridional de la nef, que Schwarz fait remonter au temps de la consécration, est bien attribué par Bozzoni à une nouvelle campagne de construction, mais opérée avant la fin du XIIe siècle : sur ce point nous reviendrons au cours de la visite.

Dans les premières décennies du XVe siècle, ou peut-être déjà au cours du précédent, fut démolie l'abside de droite pour construire un nouveau corps de bâtiment (où en 1431 fut installée la chapelle de la famille des Caracciolo, comtes de Gerace, aujourd'hui appelée chapelle du Saint-Sacrement, car vers 1538 elle devint le siège d'une confrérie du même nom). A la même époque fut également remaniée l'abside médiane qui perdit sa forme semi-circulaire originelle. Dans le flanc méridional de la cathédrale on ouvrit un portail d'accès à la chapelle Saint-Joseph (située sous la chapelle du Saint-Sacrement) (pl. 70); à la clef de voûte figurent les armes des Caracciolo. Cette chapelle Saint-Joseph peut se situer elle aussi au début du XVe siècle, puisque le parement externe semble de la même date que les maçonneries avoisinantes; en outre la construction de la voûte impliquait la démolition antérieure de l'absidiole de droite originelle. C'est également à cette campagne de réfection qu'appartient le bâtiment de la sacristie situé au-dessus du petit portail d'accès à la chapelle dont on vient de parler.

Le chevet devient dès lors la face principale de l'édifice, à la place de la façade Ouest, ce qui changea profondément l'aspect de la cathédrale en elle-même comme dans sa relation avec le contexte urbain : ce ne fut plus désormais le château normand situé devant la façade occidentale qui répondit à la cathédrale, mais la ville elle-même.

Le 29 mars 1480 l'évêque Atanasio Calceopulo, jadis archimandrite du Patirion, abolit le rite grec à Gerace. L'adaptation aux nouvelles exigences liturgiques comporta nécessairement des changements qui modifièrent l'aspect de l'édifice. On attribue notamment à Calceopulo le nouvel emplacement du chœur : jusque-là derrière l'autel majeur, il fut installé dans la nef centrale comme aussi le décor entourant ce dernier «more basilicarum antiquarum». Sous l'épiscopat de Troilo Carafa (1497-1505) fut exécutée la couverture en bois de la nef centrale, probablement en carène de navire (elle disparaîtra par suite des tremblements de terre des XVIIe et XVIIIe siècles).

Au début du XVIe siècle la chapelle de l'Itria (d'origine incertaine) fut embellie par l'évêque Bandinello De Saulis (1509-1517) auquel on doit aussi l'achèvement des couvertures des nefs latérales. Quelques décennies plus tard, durant l'épiscopat d'Andrea Candido (1552-1574), on installa un nouveau chœur, historié de figures de l'Ancien et du Nouveau Testament, et l'on couvrit de fresques la chapelle du Saint-Sacrement.

A la fin de ce XVIe siècle l'évêque Ottaviano Pasqua fit exécuter le passage entre l'évêché et la cathédrale, sur la face Sud (passage démoli récemment). Son successeur Vincenzo Bonardo (1591-1601) restaura la sacristie.

Au début du XVIIe siècle, à l'initiative de l'évêque Orazio Matteo (1601-1622), furent opérés de nouveaux embellissements dans la chapelle de l'Itria. Remontent à cette époque les marbres à incrustations et le pavement en majolique, toujours en place. Plus tard sous le gouvernement du vicaire apostolique Andrea Pilastrio, fut mise en place la grille en fer forgé qui sépare la chapelle du reste de la crypte, œuvre des artisans de Serra San Bruno.

En 1669, sur l'ordre du vicaire apostolique Andrea Pilastrio, fut percé un nouvel accès à la crypte, à partir de l'extérieur de l'abside médiane; à cette occasion on ajouta aussi une loggia (pour les bénédictions) au-dessus de l'entrée, qui fut cependant fermée le siècle suivant au cours des interventions dans le chœur entreprises par l'évêque Del Tufo, et ensuite, endommagée par le tremblement de terre de 1744, définitivement supprimée.

Toujours durant le XVIIe siècle, au temps de l'évêque Lorenzo Tramallo (1626-1649), la sacristie fut agrandie et l'on ouvrit de nombreuses fenêtres dans la cathédrale : presque toutes en effet, selon le rapport de l'évêque, avaient été murées «ut venti vis arceretur». On doit à l'évêque Ildefonso Del Tufo (1729-1748), mentionné ci-dessus, d'importants travaux de remise en ordre de l'édifice qui se présentait à lui dans un état de grande dégradation, et aussi un programme de renouvellement du mobilier liturgique. Il comporta la réalisation, en 1731, d'un nouvel autel majeur, en marbre à incrustation polychrome, œuvre des frères Antonio et Giuseppe Palazzotto de Catane et d'Antonio de Messine.

Du même XVIIIe siècle est le revêtement de pierre de l'autel de la chapelle de l'Itria, commandé par l'évêque Cesare Rossi (1750-1755) après que la table de cet autel, d'abord adossée au mur du fond, ait été avancée du temps de l'évêque Del Tufo.

De violents tremblements de terre ont frappé l'édifice à plusieurs reprises. Celui de 1783 provoqua des dommages sérieux qui entraînèrent la fermeture au culte de la cathédrale jusqu'en 1829. Entre autres choses tombèrent le clocher, la coupole, les voûtes du transept et du chœur (déjà endommagées par les tremblements de terre de 1456 et de 1744) et l'écroulement du pavement du sanctuaire causa celui d'une partie des voûtes de la crypte. En outre on dut abattre les couvertures des nefs. La charge énorme des réparations, fixée en 1796 par le devis de l'entrepreneur Diego Marchesi, avait entraîné l'abandon de l'édifice, et la formulation de projets insensés, heureusement jamais exécutés, comportant de profonds remaniements. On doit à l'intervention éclairée de l'évêque Pellicano déjà évoqué (1819-1833) la conservation du monument. Celui-ci en effet, comme nous l'apprend l'inscription lapidaire mentionnée plus haut, organisa sa restauration en 1823; elle s'acheva en 1829. La cathédrale fut consacrée à nouveau et rouverte au culte le 13 août. La restauration fut naturellement exécutée selon les critères du temps et avec de médiocres connaissances techniques, en sorte que le processus de détérioration de l'édifice reprit très vite. Durant l'épiscopat de Luigi Maria Perrone (1834-1852) eut lieu la restauration du clocher (1850) endommagé, on l'a dit, au cours du séisme de 1783. L'origine de ce clocher est incertaine; il se dresse en avant de la façade, devant la nef de gauche. On peut penser qu'il a été construit au XVIIIᵉ siècle bien avancé, mais avant 1783, à l'emplacement d'un campanile plus ancien dont il ne reste aucune trace car il s'écroula complètement durant le tremblement de terre de 1744.

Dans la deuxième moitié du XIXᵉ siècle, l'archidiacre de la cathédrale et vicaire capitulaire Michele Sirgiovanni (1860-1869) confia à une entreprise de Serra San Bruno le soin de renouveler le décor de la crypte et de la chapelle du Saint-Sacrement, qui furent recouverts d'une banale ornementation en stuc et d'un enduit simulant le marbre. Vers 1856 Sirgiovanni, en tant que procureur de la chapelle de l'Itria, avait fait également revêtir de stuc la voûte de cette chapelle. En 1889, l'œuvre de l'«embellissement» fut étendue par l'évêque Francesco Saverio Mangeruva (1872-1905), au sanctuaire qui reçut un pesant décor de dorure, de stuc et de faux marbre.

Les tremblements de terre de 1905 et de 1907, et celui plus violent de 1908, demandèrent impérieusement une nouvelle intervention massive. L'évêque Giovambattista Chiappe (1922-1951) inscrivit la cathédrale dans le plan général de reconstruction des églises ébranlées, mais c'est seulement en 1928 que fut posé concrètement le problème de la remise en état. Le projet des travaux fut confié à l'ingénieur Giuseppe Foderaro; il ne fut heureusement jamais mis à exécution : il prévoyait en effet des modifications et des démolitions qui auraient irrémédiablement altéré la structure normande. Ce qui la sauva, ce fut la redécouverte d'éléments architecturaux originels, à la suite des sondages entrepris dans les murs gouttereaux par la Surintendance pour les Antiquités et l'Art du Bruttium et de la Lucanie de Reggio Calabria, alors dirigée par l'archéologue Edoardo Galli, qui les confia à l'architecte Gaetano Nave. Nave étudia un projet de restauration, qu'il rédigea en 1930 après avoir aussi effectué des sondages dans la crypte : son intervention révéla l'existence, dans la crypte, de deux locaux de part et d'autre de la chapelle de l'Itria qui — quand et pour quel motif, nous l'ignorons — avaient été murés, de deux niches aux flancs de l'abside originelle disparue à l'extrémité orientale du bras longitudinal de la crypte elle-même, et d'une citerne. On a fait de cette partie le noyau primitif de la construction (Nave, Occhiato). La première opération de remise en état de la crypte fut menée ultérieurement, dans les années 1937-1939, par l'ingénieur Armando Dillon. A cette occasion on enleva le décor en stuc du XIXᵉ siècle (sauf dans la chapelle de l'Itria). Ayant devant les yeux le projet de Nave, l'architecte Gisberto Martelli, surintendant aux monuments et aux musées de Calabre, se mit aux travaux de la cathédrale, qu'il dirigea entre 1949 et 1951. Ceux-ci avaient été exigés par les dommages nouveaux et considérables subis par l'édifice du fait de l'explosion d'une poudrière située à proximité de l'agglomération, le 5 septembre 1943. Au cours des travaux furent supprimés tous les autels placés dans les nefs latérales et les croisillons. On enleva les stucs de la zone du sanctuaire et l'enduit façon faux marbre de la chapelle du Saint-Sacrement. A l'extérieur on rétablit les

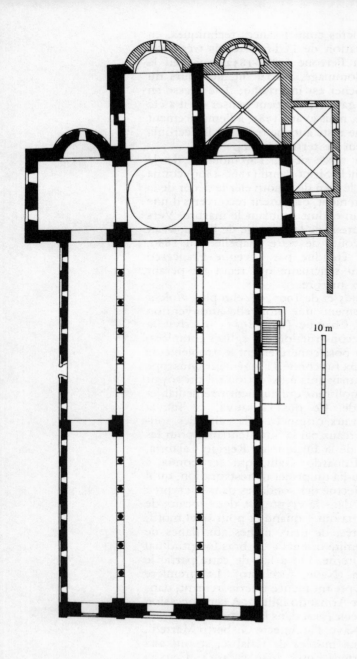

10 m

GERACE
cathédrale

arcades qui scandaient le parement et les fenêtres simples originelles (pl. 71), ainsi que la bordure de la grande fenêtre de façade (pl. 67); on démolit la sacristie adossée au mur Nord du transept. A la place des plafonds plats faits de planches peintes on vit à nouveau sur les nefs les anciennes charpentes apparentes. L'œuvre de restauration, non terminée par Martella faute de fonds, fut continuée par son successeur, l'architecte Renato Chirazzi, jusqu'en 1955 (réfection de la couverture des trois nefs) et ensuite reprise en plus d'une occasion (restauration de la porte du flanc droit due aux Frédéric; réfection du pavement. D'autres interventions, qui consistaient surtout en travaux de consolidation, se sont succédé jusqu'en 1971.

Visite

Lorsqu'on approche du monument, le premier contact s'opère avec la masse majestueuse des absides (pl. 69) dominant le fond d'une place à laquelle conduit une montée pénible à travers le bourg. C'est la partie de l'édifice qui a subi les plus massives interventions, en sorte qu'il ne nous est pas permis aujourd'hui d'apprécier l'agencement originel des volumes.

Les absides, tournées vers l'Orient, étaient à l'origine au nombre de trois, les deux latérales en retrait par rapport à la centrale. Dans l'état actuel, seule conserve sa forme primitive l'abside septentrionale – cachée par l'« Arcade de l'évêque » (pl. 68) –, la cinquième, tardive, est adossée au côté droit de l'abside centrale; celle-ci, tandis qu'elle clôt ce côté de la place, introduit dans la via Duomo. Un second arc plus ancien lui répond du côté opposé et introduit par un porche à la cour de l'évêché.

L'actuel bloc parallélépipédique avec ses deux volumes semi-cylindriques (ce qu'on appelle la «tribune» d'où la place sur laquelle elle donne tire son nom) est par contre l'œuvre d'une réfection du XVe siècle ou peut-être des dernières années du XIVe opérée au chevet de l'édifice, au cours de laquelle fut reconstruite l'abside centrale qui garde son emplacement original mais est un peu réduite en hauteur – d'environ 5 m, d'après la comparaison avec l'abside subsistante – tandis que l'abside méridionale disparut pour faire place à un nouveau corps de bâtiment plus profond, lui aussi absidé. En 1431, celui-ci, selon le désir des comtes Caracciolo, feudataires de la ville, fut destiné à accueillir la chapelle du Saint-Sacrement. Le chevet est parcouru horizontalement par des moulures simples et rectilignes qui, avec le motif des arcades bilobées du couronnement, donnent vie au parement massif en blocs bien équarris de pierre calcaire.

L'abside centrale est percée de l'entrée à la crypte (pl. 69); l'ouverture fut réalisée en 1669 et était surmontée d'une petite galerie détruite vers le milieu du XVIIIe siècle. Le portail actuel en granit semble dû à l'évêque L.M. Pellicano (1819-1833) car il porte sur son petit fronton la date de 1829. Un portail latéral, de style gothique, s'ouvre dans l'abside Sud, donnant accès à la chapelle Saint-Joseph dans la crypte (pl. 70) : à la clef figurent les armes des Caracciolo. Ce portail est bordé de moulures formant un arc très brisé et présente un élégant décor de feuillage le long de l'arc du tympan et sur les chapiteaux. Ce qui révèle l'époque alors «Durazzo» de son exécution, c'est l'homogénéité des murs qui l'entourent, du début du XVe siècle, comme on l'a signalé, et aussi les détails du décor, entre autres la présence d'une sorte d'armille torique à la place du tailloir au-dessus des chapiteaux. A l'extérieur le portail s'ouvre sous un petit porche au-dessous de la sacristie. Cette dernière – autre adjonction du XVe siècle – n'apparaît pas homogène aujourd'hui, mais garde sur le côté méridional les traces d'un agrandissement, comme l'a noté Bozzoni : «A l'origine elle devait s'élever sur un plan à peu près carré, correspondant au porche d'accès à la chapelle Saint-Joseph».

Le mur extérieur de l'abside Nord est parcouru d'une série de cinq étroites arcades aveugles dont les lésènes descendent jusqu'au sol (pl. 68); sous l'arcade centrale se trouvent deux archères superposées et centrées; la plus basse, plus petite, est au niveau de la crypte.

Sur les murs terminaux du transept la décoration est faite d'une paire de niches plates. Juste sous leurs arcs est creusée, dans chacune, une fenêtre simple à double bordure. Sur le mur terminal Sud on voit également les étroites archères décentrées correspondant à la crypte (le mur opposé, sur une bonne partie de sa hauteur, est caché par les constructions qui y ont été adossées).

Les murs extérieurs du corps longitudinal sont marqués de vastes arcades aveugles plein cintre en blocs de pierre équarris, dans l'axe desquels s'ouvrent les fenêtres simples des nefs latérales et, dans la quatrième à partir de l'Est, les portails d'accès (pl. 71). Il y a aussi des fenêtres simples dans les murs hauts de la nef centrale (reconstruits). La section centrale du parement externe de la nef septentrionale a été elle aussi refaite (sur près de 25 m de long) et remplacée par un mur lisse. Les quatre arcs centraux présentent en effet une maçonnerie plus grossière.

Le thème de l'arcade aveugle, développé selon un rythme ample et solennel, contribue à accentuer les qualités volumétriques et la monumentalité de la construction qui se distingue ainsi nettement des petits bâtiments d'alentour.

Le rythme des arcades ne reprend pas celui des supports de la nef : du fait de la présence contraignante d'un gros pilier au milieu de la colonnade, la distance entre les axes des arcades est inférieure à celle des arcades aveugles, en sorte que l'on compte à l'intérieur douze passages contre dix arcades sur les flancs. Cette diversité se reflète également dans la disposition des fenêtres des nefs latérales. La largeur des arcades externes n'est pas constante : les plus étroites sont groupées aux deux extrémités de la rangée. Comme le remarque Bozzoni, «cette mesure a permis aux constructeurs de faire coïncider la troisième et la huitième colonne qui sont les supports centraux de chaque nef latérale avec les axes de la troisième et de la huitième arcade externe et aussi avec l'axe d'une ouverture, et en même temps d'avoir une lésène au milieu de la face, éliminant aussi les difficultés dues au développement varié des surfaces externes». Dans de tels rapports, l'archéologue trouva la confirmation de la contemporanéité entre les structures internes et externes de la cathédrale.

Les arcs du flanc Nord retombent directement sur des lésènes de pierres larges et plates, ceux du côté opposé par contre sur des chapiteaux à coussinet; c'était à l'évidence le long du flanc Sud que devait à l'origine passer le chemin principal, comme l'atteste aussi le plus grand relief donné ici au portail. Aujourd'hui on accède à l'église par le flanc Nord – donnant sur l'étroite via Duomo – percé d'un portail datant du XVIIIe siècle; l'emplacement de l'inscription grecque du XVe siècle sur le mur externe de ce côté laisse supposer l'existence d'une entrée plus ancienne.

L'entrée Sud de la nef a été rattachée par Schwarz à la consécration de la cathédrale voulue par Frédéric II, en raison du caractère souabe qui s'y révèle et des ressemblances avec des structures analogues dans la cathédrale de Bitonto et dans celle de Cefalù. Remplacé plus tard par une ouverture qui en remploya probablement le linteau (une pièce de marbre classique), réapparu au cours des restaurations des années 40 et presque entièrement refait, le portail, comme le rappelle Bozzoni, «était surmonté d'un tympan triangulaire plutôt écrasé dont il reste seulement, en dehors de la trace laissée sur le mur, la bordure horizontale constituée par une double série d'indentations arrondies et asymétriques qui témoigne, au-delà d'un néoclassicisme, d'une tentative inattendue d'enrichissement chromatique». Maintenant si les éléments colorés, que l'on trouve aussi sur la voussure centrale de l'archivolte (à l'origine en blocs alternés de tuf et de brique), justifient l'hypothèse d'une réfection, étant donné que ceux-ci ne se retrouvent pas sur les portails de la façade ni ailleurs sur l'édifice, pour l'archéologue «la forme et la proportion de l'ouverture et du tympan peuvent être comparées au modèle du portail campano-cassinais, comme aussi l'hypothétique remploi de matériau roman», en sorte que celui-ci ne pense pas devoir repousser la datation au-delà de la fin du XIIe siècle.

Le massif de la croisée se dresse à faible hauteur à la rencontre du transept et du corps longitudinal de l'édifice. Extérieurement, cette structure octogonale prend appui sur une base circulaire, bien visible des toits; c'est ce qui reste du tambour originel certainement plus élevé et peut-être pourvu d'une fausse galerie. La couverture du transept s'élève au-dessus de celle de la nef centrale, «en accord avec l'intention d'accentuer l'importance du bloc du sanctuaire».

La façade occidentale donne aujourd'hui sur une cour (pl. 67), et paraît comme mutilée en raison du clocher massif qui lui est adossé, dans le prolongement de la nef latérale gauche. Elle se développe surtout à l'horizontale, en raison de la faible surélévation de la nef centrale par rapport aux latérales, rappelant par ses proportions des modèles de l'Antiquité tardive et de Ravenne. Elle est divisée en trois sections par des lésènes plates qui laissent transparaître la structure interne à trois nefs. Les lésènes sont reliées par une frise d'arceaux qui suivent les rampants de la façade; ils assurent à eux seuls l'élément décoratif. Le parement est par ailleurs lisse, animé seulement par le grand arc du portail majeur qui s'ouvre au centre: l'arc est mis en valeur par une moulure en sourcil en légère saillie sur le nu du mur, de sorte que l'élément central de la façade donne l'impression d'avancer. Ce type de portail, à ressauts, semble dériver du décor typiquement byzantin à bandeaux multiples. De part et d'autre il y a deux portails cintrés, de plus faibles dimensions. Aujourd'hui seul celui de droite est visible, celui de gauche étant masqué par le clocher. Plus haut, dans la zone centrale de la façade, s'ouvre une fenêtre simple qui «se situe très heureusement dans un plan encore plus en retrait que celui des portails latéraux à cause de son ébrasement marqué, du domaine de l'illusion comme de l'allusion». La fenêtre a été rendue à sa forme originelle par la restauration de Martelli; la haute baie placée juste au-dessus du portail médian que l'on voyait avant la restauration était due à un allongement moderne de la baie originelle. Quant au clocher, il s'agit d'une construction tardive, reprise au XIXe siècle à la suite des dommages causés par le tremblement de terre de 1783; avant cette intervention, il était plus bas d'un étage.

L'intérieur de la cathédrale, vaste et grandiose, est à l'exemple des basiliques de l'Antiquité tardive (pl. 73). Le plan est en croix latine; le bras longitudinal, couvert de fermes en bois (visibles à nouveau, après l'élimination des plafonds plats plus tardifs), est divisée en trois nefs par deux rangées de chacune dix colonnes dont le rythme continu est interrompu au milieu par un massif pilier en T relié aux murs gouttereaux par des arcs diaphragmes transversaux (pl. 72). Un arc triomphal amène dans l'espace de la croisée couvert d'une coupole, sur lequel donnent les croisillons et le chœur profond, couverts de voûtes.

Le pilier médian, qui fait apparaître les supports comme des groupes plutôt que comme des séries continues, et qui divise le volume de la nef en deux parties égales, est l'un des éléments les plus caractéristiques de l'édifice et rappelle la solution adoptée dans l'église conventuelle Sainte-Gertrude de Nivelles. Dans le cas de Gerace cependant, la présence du pilier, étant donné qu'il n'est pas en saillie par rapport aux murs hauts de la nef centrale, ne modifie pas l'unité spatiale du grand volume (pl. 72). Il n'en est pas de même dans les bas-côtés où cette fois il dépasse le nu du mur, enfreignant ainsi l'unité de direction de l'espace.

On discute du sens à attribuer au pilier intermédiaire. Martelli a mis l'accent sur la fonction pratique, à savoir séparer les arcs longitudinaux de hauteur diverse. Les arcs de la moitié de la nef vers le sanctuaire sont en effet plus hauts et aussi plus larges que ceux de la première moitié (pl. 74) et plus vaste est le développement en plan, dans le but manifeste «d'accroître l'effet monumental du tableau observé d'un point de vue choisi, situé à peu près au tiers du corps longitudinal» (Bozzoni), effet qui se trouve aussi souligné, on le verra, par le choix des colonnes. Mais Bozzoni estime, avec Oppedisano, que l'importance du pilier doit être considérable d'un point de vue statique, étant donné la nature sismique de la région.

Bozzoni reconnaît un trait campanien dans les robustes arcs plein cintre en tuf, à double rang de claveaux aux blocs de pierre disposés en éventail et surhaussés par un tailloir très élevé et non débordant, tel un piédroit allongé (pl. 75). C'est à des expériences architecturales campaniennes entreprises par les Normands (entre toutes, la cathédrale de Salerne) que cet archéologue rattache aussi le souci géométrique révélé par la vigoureuse définition des espaces. On peut observer sur le plan la subdivision des nefs en un double carré que signale le pilier médian. Les six travées qui se suivent à partir de l'arc triomphal présentent en effet une longueur égale à la largeur totale des trois nefs; le rapport de cette mesure avec la largeur de la nef centrale plus celle d'une des nefs latérales est de $\sqrt{2}$ (diagonale du carré), et le même rapport existe entre la largeur de la nef centrale et celle des nefs latérales.

On est frappé de la disproportion entre les piliers et les colonnes : celles-ci tellement fines qu'elles semblent insuffisantes pour porter la charge des superstructures (pl. 74). Mais cela est dû au fait que les colonnes ont utilisé des matériaux de remploi. Fûts et chapiteaux sont divers par leur matériau et leurs dimensions et n'appartiennent pas à une seule et même période. A leur distribution a été apporté un soin particulier. Dans la moitié orientale de la nef, on a employé des colonnes de marbre ou de caillasse colorée au lieu de granit comme dans la première moitié, afin de contribuer à donner un accent plus monumental à la section la plus proche du sanctuaire. On a noté aussi que la disposition des supports répond à un souci de correspondance entre les couleurs des colonnes et entre les ordres des chapiteaux.

A l'extrémité du corps longitudinal, les colonnades cèdent la place à deux gros piliers qui, avec le puissant arc triomphal en pierre apparente, servent à délimiter la zone du sanctuaire. Sur la face interne des piliers on a trouvé au cours des dernières restaurations, deux cavités interprétées comme le logement d'un chaînage en bois sur console, peut-être élément terminal de l'iconostase. On se souvient qu'à Gerace le rite grec persista au-delà du milieu du XVe siècle.

Ainsi «en entrant dans le vaste espace basilical, le visiteur perçoit une réduction progressive de la largeur qui accentue l'impression d'un approfondissement de la perspective, opérée au moins en deux temps : le premier situé un peu au-delà du milieu de l'espace, lorsque par la présence de la paire de piliers disparaissent complètement du champ de vision les nefs latérales. Le second au niveau de l'arc triomphal. Un troisième temps devait être sensible à la jonction du chœur profond, marqué surtout par l'accentuation des ombres renfermées dans la cavité mystérieuse de l'abside, au-delà de la pénombre de la croisée ; mais avec l'ouverture de la fenêtre cintrée qui éclaire fortement en contre-jour la voûte du *bêma,* cet effet a été en grande partie annulé».

A la croisée (pl. 78), prend appui sur les arcades de passage une coupole elliptique montée sur un tambour cylindrique (pl. 79). Alors que la calotte ellipsoïdale est due à une réfection du XIXe siècle, est d'origine le tambour interne – qui devait être, on l'a dit, beaucoup plus haut – comme l'ont vérifié les restaurations modernes qui ont remis au jour, une fois éliminées les quatre figures des évangélistes en plâtre qui les recouvraient, les trompes à retraites en pierre apparente, raccordant au cercle les angles du carré de base : elles se déployaient à partir du départ des arcs ou presque.

Le transept, saillant et aux croisillons peu élevés, selon une solution répandue au-delà des Alpes dans l'architecture ottonienne – comme dans l'église de Nivelles mentionnée plus haut –, est caractérisé par l'implantation directe de deux absidioles dans les croisillons et, face à la nef médiane, d'un chœur profond presque carré terminé lui aussi par une abside.

L'absidiole de droite, on l'a relevé, a été démolie. Dans la maçonnerie de la nouvelle structure, on a retrouvé l'arc originel de l'absidiole détruite. La chapelle que nous voyons aujourd'hui à sa place, dédiée au Saint-Sacrement, remonte à 1431 et se présente comme un espace carré avec abside à l'Est, couverte de voûtes d'arêtes à nervures retombant sur des colonnettes d'angle ; ces nervures présentent à la clef les armes des commanditaires, les Caracciolo. Un arc formeret brisé

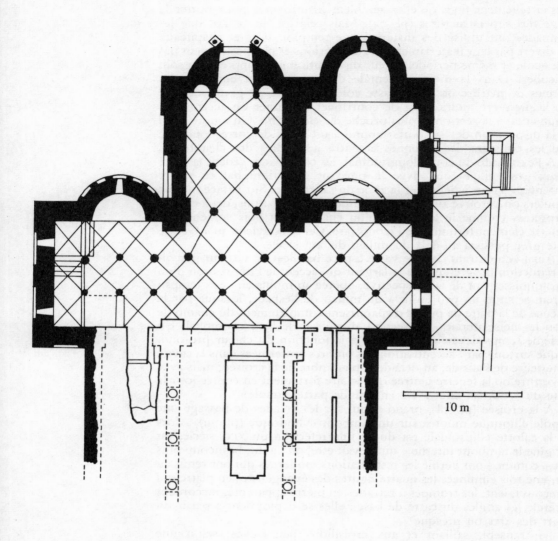

10 m

GERACE
cathédrale
crypte

marque la rencontre des voûtains avec les parois verticales. Un oculus au-dessus de l'autel et une grande fenêtre à ébrasement éclairent la chapelle. Les murs, selon la tradition, furent couverts de fresques par Soncino dans la seconde moitié du XVIe siècle, au temps de l'évêque Andrea Candida; la décoration ne nous est cependant point parvenue, et les sections de l'enduit primitif retrouvées au cours des restaurations, ne présentent pas de traces de couleur. Un tabernacle fut ajouté au XVIe siècle par Ferdinando Consalvo de Cordova, capitan de Gerace.

La chapelle comme toute la zone absidale fut dans la deuxième moitié du XIXe siècle recouverte d'une banale décoration en stuc et d'un enduit façon faux marbre, supprimés par les restaurations de Martelli. Un blason en plâtre au-dessus de l'arc triomphal, également supprimé, témoignait que ces embellissements avaient été entrepris par l'évêque Francesco S. Mangeruva.

A côté de la chapelle du Saint-Sacrement se trouve la sacristie, construite elle aussi durant les remaniements du XVe siècle, mais modifiée sous l'épiscopat de Vincenzo Bonardo (1593).

Le chœur et l'abside centrale ont eux aussi subi des remaniements et des modifications; on a déjà fait allusion à ceux du XVe siècle, mais il y eut encore des interventions ultérieures, comme le montre la différence dans le parement; particulièrement importantes furent celles consécutives aux écroulements causés par les tremblements de terre de 1744 et 1783. Dans son état actuel, l'abside présente à l'intérieur une forme pentagonale mais on a vérifié dans les fondations la forme semi-circulaire originelle.

Les bras du transept et la travée droite du chœur sont couverts de voûtes en berceau, reconstruites au début du siècle dernier sur le schéma des voûtes d'origine (comme l'ont établi les restaurations de Martelli, confirmant ce qu'on lit dans l'expertise rédigée en 1796 par Marchesi: «... pour reconstruire dans les parties hautes les voûtes de la croisée et du chœur en plâtre, selon la forme ancienne...»). Le sanctuaire, couvert d'une coupole, constitue le point de convergence des trois espaces précédents. La solution de la coupole comme axe autour duquel s'organise l'espace atteste la persistance de la tradition byzantine. Sur cette tradition se greffent de nouveaux apports; «l'emploi en plan d'un module qui répète le carré de la croisée, presque exactement repris dans les croisillons comme dans le chœur profond» renvoie en effet aux recherches propres à l'architecture du Nord, même si en Calabre elles se déroulent de façon tout à fait originale, et si la croisée n'a pas valeur de module spatial pour l'édifice tout entier. Une conception différente des espaces, tout en restant fidèle à la commune recherche d'une architecture dotée d'un souffle monumental et d'accent sévère, rend donc le sanctuaire autonome par rapport aux nefs, qui sont l'expression d'une conception spatiale non définie, encore rattachée à l'Antiquité tardive, même si l'héritage de cette tradition est repris ici de façon à donner corps à un contenu nouveau. La séparation entre le sanctuaire et les nefs est par ailleurs mise en évidence par l'arc triomphal ainsi que par la différence de niveau entre le toit de la nef centrale et les voûtes en berceau sur les trois bras de la partie orientale qui prennent naissance plus bas.

Sous toute la zone du sanctuaire s'étend une vaste crypte dont le plan est étroitement lié à celui de l'église supérieure. Cette crypte profite de la pente naturelle du terrain en sorte que le sanctuaire de la cathédrale n'est que légèrement surélevé, d'une marche à peine, par rapport à la nef. On descend aujourd'hui à la crypte – ou «catacombe» comme on l'appelle localement à cause des sépultures d'évêques et de nobles accueillies jadis en ce lieu – à partir du bras Nord du transept, mais cette entrée est tardive (elle remonte à 1641); à l'origine, rapporte Oppedisano, l'accès devait se faire depuis la nef de gauche, près de l'autel du crucifix (enlevé par Martelli), ou bien à l'extrémité de cette nef. Mais vraisemblablement un accès devait également exister à l'extrémité de la nef de droite, selon l'usage habituel : nous reviendrons sur ce point. De l'entrée à partir de l'abside, on a déjà parlé. La crypte, selon l'étude récente d'Occhiato, fut construite sur l'emplacement d'un oratoire basilien du Xe ou du XIe siècle et des restes des laures creusées dans le roc entre le VIIe et le VIIIe siècle. Elle est du type appelé *a sala* (d'un seul tenant) et est caractérisée par une succession de trente-cinq petites voûtes d'arêtes, sans nervures (en partie refaites après le tremblement de terre de 1783), portées par une forêt de vingt-six colonnes qui, les parois étant dépourvues de tout décor, donnent l'impression d'un espace «indéfini et fluctuant» (pl. 80). Les supports divisent la crypte en dix travées de trois voûtes d'arêtes correspondant au transept, et de trois travées de trois voûtes sous le chœur (pl. 81). De remploi comme dans la nef de la cathédrale, avec ou sans base, en marbre ou en granit, ils sont différents les uns des autres et surmontés de chapiteaux grossièrement bûchés pour y faire adhérer le décor stuqué du XIXe siècle, à l'exception d'un seul, corinthien et inachevé. «L'asymétrie que l'on constate actuellement dans la disposition des colonnes et des voûtes au point de rencontre des deux bras, si elle ne trouve pas sa raison d'être dans le concept symbolique de *l'inclinatio capitis,* pourrait bien avoir pour origine – fait observer Occhiato – la reconstitution des parties écroulées effectuée en 1823 par les soins de l'évêque G.M. Pellicano».

Les archéologues (en particulier Kubach) ont souligné la parenté frappante entre le plan de la crypte de Gerace en T retourné, correspondant au transept et au chœur et celui de la crypte du roman primitif à la cathédrale de Spire, mais non sans noter les particularités de l'exemplaire calabrais consistant dans la réutilisation de matériau antique et dans l'absence «de la rigueur géométrique et de la fermeté structurelle» propres au cas germanique. Occhiato met cependant l'accent sur les contraintes exercées par les constructions préexistantes sur l'élaboration du plan.

En 1261, on en 1454 selon la vieille historiographie locale – impossible de préciser la date – on créa dans le sous-sol au-dessous de la nef médiane de la cathédrale, une chapelle, servant d'oratoire dédiée à la Vierge de l'Itria (corruption de Hodigitria). La chapelle est séparée du reste de la crypte par une grille en fer forgé due aux artisans de Serra San Bruno et portant au centre les armes de l'évêque Vincenzo Vincentino (1650-1670) : c'est un espace minuscule, aux murs revêtus de marbre polychrome en incrustation dus aux travaux entrepris par l'évêque Mattei au début du XVIIe siècle tout comme le pavement en majolique, et couvert d'une voûte en berceau décorée de rosaces en stuc inscrites dans des caissons, œuvre de la deuxième moitié du XIXe siècle. Le revêtement en pierre de l'autel date du XVIIIe siècle.

En 1930 ont été effectués des sondages dans le sous-sol par les soins de l'architecte Gaetano Nave; ils ont permis de découvrir quelque chose d'intéressant : deux locaux d'époque imprécise, de part et d'autre de la chapelle de l'Itria, situés au-dessous des nefs latérales; une zone absidale mineure cachée par une maçonnerie d'époque plus tardive, se composant d'une petite abside centrale et de deux niches ou absides mineures disposées à ses côtés à l'extrémité orientale du bras longitudinal; enfin dans cette même zone une citerne creusée dans le roc. La découverte a fait naître l'hypothèse qu'il fallait reconnaître là les restes d'une construction antérieure à l'église actuelle dont elle constituerait le noyau primitif et à laquelle pourrait se rapporter la date de consécration attribuée dans le passé à la cathédrale – 1045 : peut-être un petit oratoire byzantin à nef rectangulaire, analogue aux petites églises basiliennes dont à Gerace même demeurent les exemples de San Giovanello et de la Nunziatella. D'ailleurs à San Giovannello également on a découvert une citerne dont la présence se rattache à la tradition des laures d'ermites. Selon les études d'Occhiato, l'édifice dont Nave a remis au jour les restes correspondant au bêma du corps intérieur actuel doit presque certainement être identifié avec l'église envisagée par Martelli, construite par les habitants de Locri qui avaient trouvé refuge sur les hauteurs de Gerace au moment des incursions des musulmans. Les dimensions de l'oratoire, plus audacieuses que celles des autres cas analogues, trouvent leur justification dans sa fonction particulière : remplacer de façon adéquate la cathédrale abandonnée de Locri, Saint-Cyriaque. Dans les locaux remis au jour au-dessous du corps basilical et probablement aussi dans la chapelle de l'Itria, il faut reconnaître les restes d'antiques laures, remontant aux VIIe-VIIIe siècles – le noyau le plus ancien de la crypte – que les moines basiliens avaient inclus au Xe ou au XIe siècle dans le nouvel édifice créé pour les réfugiés de Locri. Quand fut décidée la construction de la cathédrale de Gerace, les bâtisseurs incorporèrent les anciennes structures dans les nouvelles, «comme si l'on voulait donner un fondement solide fait de mysticisme séculaire et d'authentique force religieuse au grandiose édifice cultuel qui allait se construire». L'espace transversal réalisé en même temps que la cathédrale «servit de structure de liaison entre les grottes d'ermites d'une part et l'oratoire basilien à trois absides d'autre part, utilisé comme chevet de la crypte» (Occhiato).

Les deux locaux aux flancs de la chapelle de l'Itria, une fois construite la cathédrale, pourraient avoir accueilli les deux escaliers d'accès à la crypte. Oppedisano, on l'a dit, a témoigné de la présence d'un escalier d'accès, à l'extrémité de la nef latérale de gauche murée par la suite avant d'être transformée en ossuaire. A celle-ci devait vraisemblablement correspondre un second escalier du côté opposé, démoli lors des remaniements de Caracciolo. Aux deux endroits où auraient dû se trouver les escaliers font pendant presque exactement, dans la zone située en dessous, les deux espaces redécouverts. Le bloc calcaire trouvé dans l'espace de droite, sans doute un cipe préchrétien probablement réutilisé par les moines des laures comme support d'autel, fut, selon l'hypothèse d'Occhiato d'après Nave, englobé dans la partie inférieure de l'escalier; les deux espaces ayant été ensuite transformés en chapelles – en témoignent les restes des autels et des fresques retrouvées par Nave – le bloc fut employé comme table d'autel. Pas avant le XVIIᵉ siècle (époque d'une fresque où figure saint Georges, dans le local de droite aujourd'hui abandonné), les chapelles furent fermées au culte et murées.

La crypte, du début du XVᵉ siècle, abrite également la chapelle Saint-Joseph, ce qu'on appelle le «Cappellone» ou sacristie inférieure qui est située sous la chapelle du Saint-Sacrement; il s'agit d'un vaste local rectangulaire avec abside, couvert d'une voûte d'arêtes; dans l'abside qui s'aligne sur l'abside centrale, il y a une fenêtre à double ébrasement au-dessus de l'autel, et une seconde est présente dans le mur de droite. A la chapelle on accède aussi par l'extérieur, en franchissant le portail de style gothique qui introduit au passage inférieur des évêques.

L'intérieur de la cathédrale est éclairé par de nombreuses fenêtres, beaucoup refaites au cours de la restauration moderne sur le schéma des ouvertures primitives. Des fenêtres simples s'ouvrent dans les murs hauts de la nef centrale (pl. 74); des fenêtres plus petites figurent dans les murs des nefs latérales. D'autres sources de lumière sont constituées par la fenêtre de façade et celles du sanctuaire. Une fenêtre ronde – ouverte ultérieurement – se trouve dans le chœur au sommet du mur qui le surplombe dans la partie orientale : si elle augmente la luminosité de l'ensemble, néanmoins l'effet d'éblouissement de la lumière frontale est pénible. Les fenêtres rondes présentes dans les bras du transept (pl. 78) sont semblables à celle du chœur et à une autre fenêtre ronde qui éclaire la chapelle du Saint-Sacrement; leur ressemblance doit être attribuée sans doute à la reconstruction des voûtes après le tremblement de terre de 1783.

L'emplacement des fenêtres de la nef centrale, à faible distance du toit, laisse penser que les hautes surfaces lisses des murs au-dessus de la colonnade – aujourd'hui couvertes d'enduit – devaient sans doute être décorées à l'origine. Nous avons évoqué, dans la partie historique, les mosaïques de l'abside septentrionale, avec les effigies de l'évêque Léonce II et de Roger II qui s'y trouvaient à la fin du XVIIᵉ siècle.

Le pavement est moderne; dans la nef centrale on a retrouvé des traces d'un pavement plus ancien en terre battue, avec des fragments de terre cuite et de galet de mer.

Dans l'état actuel le décor originel ne se trouve donc plus, à l'intérieur, que sur les chapiteaux des colonnes. On a dit tout à l'heure qu'il s'agissait d'un matériau de remploi. Pensabene (auteur d'une étude très récente sur les marbres de remploi de la cathédrale) affirme que la plupart des colonnes furent extraites de carrières d'Asie mineure (en particulier dans l'île de Proconèse); et que sont également de provenance asiatique, à l'exception de cinq exemplaires de production occidentale, les chapiteaux, de dates diverses mais tous de l'époque de l'empire romain. La variété des formes que ceux-ci présentent est frappante : les chapiteaux asiatiques sont de type corinthien (avec une acanthe épineuse), composite ou – dans le cas de la sixième colonne de la nef latérale Nord – à calice, les autres sont corinthiens (acanthus mollis). Un des chapiteaux, celui de la dixième colonne de la nef latérale Sud, est semblable à un chapiteau du bras longitudinal de la crypte : il s'agit d'exemplaires corinthiens de type occidental provenant sans doute d'un même monument.

Le monument dans son ensemble manifeste une conception différente de celle traditionnelle dans l'architecture calabraise. Le sens des volumes, le goût pour l'articulation et la force des masses, ainsi que pour la matière brute franchement montrée, justifient l'insertion du cas de Gerace dans le cadre des grandes constructions de l'époque romane. La réalisation est indiscutablement l'œuvre de constructeurs locaux, qui se montrent capables d'intégrer les nouveaux apports et de les traduire en un langage personnel. Ces apports sont d'origine diverse. Si c'est de la tradition campano-cassinaise que proviennent le choix de la nef basilicale à colonne et le net développement longitudinal en direction du sanctuaire à peine surélevé, bien des éléments renvoient par contre au monde des pays du Nord. Le décor externe de la zone orientale et des flancs, la façade, le sanctuaire – bien qu'aussi souvenir de la leçon byzantine – rattachent cet édifice, ainsi que l'a noté Bozzoni, à des réalisations comme celles de la zone germanique ottonienne (cathédrale de Spire, églises de la région comprise entre le bas Rhin et la Meuse; Nivelles, Celles-lès-Dinant, Hastière), même si font défaut à Gerace les caractères typiques qui définissent cette architecture. En effet, en l'absence totale de documents attestant une relation directe entre l'Allemagne et la Calabre méridionale dans la seconde moitié du XIe siècle, on a jugé plus opportun de parler de parallélisme entre les deux régions au cours du processus – indépendant – de transformation du style de l'époque classique et de l'Antiquité tardive.

DIMENSIONS DE LA CATHÉDRALE DE GERACE

Longueur : environ 73 m.
Largeur : environ 25 m.
Largeur au transept : environ 33 m.
Longueur de la nef centrale : environ 47 m 50.
Largeur de la nef centrale : environ 9 m 20.
Longueur de la crypte : environ 8 m 50.
Largeur de la crypte : environ 11 m.

SANTA MARIA DEL PATIR

Histoire

L'ensemble monastique de Santa Maria del Pátir (ou Pátire, appelé aussi Patirion), fut fondé au début du XIIᵉ siècle par le bienheureux Barthélemy de Simeri – d'où son appellation qui veut dire « du Père » – qui y mourut et y fut enseveli en 1130 après avoir fait construire un nouveau monastère, celui du Saint-Sauveur de Messine, le plus connu de Sicile.

La Vie du bienheureux rappelle que Barthélemy retiré avec quelques compagnons dans une laure érémitique aux alentours de Rossano donna naissance à l'établissement de Sainte-Marie (pour obéir, dit la légende, à la Vierge qui lui était apparue au cours de sa prière), après la conquête normande de la ville (ou plutôt après 1060) avec l'aide de quelques barons normands. Parmi ceux-ci, l'amiral Christodule semble avoir été le donateur le plus généreux, et l'on a mis en relation avec son patronage présumé la dédicace du monastère à la Vierge des Mers, la nouvelle Hodigitria face à celle plus ancienne de Rossano.

Deux documents permettent de situer la date de l'érection de l'ensemble entre 1101 et 1105. L'un d'eux, le premier à attester l'existence du monastère, se rapporte à la donation de certains biens accordés par Roger II à Barthélemy en 1103; le bienheureux y figure déjà avec le titre d'« abbé de la nouvelle Hodigitria ». Le second document consiste en une bulle du pape Pascal II, datée de 1105 dans laquelle Barthélemy est nommé abbé du monastère qui, par privilège, devient autonome par rapport à l'archevêque de Rossano, et placé directement sous la juridiction du Saint-Siège.

Grâce aux nombreuses donations qui suivirent – il en surviendra encore, venant des papes et des princes, au temps des souverains aragonais –, l'ensemble monastique accrut notablement son patrimoine, devenant très vite l'un des centres les plus vivants de la région. Des multiples documents qui jalonnent la vie du monastère aux temps de sa splendeur (XIIe-XIVe siècles) ressort l'étendue des possessions sur les terres environnantes, et au-delà des confins de la vallée du Crati, y compris une bonne partie de la plaine de Sybaris. La prospérité du monastère ne manqua pas de faire naître des jalousies, au point que Barthélemy lui-même – qui en sortit cependant indemne – fut accusé par les bénédictins de Saint-Michel de Milet de concussion et d'hérésie, et soumis par Roger II à une enquête.

Au travail agricole et à l'exploitation des bois s'ajoutaient, au Patirion, une intense activité artistique et culturelle, de transcription et d'ornementation des manuscrits en particulier. Batiffol, qui à la fin du siècle dernier a consacré à l'abbaye de Rossano une monographie précieuse, même si elle date un peu, a reconstitué le premier le patrimoine de l'importante bibliothèque qui y fut constituée, particulièrement riche en raison du double rôle rempli par le centre, celui de *scriptorium* et celui de regroupement de manuscrits provenant aussi de l'extérieur.

Après ce bel épanouissement économique et culturel ainsi que spirituel, commença la décadence, dans le sillage du déclin du monachisme grec en Italie méridionale, contre lequel furent de peu d'effet la réforme basilienne de 1580, ou les visites ordonnées par le Saint-Siège. La réforme rigoureuse mise en place par le pape Grégoire XIII provoqua au contraire la révolte des moines du Patirion, et l'on dut la réprimer par la force. La décadence fut également favorisée par l'éloignement des abbés par rapport à l'établissement monastique, car ils étaient devenus commendataires au XVe siècle. L'état des choses se trouva encore aggravé par le brigandage et les violences des barons qui appauvrirent le monastère par leurs spoliations continuelles, et par les fréquents tremblements de terre.

Des conditions dans lesquelles se trouvait le monastère au XVIe siècle, un témoignage nous est fourni par le rapport fait à l'occasion de la visite apostolique de 1587, le 6 septembre. Du document, et de l'inventaire joint à celui-ci, ressort en même temps la richesse de son patrimoine, et l'on y apprend aussi que l'église conventuelle était en grande partie fresquée (mais les peintures apparaissaient déjà abîmées).

Aux siècles précédents (XIVe-XVe), cependant, on avait opéré quelques modifications dans la façade principale de l'église.

En raison de l'ignorance et de la corruption envahissantes des basiliens du Patirion, le vicaire général de Rossano demanda en 1657 une sévère enquête au cardinal Sirlet.

En 1672 le cardinal Carlo Barberini, abbé commendataire, entreprit de grands travaux de restauration dont fait mémoire une pierre à gauche du portail Nord de l'église, avec une inscription ainsi conçue : «Eminentissimi Principis – Karoli Card. Barberini Abb. Commend. – pietate ac munificentia – templum fatiscens atriuque collapsu –

instaurata – Anno Domini 1672». C'est à de telles circonstances que l'on doit probablement attribuer la réfection d'une partie de l'abside médiane et la fermeture de presque toutes les fenêtres du chevet (pl. 82).

D'autres interventions se succédèrent en 1705 et en 1752, où l'on construisit un nouvel autel de marbre, sur lequel on plaça l'image de l'Hodigitria du XVᵉ siècle (aujourd'hui au musée diocésain de Rossano), qu'avait donnée à l'église Athanase Kalceopoulos, archimandrite du Patirion.

Le monastère fut supprimé en 1809 par un décret de Joachim Murat du 7 août. On y comptait alors six prêtres et six laïcs seulement. Ce n'est cependant qu'en 1830 que les moines abandonnèrent le monastère. L'église resta ouverte au culte.

Les barons Compagna devenus propriétaires du bois appartenant jadis au monastère (qu'ils revendirent ensuite à l'État en 1915) dépouillèrent l'édifice des quelques œuvres qui y restaient. En outre l'église fut sur leur initiative soumise à des restaurations destinées à son entretien, mais malheureusement imprudentes. Le toit fut en grande partie refait.

En 1921 Valenti, surintendant aux monuments de la région, entreprit une restauration de la mosaïque de pavement. De nouvelles interventions, concernant entre autres la restitution de l'aspect originel dont l'édifice avait été dépouillé, ont eu lieu au Patirion en 1974, par les soins du Ministère de la Culture et de l'Environnement.

Aujourd'hui l'église est gardée par un détachement du corps des Gardes forestiers, qui est établi dans un édifice construit sur le terrain du monastère.

Si l'on peut considérer que l'église est bien conservée dans son ensemble, malgré les restaurations répétées survenues au cours des siècles, ne serait-ce que pour porter remède aux dommages causés par les tremblements de terre, peu de chose demeure du cloître et des bâtiments monastiques qui s'étendaient au Nord de l'église, et ce peu est d'ailleurs dû à des réfections.

La plupart des archéologues estiment notre édifice, tel qu'il apparaît aujourd'hui, contemporain de la construction du monastère. Ce n'était pas l'avis de Bertaux qui, en raison d'analogies de plan avec la chapelle palatine de Palerme, avait émis l'hypothèse d'une reconstruction vers 1135, au temps de l'abbé Luc mentionné sur une cuve baptismale aujourd'hui au Metropolitan Museum de New York. Ces derniers temps une nouvelle proposition a été formulée par Corrado Bozzoni, celle d'une réfection au troisième quart du XIIᵉ siècle, sur la base d'étroites parentés avec l'église palermitaine du Saint-Esprit (antérieure à 1178). La mention de l'abbé Blaise sur une inscription dans le pavement, dont nous parlerons dans la visite, ne s'opposerait pas à une telle datation car c'est seulement en 1185 que lui est désigné un successeur (Cosma).

Quelle que soit sa position chronologique précise, impossible à établir faute de documents à ce sujet, l'édifice constitue un important témoignage de l'ouverture de l'architecture calabraise au style campano-cassinais (présent dans les éléments du décor) et à des modèles islamiques (arcs brisés), tout en adoptant (ce qu'on pouvait d'ailleurs escompter dans un établissement basilien et un centre tel que Rossano

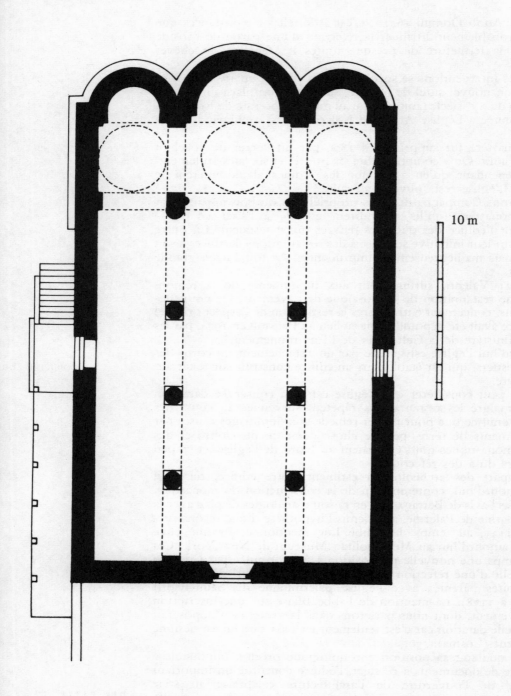

10 m

*SANTA MARIA
DEL PATIR*

aux solides racines grecques) un plan encore lié à des schémas byzantins, selon la tradition.

Situé sur la dorsale plane d'une extrême avancée de la Sila Greca vers la mer Ionienne, entre Rossano et Corigliano, dans une situation solitaire mais très heureuse, le monastère Santa Maria del Pátir est l'un des établissements basiliens les plus remarquables de la région.

De l'ensemble primitif, il ne reste aujourd'hui que l'église, substantiellement inchangée dans ses formes originelles malgré les réparations et les modifications effectuées au cours des temps, souvent pour remédier aux atteintes causées par les tremblements de terre répétés, évoqués plus haut. Le monastère adjacent, ou pour mieux dire ce qui reste de ses structures en train de s'écrouler, est d'une époque postérieure, du XVIᵉ siècle surtout. Peut-être dû lui aussi à une réfection de la fin du XVIᵉ siècle ou du siècle suivant, le cloître, adossé au côté Nord de l'église, est aujourd'hui détruit comme le clocher, sur la face Ouest, frappé par la foudre (pl. 85).

L'église est un édifice de proportions modestes, construit de matériaux hétérogènes – pierraille et fragments de brique – grossièrement assemblés et actuellement apparents : une intervention récente a en effet supprimé l'enduit qui le couvrait auparavant – nous ne savons pas s'il existait à l'origine.

La façade de l'église, à l'Ouest, a été partiellement remaniée (pl. 85). A rampants interrompus parcourus de corniches en pierre et brique portées par des modillons, comme il s'en trouve tout autour de l'édifice (sauf du côté Nord où il n'y en a qu'un bref tronçon près de la façade), cette façade fait voir la répartition interne en trois nefs ; aux angles elle est construite de blocs de grès bicolore en assises horizontales que l'on retrouve aux côtés du portail d'entrée. Ce portail s'ouvre au milieu de la façade ; en partie refait (aux XIVᵉ-XVᵉ siècles) il est pourvu d'un arc flanqué de deux colonnettes en grès couronnées de chapiteaux ornés, sur lesquels retombe une archivolte.

Deux oculi surmontent l'entrée ; le plus grand, juste au-dessus, est moderne ; est ancien par contre l'oculus, bouché, dans le haut du pignon, caractérisé lui aussi par l'alternance de blocs bicolores.

Deux fenêtres simples en plein cintre, relevées une fois encore par l'emploi de blocs bicolores, s'ouvrent à droite et à gauche, à l'endroit des nefs latérales.

On peut également accéder à l'église par deux portails percés dans les flancs.

Le portail méridional est plus élaboré (pl. 84). De part et d'autre, deux colonnes en grès engagés dans la maçonnerie portent, par l'intermédiaire de chapiteaux décorés, deux impostes l'une à billettes, l'autre à triple tore ; sur celles-ci retombe une archivolte en plein cintre. La voussure de l'arc suggère le motif de la double hallebarde ; elle est décorée d'un motif de fleurs stylisées en grès jaune bordées de petites pointes en lave, entre lesquelles il y a des ronds de la même pierre. Kalby qui voit là « une interprétation stylisée du lotus lancéolé de tradition islamique», indique comme «élément-guide» de ce parti décoratif «le bandeau de la fenêtre double la plus élevée dans le flanc occidental de castel Terracina à Salerne», dont il fait également descendre la frise des arcs du cloître de Sainte-Marie-la-Neuve à Monreale.

Au portail Nord, flanqué aussi de deux colonnettes, fut gravé sur les claveaux formant la voussure de l'arc un simple motif fait d'un double trait rempli de mortier blanc. A gauche de ce portail se trouve l'inscription lapidaire dont on a déjà parlé, dédiée au cardinal Barberini, l'abbé commendataire du Patirion qui en 1672 entreprit la restauration de l'église en train de s'écrouler. Au-dessus de la plaque figurent les armoiries des Barberini.

Une série de cinq fenêtres simples s'ouvre dans chacune des faces latérales.

La zone absidale – heureusement assez bien conservée dans son aspect originel – est celle où l'élément décoratif est le plus soigné (pl. 82) et où se manifeste avec éclat ce goût pour la couleur qui n'est que timidement marqué dans les autres parties de l'église.

Cette zone donne sur un vaste espace que borde aujourd'hui le bâtiment moderne du Corps forestier, et elle est la première à s'offrir aux regards du visiteur, aussitôt charmé par le jeu mouvementé des volumes et des couleurs des trois absides semi-circulaires qui se détachent sur les murs orientaux des nefs avec leurs toits.

A l'extérieur, les murs des absides sont parcourus, au-dessus de la haute plinthe, par des lésènes recevant une série d'arcs aveugles, cinq sur chaque abside, ceux de l'abside médiane étant plus ouverts. Les lésènes sont faites d'une alternance de blocs de calcaire sombres et clairs avec deux assises de brique. Sous chacun des arcs figure un rond avec un motif en étoile fait d'incrustations polychromes, au dessin varié, combinant pierre de lave et grès jaune avec joints en chaux blanche (des quinze ronds originels, onze demeurent aujourd'hui, un douzième est encastré à droite de la fenêtre sur l'abside médiane) (pl. 83). Ce décor renvoie au style campano-cassinais et rappelle d'assez près la série de rosaces du porche quadripartite de la cathédrale de Salerne.

Au-dessus de la fausse galerie formée par les arceaux et les lésènes, se déploie une frise de losanges en grès jaune et pierre volcanique. Dans le haut des absides, sous l'égout du toit, on retrouve l'habituel couronnement constitué de la corniche sur modillons (semblables, a-t-on remarqué, à ceux de la face Sud du palais Pernigotti à Salerne). L'abside centrale a été remaniée, on l'a dit, sans doute à l'occasion des restaurations de 1672. Elle est percée d'une fenêtre simple ébrasée, actuellement la seule à éclairer l'intérieur de cette partie de l'édifice. A l'origine il y en avait une sur chacune des absides latérales, trois sur l'abside médiane, comme le montrent les arcs visibles dans la maçonnerie au-dessous des ronds. Paolo Orsi estime que les ouvertures ont été fermées pour des raisons de protection en des temps de brigandage. Ici encore on utilise des blocs de deux couleurs sur les arêtes.

L'intérieur de l'église est d'une grande simplicité (pl. 86); il est de plan basilical et se compose de trois nefs – la centrale plus haute que les nefs latérales – séparées par une double série de quatre arcades brisées, sans transept saillant, et d'un sanctuaire terminé par trois absides semi-circulaires, sous une forme qui rappelle l'église Sainte-Marie de

Santa Maria del Patir
Détail d'une mosaïque de la nef :
centaure

Tridetti et, en Sicile, celle de Saint-Pierre d'Itàla (cf. *Sicile romane*, pl. 106).

Les supports des arcs qui scandent le rythme des nefs sont faits de colonnes cylindriques en maçonnerie – comme les voussures des arcs – formées de blocs de grès superposés; elles prennent appui sur des bases ioniques peut-être remployées, tandis qu'elles sont curieusement privées de chapiteaux. La couverture des nefs est constituée par des fermes en bois apparentes.

Un arc triomphal au cintre brisé, et deux autres arcs également brisés introduisent dans la zone du sanctuaire. Peut-être fermé à l'origine par une iconostase, le sanctuaire se compose de trois espaces avec abside et coupole – le *bêma* central, et de part et d'autre la *prothèse* et le *diaconicum* – qui correspondent aux nefs en hauteur comme en largeur car les petites coupoles, très surbaissées, ne font pas saillie à l'extérieur en interrompant la couverture à deux versants de l'édifice. Cette solution, tout à fait inhabituelle, a fait naître parmi les archéologues le soupçon que les coupoles seraient en réalité le fruit d'une restauration, et qu'à l'origine il n'existait qu'une seule coupole, dépassant les toits «en un élan autonome, et marquant l'édifice tout entier». En effet la description de l'église que donne le rapport de la visite apostolique de 1587 mentionne seulement «une coupole ou *truglio*» qui se dressait en une saillie d'environ quinze palmes (3 m 96) à l'extrémité de la nef centrale.

C'est donc d'origine byzantine que sont le plan du sanctuaire, et la solution du *bêma* qui se trouve délimité par quatre colonnes aux chapiteaux corinthiens de remploi; de celles-ci deux sont placées sur les côtés internes des piliers de l'arc triomphal, et deux aux angles de l'abside médiane : elles devaient évidemment à l'origine supporter la coupole.

L'intérieur est éclairé aujourd'hui par les ouvertures de la façade – l'oculus et les deux fenêtres latérales –, par la fenêtre absidale, par la série de huit fenêtres (quatre par côté) qui s'ouvrent dans les murs des nefs latérales au centre de chaque travée, et par les deux fenêtres percées dans les murs de la *prothèse* et du *diaconicum;* sont obturées les quatre petites fenêtres (deux par côté) ouvertes dans l'espace limité compris entre les deux couvertures au-dessus des murs de la nef centrale, et les autres fenêtres absidales.

Entièrement couvert d'enduit dans l'état actuel, l'intérieur était à l'origine décoré de fresques, selon le rapport de 1587 : «La nef médiane est entièrement blanche, les latérales sont peintes de figures anciennes et pareillement le prolongement de la nef médiane qui est couverte d'une coupole ou *truglio* entièrement peint à l'intérieur de figures très anciennes».

Le rapport fait aussi mention du pavement : «Tout entier en marbre à la façon des églises de Rome, et une bonne partie, environ un tiers dudit pavement, est faite au moyen de cubes de marbre dessinant des animaux et des monstres...»; la mosaïque heureusement parvenue jusqu'à nous, bien qu'en partie seulement, présente un grand intérêt. Elle s'étend le long du corps longitudinal de l'église (pl. 86), comme «un grand tapis semblable aux étoffes d'inspiration orientale que l'on produisait en Sicile, à roues ou à disques avec des figures d'animaux et de monstres». Elle fut exécutée vers le milieu du XIIe siècle, d'après l'inscription latine lisible au milieu du pavement dans la nef centrale qui en révèle le commanditaire : «Blasius venerabilis abbas — Hoc totum iussit fieri» (pl. 87); l'abbé Blaise est par ailleurs mentionné dans des documents à la date de 1152.

Dans la nef médiane, des frises de feuillage et de fleurs stylisés ou imitant une inscription en caractères coufiques, et des motifs à entrelacs encadrent l'inscription et les quatre gros médaillons où sont inscrits, en partant de l'entrée principale, une licorne au galop (pl. 87), un centaure (pl. coul. p. 277), un félin monstrueux (pl. 89) et un griffon rampant (pl. 88). Dans la nef latérale de gauche, il ne reste que quelques morceaux moins bien conservés : à l'endroit du portail d'accès on peut encore voir, dans des médaillons, un cerf et un centaure (pl. 90).

Antonucci rapproche ce pavement de celui, détruit mais connu par un dessin, de la cathédrale de Tarente; pour l'un et l'autre, il suppose une même équipe «cultivée et, si elle n'en provient pas directement, au moins sous l'influence de l'école de mosaïque sicilienne». C'est à des équipes siciliennes qu'Orsi avait attribué le pavement du Patirion.

L'église et le monastère furent dotés jadis d'un riche mobilier comme l'atteste l'inventaire qui en est rédigé à l'occasion de la fameuse visite apostolique de 1587. De tant de choses il ne reste aujourd'hui plus rien dans l'église. Au Metropolitan Museum of Art de New York (don de J. Pierpont Morgan, 1917) se trouve la cuve baptismale en marbre sculpté pour le Patirion en 1137, au temps du roi Roger, à la demande de l'higoumène Luc, successeur de Barthélemy; cette cuve, considérée comme perdue, a été retrouvée récemment par Mme Zinzi au terme d'une étude de Pudelko. La cuve, qui servait au jour de l'Épiphanie à la consécration de l'eau destinée au baptême et aux bénédictions, se présente, selon un type rare en Italie, comme une large vasque portée par un pied à peu près tronconique et décoré en relief de motifs faisant allusion à la fonction de l'objet (quatre croix grecques, et au-dessus une frise avec des rinceaux, grappes et feuillage). Elle porte en outre gravé sur le pourtour une inscription grecque qui nous renseigne sur l'époque ou le commanditaire de l'œuvre. Un exemple analogue, la cuve étant de l'artisan Gandolfus, fut demandé par le même commanditaire en 1135 pour le monastère du Saint-Sauveur de Messine (fondé, on l'a dit, par le même Barthélemy). Il est conservé aujourd'hui au Musée national de cette ville.

DIMENSIONS DE SANTA MARIA DEL PATIR

Largeur totale : 27 m 20.
Longueur de la nef centrale : 19 m 70.
Largeur de la nef centrale : 5 m 70.
Largeur dans œuvre : 14 m 35.

SAN

DEMETRIO CORONE

Histoire

L'église Saint-Adrien actuelle, si elle est liée traditionnellement à la figure de saint Nil de Rossano, remonte cependant à une époque ultérieure. Vers 955 le saint basilien fonda un ermitage qu'il transforma ensuite en monastère, près d'un vieil oratoire dédié à saint Adrien, au voisinage de Rossano. Tout en restant en ce lieu jusqu'en 976, il ne crut pas devoir modifier la petite église qu'il se contenta de restaurer, en dépit des puissants moyens que lui offrait Basile, stratège du thème de Calabre, pour sa reconstruction ou au moins pour l'acquisition de tentures destinées à revêtir les murs nus. Vu la modestie de l'oratoire, probablement à nef unique, dont il y a d'autres exemples dans la région, entre Rossano et le Mercurion, les archéologues d'aujourd'hui ont tendance à exclure qu'une partie de ses structures ait pu être incorporée dans l'église actuelle (seul quelque fragment, nous en reparlerons, pourrait remonter à un édifice antérieur); et puisqu'on a établi que l'église des saints Adrien et Nathalie, reconstruite en 988 par saint Vital de Castronuovo, ne doit pas être identifiée à l'édifice de saint Nil, on est désormais d'accord pour dire que l'église parvenue jusqu'à nous doit être attribuée entièrement à l'époque normande. La saveur tout à fait occidentale de la structure architecturale justifie l'hypothèse d'une datation au premier temps de la domination normande, au moment où fut engagé le processus de relatinisation des régions conquises, avec l'aide des moines d'Occident. Par ailleurs certains documents attestent la donation du monastère basilien à l'abbaye bénédictine de Cava dei Tirreni (abbé Pierre) en 1088 par les mains du duc Roger Borsa; un diplôme de 1091 rapporte l'ordre qui imposait au monastère, déclaré suffragant de l'abbaye de Cava, d'observer la Règle bénédictine et les constitutions pontificales. Le premier document, de 1088, atteste aussi l'état très florissant dans lequel se trouvait le monastère à cette époque : «Integrum monasterium nobis pertinentem, quod constructum est in pertinentiis nostre civitatis que Rossanum dicitur, ad honorem beati Adriani martyris, cum omnibus rebus stabilibus et mobilibus, seque etiam moventibus eidem monasterio pertinentibus...».

En 1106, le cours des événements s'étant modifié, et dans le sens d'un certain rapprochement des Normands par rapport au monachisme basilien, le même duc rétablissait l'indépendance du monastère, offrant en échange aux bénédictins de Cava le hameau de Fabbrica in Puglia. La séparation d'avec Cava est sanctionnée par un diplôme. C'est donc à un tel laps de temps, entre 1088 et 1106, c'est-à-dire lorsque les moines bénédictins purent travailler dans le centre calabrais, que l'on peut faire remonter le plan primitif de notre église, même si Bozzoni a mis récemment l'accent sur le caractère fragmentaire et composite de l'édifice, ainsi que sur la brièveté du séjour des moines de Cava à San Demetrio qui ne permettent pas «de supposer un projet et une réalisation rapides et d'un seul tenant». Lavermicocca de son côté fait remarquer l'absence totale d'allusion, dans les documents évoqués, à des travaux réalisés ou à entreprendre dans l'église; il souligne par contre l'analogie entre Saint-Adrien et l'église Saint-Ange à San Quirico del Monte Ràpàro dans la Basilicate (première moitié du XIe siècle) qui présente la morphologie architecturale byzantino-provinciale du XIe siècle. Cet archéologue pense que c'est dans la deuxième moitié du même siècle que furent probablement exécutés à Saint-Adrien les travaux d'embellissement (telle la mosaïque de pavement) et, à cheval sur le XIe et le XIIe siècle, des travaux d'agrandissement.

En 1115, grâce à une dotation du duc de Montalto, l'abbaye devint archimandritale. A cette occasion, selon Armand Dillon, auraient été réalisées les fresques qui ornent encore en partie l'intérieur de l'église; nous dirons plus loin les raisons qui incitent à les placer un peu plus tard.

Le monastère qui au XIVe siècle avait juridiction même civile sur les terres avoisinantes, tomba en décadence au siècle suivant, conformément au déclin général de l'ordre basilien.

Ce monastère ayant été supprimé en 1794 par le roi bourbon Ferdinand IV, le bâtiment et les rentes furent attribués au collège italo-albanais, institut fondé par le pape Clément XII pour la formation du clergé de rite grec catholique, qui était établi auparavant à San Benedetto Ullano (deux inscriptions lapidaires aux côtés du portail Nord, l'une en grec, l'autre en latin, rappellent le transfert).

Vers 1856 l'église, déjà soumise à des modifications au XVIIIe siècle (sinon au siècle précédent) où l'on rehaussa la coupole et où l'on refit la zone du sanctuaire, subit d'autres interventions pour l'adjonction d'une nouvelle aile au collège, entraînant la destruction de l'atrium et du portail de la façade. Un témoin de leur aspect antérieur subsiste dans une description de 1761, retrouvée par Capalbo. Le clocher qui s'élève au côté Sud de l'église est du XIXe siècle (pl. 91).

En 1939 furent entreprises par la Surintendance les premières restaurations destinées à la consolidation de l'édifice; au cours des travaux furent remises au jour, par les soins de Dillon, les fresques cachées sous une couche d'enduit. En 1948-1949 leur firent suite les interventions de Martelli, qui permirent de reconstituer le type de couverture et le plan originels de l'église qui se terminait par une abside unique au lieu des trois auxquelles on se serait attendu dans une église de rite grec; pourtant, nous le verrons, on ne peut exclure qu'il y ait eu des absides latérales, prises dans l'épaisseur du mur.

Tout récemment des travaux ont dégagé la façade de la construction qui s'y était adossée au XIXe siècle.

Visite

Ouvrant sur une vaste place en marge de l'agglomération, sur la route qui de la plaine de Sibari conduit au territoire de la Sila, la façade de Saint-Adrien, comme on a eu l'occasion de le dire, a été récemment débarrassée de l'aile du collège italo-albanais qui y avait été adossée au XIXe siècle.

Dépourvue de l'atrium qui la précédait et avec son portail muré, elle se présente aujourd'hui toute dépouillée au milieu de la maçonnerie à gros blocs de pierre apparente, à peine interrompue par quelques ouvertures placées comme pour scander sa silhouette à rampants interrompus : deux fenêtres latérales et une centrale plus haute (celle de droite a été détruite avant d'être bouchée, l'autre garde sa bordure en dents d'engrenage); il faut attirer l'attention sur un fait où se révèle le caractère tout à fait empirique de la construction : l'absence de correspondance entre les fenêtres et l'axe des nefs latérales. Le système de lésènes qui sillonnent le flanc Nord devait se retrouver sur la façade, comme le suggèrent deux tronçons de lésènes visibles du côté gauche; devaient également s'y trouver les arceaux qui animent les deux faces latérales. Du décor originel ont survécu à la démolition du XIXe siècle quelques pièces sculptées, étudiées par l'archéologue Paolo Orsi qui le premier les repéra, abandonnées à l'intérieur de l'église : trois reliefs appartenant aux piédroits du portail, avec des motifs végétaux et animaux, et deux lions accroupis usés, identifiables comme les deux lions stylophores de l'atrium, mentionnés dans une ancienne description de la façade, en un document de 1761 qui cite aussi «quatre colonnes», les deux portées par les lions évidemment et deux autres adossées au mur.

Adjonction du XIXe siècle, le clocher est placé sur le côté droit (pl. 91). Ce fut vraisemblablement à l'occasion de son érection que fut créé l'avant-corps sur lequel il prend appui – de toute façon non originel comme le montre la différence de la maçonnerie – et qui est adossé à l'extrémité de la place Sud, à l'endroit du portail. Prolongée ainsi par le côté gauche de l'avant-corps, la façade apparaît aujourd'hui faussée dans ses proportions.

Les flancs, aux blocs de pierre disposés en assises horizontales comme sur la façade, manifestent leur caractère roman dans la série d'arceaux lombards qui se déploie au sommet des murs des nefs latérales, au-dessous de l'égout du toit; le flanc Nord se distingue par le

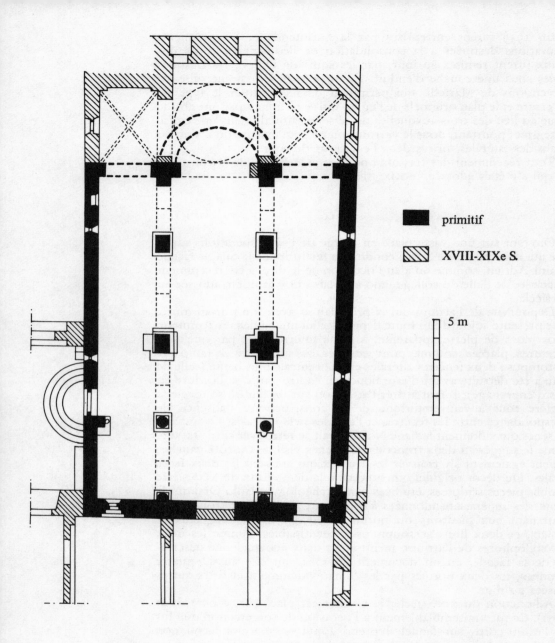

primitif

XVIII-XIXe S.

5 m

SAN DEMETRIO CORONE

fait qu'il est parcouru aussi de fines lésènes qui scandent le rythme des arceaux, les répartissant en groupes de trois. En outre les arceaux de ce côté entourent des cavités circulaires (on en voit aussi en façade) avec des traces d'incrustation d'éléments décoratifs ; il est probable qu'ils devaient contenir de petites coupelles de céramique. Des exemples d'un tel décor, non extraordinaire dans l'architecture byzantine, nous sont offerts par la façade de Saint-Bernardin à Amantea, par la chaire de Saint-Jean au Taureau à Ravello (cf. *Campanie romane*, (pl. 152-154), par le palais Veniero de Sorrente, par le clocher de Gaète. Une série de modillons sous l'égout du toit marque le couronnement des murs hauts de la nef centrale ; une solution assez semblable figure au couronnement de la basilique du Crucifix à Amalfi. Un fragment de la maçonnerie du mur Sud externe de la nef médiane, au niveau de la colonne au chapiteau corinthien, se distingue par sa composition : briques et blocs de pierre posés à plat et de chant, selon le procédé du *parement arasé* byzantin. Les archéologues ont émis l'hypothèse que dans ce fragment de maçonnerie, englobé par ailleurs dans un mur qui porte des signes multiples d'intervention et dans lequel s'ouvre une fenêtre à double retrait différente des autres fenêtres de l'édifice, il faudrait reconnaître un témoin d'une construction antérieure.

Dans chacun des flancs s'ouvrent juste au-dessous des arceaux deux étroites fenêtres simples, ébrasées vers l'intérieur, disposées en alternance avec celles des murs hauts de la nef centrale ; la fenêtre plus large qui leur fait suite est due à une intervention tardive. Chacun de ces flancs est percé d'un portail d'accès, constitué d'une ouverture rectangulaire autour de laquelle se déploie une arcade – en plein cintre au portail Nord (pl. 93), brisée au portail Sud (pl. 91) (peut-être à partir d'un arc en plein cintre remanié) – à double rouleau pourvue d'un tympan. Le portail Nord offre un modeste décor plastique, contemporain de la construction, sur le montant de droite (pl. 92) et sur les deux corbeaux supportant le tympan : nous y reviendrons plus loin. Aux côtés du portail sont encastrées deux plaques commémoratives, en marbre, intéressantes pour l'histoire de cette église. Le portail Sud dépourvu d'ornements fait aujourd'hui partie du porche au cintre brisé qui, on l'a dit, se rattache à une campagne de construction ultérieure, comme le clocher qui le surmonte.

Un problème qui dans le passé a retenu les archéologues est celui des différences manifestes entre les deux faces latérales. La diversité observable dans la couleur des pierres de parement est, comme l'a expliqué Martelli, la conséquence de leur orientation différente. L'absence du motif de lésènes sur la face Sud se trouve par contre probablement justifiée par le fait que c'était peut-être le côté tourné vers le monastère – on ne connaît pas la position de ce dernier par rapport à l'église –, tandis que le côté Nord devait donner sur la route et pour cette raison fut l'objet de plus de soin.

Le côté Est de l'église est aujourd'hui caché par l'édifice du collège italo-albanais qui y a été adossé. Des sondages effectués dans le pavement de la zone du sanctuaire, fruit d'une transformation radicale opérée au XVIIIe siècle au chevet de l'église, ont révélé qu'à l'origine elle se terminait par une abside unique. Il n'est pas possible de dire si un motif de lésènes – absent par ailleurs, comme l'a noté Martelli, sur le mur du fond des nefs latérales – en allégeait la surface externe.

Le toit est à quatre versants.

L'intérieur de l'église est basilical, à trois nefs (pl. 96), et se divise en quatre travées, auxquelles faisait suite l'abside semi-circulaire (le dessin du chevet originel a été mis en évidence sur le pavement actuel). Deux rangées de piliers et dans la première travée une paire de colonnes reçoivent les arcs longitudinaux, en plus des deux demi-piliers aux côtés de l'arc triomphal et des deux demi-colonnes en maçonnerie ordinaire de pierres couvertes d'enduit, adossées au revers de la façade. Les piliers sont de plan rectangulaire, sauf un qui est cruciforme. En raison de la présence des piliers, une grande partie des archéologues a rangé l'édifice dans le courant bénédictin, le datant par suite de la période où les bénédictins de Cava furent présents à San Demetrio Corone. Lavermicocca, auteur de l'étude la plus récente sur l'église Saint-Adrien, n'estime pas nécessaire quant à lui de supposer une intervention de Cava, l'église scandée de piliers étant largement connue même dans des aires culturelles différentes, en particulier dans l'aire gréco-balkanique et dans celle qui nous occupe, comme le montrent – pour rester dans le territoire calabrais – l'ex-cathédrale d'Umbriatico (pl. 106) et la vieille cathédrale de Santa Severina. Et étant donné que Saint-Adrien appartient à une communauté calabro-grecque, cet archéologue estime le rattachement au milieu byzantin plus conforme à la réalité historique du monument.

Les grandes arcades, à double rouleau, sont plus ou moins amples et en plein cintre dans les deux premières travées à partir de l'entrée, en cintre brisé pour les autres (comme au Patirion de Rossano et à Sainte-Marie de Tridetti), et donc d'ascendance islamique. Sur le pilier cruciforme (le second à droite en entrant) on observe du côté de la nef latérale le départ d'un arc transversal qui devait se trouver aussi dans la première travée, comme le suggèrent les structures incomplètes et les lésènes correspondantes sur le mur de la nef latérale de gauche. Des sondages effectués dans le pavement à l'endroit des arcs transversaux supposés ont repéré des fondations de piliers sur le pourtour intérieur du mur latéral Sud; du fait aussi de la présence d'arcs en plein cintre dans ces travées, les archéologues ont pensé à des fragments de constructions plus anciennes. Les deux derniers piliers recevant les arcs longitudinaux, avaient, par leur section cruciforme, amené les archéologues à supposer une coupole à l'extrémité de la perspective de la nef; la coupole que l'on voit aujourd'hui, du début du XVIIIe siècle, serait due à la dernière reconstruction (comme le plafond en bois). Mais les restes trouvés par Martelli dans les combles au cours de la restauration révèlent une couverture en charpente apparente : au-dessus du plafond de bois que nous voyons, sont réapparus au cours de la restauration des traces de fresques sur les pignons vers la façade et vers l'abside, et des segments de frises colorées qui ont permis de connaître la pente de la couverture originelle et le niveau des poutres, celui-ci étant par ailleurs déjà révélé par les trous laissés dans le mur par les chaînages en bois. Lavermicocca n'exclut pas toutefois la présence d'une coupole, peut-être comme élément d'un projet jamais réalisé, «par analogie avec les nombreux exemples de la région». Cet archéologue estime par ailleurs que n'avait pas été prévue à l'origine la couverture en charpente apparente, mal accordée aux dimensions des supports et aux proportions de l'édifice, comme le montrerait entre autres la hauteur des pans de mur compris entre les piliers et le toit. Le système originel de couverture prévoyait probablement une voûte semi-cylindrique dans la nef centrale, et dans les latérales des voûtes en quart de cercle, comme le prouveraient à son avis les restes du départ des arcs transversaux relevés par Dillon dans la nef latérale de droite. Puis le système fut modifié au profit des charpentes apparentes.

Sur la dernière paire de piliers Martelli a repéré les traces de l'appui de l'iconostase; on a voulu voir dans les deux piliers en bois présents dans l'église, de section octogonale avec bases à tore et scotie et chapiteaux lancéolés – probablement de l'époque souabe ou angevine – le soubassement qui la portait, disparu alors que les piliers se voyaient destinés à une autre fonction.

Le transept, qui fut obtenu en démolissant la partie orientale de l'église et par l'allongement de la construction de la valeur d'une travée complète, est considéré comme datant du XVIIe siècle par Dillon, du XVIIIe siècle – et c'est plus probable vu les stucs – par Martelli. Un sondage effectué par Martelli en avant du sanctuaire a mis au jour les deux segments initiaux de l'arc d'entrée du chœur; en cette circonstance fut découvert au-dessus de l'arc l'oculus quadrilobé caché sous la couche d'enduit et masqué du côté extérieur par les structures de la coupole. Les investigations menées dans les combles ont permis de récupérer presque entièrement la partie supérieure du mur terminal de la nef au-dessus de la rosace, et, sur un bref espace, le haut du mur terminal de la nef latérale de gauche. Grâce à des sondages effectués dans le pavement du sanctuaire moderne, Martelli a retrouvé un pan de mur en arrondi, revêtu extérieurement de blocs de pierre et, à l'endroit de l'ouverture des nefs latérales deux murs rectilignes, eux aussi au parement de pierre de taille. On n'a pas pu vérifier s'il y avait eu des absidioles latérales, creusées dans l'épaisseur du mur, selon une solution répandue dans l'architecture de la région, les maçonneries retrouvées ne dépassant jamais le niveau des fondations.

Si les multiples interventions subies au cours des siècles ont profondément marqué la physionomie de l'édifice, modifiant en particulier ses proportions, pour ne rien dire du crépissage des murs, à l'intérieur, qui en fausse l'effet lumineux, son caractère roman demeure cependant manifeste. Pensons par exemple à ce goût pour la masse très dense, aux rares ouvertures apportant la lumière, à la lourdeur des membrures, ainsi qu'au recours aux arceaux et aux lésènes, et peut-être à un porche de type apulien. Il y a d'autres éléments (le parement en *opus mixtum,* par exemple, ou le chapiteau byzantin au sommet d'une colonne) dont on ne sait pas très bien encore s'il faut les interpréter comme témoin d'un édifice antérieur ou comme l'emploi occasionnel d'un matériau récupéré, ou comme un exemple de la continuité de traditions techniques locales, qui renvoie par contre à la culture byzantine encore fortement sensible et nettement prévalente dans le décor de l'église. C'est dans ce décor, remarquable, que se concentre l'intérêt de ce monument.

L'ornementation de Saint-Adrien, en plus des pièces sculptées en rapport avec la façade et des reliefs du portail Nord, nous est offerte par les chapiteaux de l'intérieur. Les éléments décoratifs subsistant du portail Ouest détruit sont, on l'a dit, constitués par les deux lions désormais informes, et par les reliefs des piédroits. Parmi ces derniers figure un parallélépipède intact qui, selon la reconstitution d'Orsi, devait se déployer sur toute la hauteur du portail : il présente, sur les deux faces visibles, d'un côté une grosse rosace sous laquelle s'étend un bandeau entouré d'une simple bordure, de l'autre une frise sur deux registres, l'un avec des feuilles d'acanthe stylisées, l'autre avec des rinceaux qui se déroulent à partir d'une souche pour accueillir des demi-palmettes en éventail. Un second bloc se différencie du premier par sa seule longueur qui est moindre et par le décor d'une des faces, celle de la double frise, qui à la place des rinceaux porte une figure animale monstrueuse, de la bouche de laquelle sort une main saisissant une chaîne d'anneaux. Ce motif est repris sur le côté d'un troisième relief plus petit, qui sur l'autre côté présente deux rubans gravés, entrelacés de façon à former des cercles, et dans le haut une figure bilobée ; s'y inscrivent des palmettes ou la corolle d'une fleur. Cette pièce, tronquée, faisait partie de la précédente : mises bout à bout, les deux pièces atteignent la longueur du plus gros bloc.

Le décor du portail Nord est plus simple : sur les corbeaux figurent une étoile et une palmette ; sur le piédroit de droite au milieu sur la face externe on voit un bloc avec un masque félin entouré d'une double tige qui sort de la gueule et se termine en feuillage dans le haut ; sur l'ébrasement de la face contiguë un masque humain avec des cheveux sur le front et une barbe, encadrée de la même manière (pl. 92) ; tandis que dans la partie inférieure de l'ébrasement se trouve un relief représentant un monstre léonin avec queue et une rosace dans un rond.

A l'intérieur se trouve un chapiteau du plus haut intérêt parce qu'il est le témoin le plus précieux d'un décor plastique byzantin dans la région, avec ses effets picturaux très marqués dans le feuillage qui l'entoure (pl. 94) ; c'est le chapiteau byzantin placé sur la colonne de gauche de la première partie de l'église, mais provenant selon toute probabilité, comme les deux autres chapiteaux byzantins dépareillés recueillis dans l'église et dont nous parlerons plus loin, d'un édifice byzantin local. Également de remploi, le chapiteau corinthien de la colonne de droite de la première travée, peut-être rapporté de Thurii, ville voisine.

Les deux chapiteaux dépareillés se distinguent entre eux par les dimensions et par le décor, mais sont tous les deux de facture assez simple. L'un d'eux présente des feuilles d'acanthe en deux rangées superposées au-dessus desquelles pointe une couronne de feuilles lancéolées, selon un schéma qui rappelle celui des chapiteaux du monastère Saint-Théodose à Der Dosi en Syrie. L'autre, qui se trouve réutilisé comme bénitier, est de dimensions moindres et caractérisé par les pommes de pin aux angles (pl. 95) qui rappellent celles des chapiteaux de Saint-Démétrius à Salonique.

C'est de l'époque normande que datent les deux autres pièces sculptées regroupées dans l'église ; il s'agit d'une cuve octogonale avec couvercle en forme de petite coupole, octogonale elle aussi, et creusée d'un trou cubique. Sur les huit faces de la cuve sont figurés, en méplat, des visages humains avec moustache et barbe tressées, peut-être des prêtres ou des moines de la communauté italo-grecque, sous lesquels sont disposés des animaux étranges renversés, à tête et griffes de félin, aux ailes déployées (pl. 97) : « à l'encontre du caractère nettement occidental des monstres – écrit à ce sujet Venditti – il y a les visages qui se rattachent à des thèmes iconographiques byzantins – voyez les célèbres bronzes et ors de Constant II –, mais acquièrent une nouvelle vigueur d'expression qui les fait rentrer dans l'orbite occidentale». Le couvercle reprend le motif des monstres ailés de la cuve, avec les têtes disposées régulièrement sur les arêtes comme sur le bloc inférieur, mais en moindre relief; au sommet il porte un groupe sculptural en ronde-bosse – un homme barbu qui, tandis qu'il chevauche simultanément deux félins, porte à ses lèvres des deux mains un objet indéfinissable. Les trous d'écoulement présents dans la tête de trois des animaux laissent penser qu'il s'agit de fonts baptismaux, ou d'une fontaine avec jets d'eau, peut-être destinée à un possible cloître du monastère.

Le cycle des fresques, remises au jour par hasard, on l'a noté, en 1939 grâce à l'intervention de Dillon et restaurées en 1948-1949 sous la direction de Martelli, se déploie sur l'intrados des arcs et sur les murs de la nef centrale; c'est ce qu'il reste d'une riche décoration qui s'étendait aussi dans la zone absidale et sur les murs gouttereaux. Nous nous trouvons devant le plus important et le plus remarquable cycle de peinture byzantine d'une région qui, en raison des importantes pertes qu'elle a subies, ne présente aujourd'hui que de rares témoins de cette espèce. Le programme des représentations est surtout figuratif et il puise dans le répertoire hagiographique de l'Italie méridionale. A l'intrados des arcades de la nef majeure se trouvent des figures de saints isolés – saints militaires, saints évêques (pl. 98), un moine et un ascète (pl. 99). Dans la même nef, sur les pans de mur au-dessus des arcades, sont visibles des fragments des parties inférieures d'autres personnages. Sur les pans de mur tournés vers les nefs latérales apparaissent des cortèges de saints en pied – saints à gauche, saintes à droite, probablement selon la destination des deux nefs –, répartis en groupes de trois (pl. 100) par un personnage en buste dans un rond. Seul un groupe de trois saintes est exceptionnellement accompagné de légendes; l'interprétation des autres personnages est donc souvent problématique. Sur le pan du mur contigu au sanctuaire, au-dessus des arcs qui terminent la nef de droite se trouve un unique passage narratif, une *Présentation de la Vierge au temple* (pl. 101) : la scène se compose de trois groupes de personnages, correspondant aux trois moments principaux de la fête; à gauche les personnages de la procession, au centre la Vierge entre ses parents, à droite le prêtre sur un trône surmonté d'un ciborium en forme de coupole; une inscription explicative figure à côté de Marie. Il s'agit d'un thème rare en Occident et dans la région, mais populaire en Orient où il est largement répandu surtout dans les églises cypriotes. Lavermicocca rattache le choix du thème dans l'église Saint-Adrien à l'histoire d'Adélaïde, veuve de Roger Iᵉʳ, devenue l'épouse de Baudoin roi de Jérusalem (où étaient fréquentes les représentations de la fête de la Présentation) vers 1112, mais rapidement de retour en Calabre. Sur les corniches, sur les corbeaux et sur la bordure des fenêtres figurent aussi des palmettes, des rinceaux, des rangées de pierres précieuses.

(suite à la p. 313)   **CORONE** 293

TABLE DES PLANCHES

93

94

95

98

99

100

101

UMBRIATICO

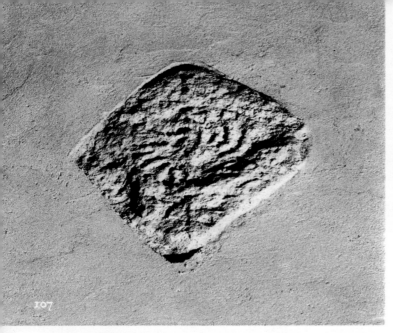

Bien que la reprise presque totale de la peinture infligée aux fresques en ait largement empêché une appréciation stylistique correcte, ce qui en reste d'authentique, quelque visage de saint et la scène de la *Présentation,* permet de les situer chronologiquement. Les travaux les plus récents des archéologues sont d'accord pour assigner le cycle non pas à des périodes diverses, comme l'avait avancé Dillon sur la base de différences, indéniables par ailleurs, dans le rendu des diverses figurations, mais à une seule campagne d'exécution – on penche pour le XIIIe – et, étant donné l'absolue cohérence dans la distribution et l'entière correspondance aux exigences tant liturgiques qu'architecturales reconnaissables sans nul doute dans cet ensemble, pour l'assigner aussi à une seule conception directrice, même s'il peut s'agir d'une réalisation confiée à plusieurs mains, comme l'avait entrevu Dillon et comme l'a soutenu récemment Rotili qui en repère trois. «Le plus doué et le plus assuré – écrit ce dernier – est l'auteur de quelques figures de saints évêques. Les correspondances dans la disposition générale et la façon de rendre les traits du visage et les drapés sont d'une telle évidence qu'elles ne peuvent laisser de doute. La fidélité à un schéma ne naît cependant pas chez lui d'une acceptation passive de conventions figuratives, car il a par ailleurs parmi ses motivations, la motivation religieuse elle-même ; il trouve en effet le moyen de varier ce modèle par toute une série de notations subtiles grâce auxquelles chaque personnage, caractérisé dans sa substance humaine propre et dans la tonalité particulière de sa sensibilité, retrouve ensuite une plus profonde justification formelle dans la soumission à la fonction de commentaire de l'architecture à laquelle il est appelé à obéir, plus que ce n'a été le cas à Nerez par exemple, ou à Cefalù. En confirmation, on peut noter comment un tel équilibre instable, si savamment contrôlé, a laissé place, chez un aide moins brillant, à des images dépourvues de cohérence stylistique, faute d'inspiration autant que par maladresse. Un léger froncement des sourcils ou un brusque détournement des yeux suffisait au maître pour marquer les visages d'un souffle de vie. L'autre, par contre, comme dans le saint évêque du troisième arc de gauche, non seulement se méprend sur les termes du langage – qu'on observe par exemple la façon incertaine de rendre les pieds en perspective et la bordure animée des vêtements plissés – mais réduit le visage à un masque impersonnel aux yeux écarquillés et perdus dans le vide (pl. 98). C'est à une troisième main qu'il faut par contre attribuer quelques saints militaires et peut-être le saint ascète (pl. 99). Surtout dans les premiers en effet apparaissent d'une façon plus nette des réminiscences de l'Antiquité tardive : les cheveux traités de manière schématique, la modulation plus soignée des volumes du visage, le rythme ample selon lequel est travaillé le drapé aux larges plis, tout cela est le signe que nous nous trouvons devant un autre peintre de tendances différentes, sinon aussi doué que le maître qui préférait les effets linéaires et les couches de couleur chaudes mais ramassées. Le reste du décor et même la scène de la Présentation, par ailleurs "mise à part", rentrent dans l'œuvre de l'atelier et il semble plausible que le maître, avec la collaboration de son meilleur assistant, s'en soit réservé la part la plus importante, c'est-à-dire la zone du sanctuaire».

Les choix iconographiques et les caractéristiques du style des fresques (aspect linéaire marqué, recours à des taches de couleurs seulement sur certains points de la figure, etc.) renvoient à des peintures du XII⁰ siècle, soit du milieu sicilien (chapelle palatine), soit de la région gréco-balkanique (Kastorià, Kurbinovo, Nerezi) et insulaire (Patmos, Chypre). Mais leur exécution fut certainement le fait d'un artiste local – ou de plusieurs –, selon Lavermicocca un Calabro-Grec à l'œuvre dans l'une des décennies après le milieu du XII⁰ siècle, comme l'indiquent les répétitions (dans le schéma des drapés, dans le dessin des visages ou dans les ornements), une certaine maladresse dans le rendu des membres et quelques incertitudes dans l'iconographie des saints représentés, dérivés de toute façon de modèles byzantins. Dernièrement Mᵐᵉ Castelfranchi Falla a repoussé la datation de Lavermicoca, assignant par contre les fresques au XIII⁰ siècle, étant donné que, remarque-t-elle, les prototypes du cycle calabrais sont eux-mêmes de la fin du XII⁰ siècle.

D'origine byzantine aussi la précieuse mosaïque de pavement, en *opus sectile,* malheureusement parvenue en partie seulement jusqu'à nous. D'une riche polychromie, grâce à l'emploi d'une grande variété de pierres locales et de marbre, parfois remployé comme le montrent des restes d'inscriptions latines sur quelques tessères, ce pavement présente un répertoire décoratif conçu avec une totale liberté de création et parfaitement dans la ligne du goût médiéval pour le monstrueux et le fantastique. Insérées çà et là parmi des grands tableaux peints de carreaux aux formes géométriques (losanges, carrés, polygones), se détachent quatre plaques de marbre figuratives qui présentent en marqueterie des animaux à la signification symbolique. Deux sont rondes et représentent l'une un lion et un serpent affrontés (pl. 102), comme s'ils se disputaient une proie (malheureusement illisible en partie), l'autre un serpent entortillé en spires qui au milieu dresse la tête, la gueule grande ouverte (pl. 102); les deux autres sont de forme rectangulaire et présentent respectivement une panthère (pl. coul. p. 295) et un serpent enroulé sur lui-même, qui se termine par deux queues (pl. 104). La technique utilisée pour ces figures est spéciale, elle use de petites tessères. Au pavement est lié un nom – Barthélemy – marqué sur une inscription en partie effacée, qui se trouvait sur trois petites plaques en cipolin, contiguës, à proximité de la colonne de gauche au départ de la nef («Bartoholameus d[e] s[uo fecit]») selon la lecture d'Orsi. On ne peut vérifier si le *titulus* se réfère au pavement tout entier, ou seulement à une partie, ni savoir si Barthélemy en est l'auteur ou le commanditaire. Les archéologues sont d'accord pour exclure toute analogie avec les mosaïques du pavement du Patirion, d'ailleurs «beaucoup plus grossières». Un pendant se trouve peut-être dans le pavement détruit (mais il en reste de nombreux fragments) de la basilique de Didier au Mont Cassin, dû à des mosaïstes orientaux : leur est commun le motif de la panthère qui au Mont-Cassin figure sur deux plaques incomplètes (cf. *Campanie romane,* pl. 5).

DIMENSIONS DE SAN DEMETRIO CORONE

Longueur totale : environ 25 m 87.
Largeur : environ 14 m.

UMBRIATICO

Histoire

On ne possède pas de documents historiques sur l'origine de l'église Saint-Donat, ex-cathédrale, à Umbriatico, petit centre perdu sur les pentes extrêmes de la Sila Grande, dans la région supérieure de Crotone («in rupe quadam, quae horrendis praecipitiis munita atque inaccessa», a-t-on écrit jadis). C'est donc sur l'analyse des caractères stylistiques de l'édifice que l'on base sa datation qui oscille, selon les études, entre le XIe siècle bien avancé et le XIIe (pour Cleofe Giovanni Canale, est d'époque prénormande la basilique à piliers, terminée par trois absides avant *l'addition* de la zone du sanctuaire). Plus qu'une datation précise, impossible donc à établir, doit être mise en relief, à Saint-Donat, la pleine participation au renouvellement du goût par un regard tourné vers l'Occident, qui rend le cas absolument exceptionnel dans le cadre du développement architectural de la région, encore profondément pénétrée de la culture byzantine. Une brique, retrouvée dans les fouilles récentes (1949) de la nef et actuellement encastrée dans le mur de droite, près de l'entrée, porte gravé en lettres grecques le nom du fondateur d'une église, l'évêque Théodore. S'il s'agit de la cathédrale d'Umbriatico, comme le pensent certains archéologues, l'emploi de la langue grecque dans l'inscription ne s'opposerait pas à une datation de la période normande car un tel usage a perduré dans le diocèse jusqu'au XIIe siècle bien avancé. Un érudit local, Giuranna, qui estime que l'inscription est du VIe siècle, y voit par ailleurs la confirmation qu'à l'emplacement de la construction actuelle se dressait, avant même la fondation d'Umbriatico (VIIᵉ-VIIIᵉ siècle), la cathédrale du siège épiscopal supprimé de Paterno, dédiée à la Vierge de l'Assomption ; d'autre part aucun évêque du nom indiqué dans l'inscription, n'est connu dans les siècles ultérieurs alors que l'on connaît un évêque Théodore en 451.

On discute aussi de la date de la crypte, qui s'étend sous le transept (pl. 109) ; une tradition locale, non acceptée cependant par les archéologues, prétend qu'il faut l'identifier à un temple païen de l'antique Bristacia, transformé ensuite en église chrétienne. Il ne fait aucun doute qu'il s'agit en réalité d'une création normande : les études récentes penchent pour la fin du XIᵉ siècle ou pour le siècle suivant, à une période cependant postérieure à la conquête.

Depuis l'origine le diocèse d'Umbriatico a été suffragant de la métropole ecclésiastique de Santa Severina ; cela explique les analogies de plan entre Saint-Donat et la vieille cathédrale de cette ville (1036 environ) ; commun aux deux églises également, l'emploi d'éléments en brique semblables dans les dimensions et dans la disposition (pensons en particulier, dans le cas d'Umbriatico, à la brique mentionnée plus haut, et à une seconde avec une marque en tout point semblable à celle d'une brique retrouvée à Santa Severina) : des briques de ce genre ne sont pas rares dans cette zone mais dans cette coïncidence il faut constater, comme le remarque Bozzoni, «l'adoption d'une technique de construction traditionnelle et la préférence pour le matériau de brique» qui témoignent de l'intervention d'équipes locales de maçons.

Après avoir vécu, à l'époque prénormande et normande, sa période la plus favorable grâce à sa position stratégique, le centre qu'est Umbriatico commença à décliner dès le milieu du XIIIᵉ siècle, au point qu'entre 1310 et 1317 l'évêque et le chapitre de la cathédrale demandèrent au pape Jean XXII le transfert du siège épiscopal dans une autre ville. L'histoire médiévale d'Umbriatico ne présente pas d'autres événements susceptibles d'être mis en relation avec la cathédrale.

Au XVIᵉ siècle l'évêque Giovan Cesare Foggia (1545-1566) entreprit des travaux de restauration et de modernisation ; à cette occasion, pour orner une chapelle on fit venir des marbres tout exprès de Rome. Selon Giuranna, c'est peut-être au cours de ces travaux que fut élevé le clocher, de forme carrée, qui occupe la première partie de la nef latérale de droite.

Au XVIIᵉ siècle, une autre intervention est attestée par l'inscription apposée sur le portail latéral, dont elle relate l'exécution en 1610, au temps de l'évêque Emilio Sammarco, de Rossano (1609-1611). En cette circonstance, il est probable que les flancs de l'édifice furent reconstruits.

En 1725, à l'initiative de l'évêque Francesco Maria Loyerio (1720-1731), on se livra à un nouveau remaniement, et l'intérieur fut pourvu d'un revêtement décoratif baroque. C'est à l'évêque auteur du projet que se réfère l'inscription sur la plaque aujourd'hui encastrée au revers de la façade à gauche de l'entrée, où l'on évoque la reconsécration de l'église, dédiée à saint Donat évêque et martyr, effectuée le 24 mai 1725, dans la cinquième année de l'épiscopat de ce même évêque (la dédicace de la cathédrale à saint Donat est toutefois déjà attestée à une époque antérieure).

En 1818 le diocèse fut supprimé et rattaché à celui de Cariati, le seul conservé parmi les suffragants de la métropole de Santa Severina.

Au XIXᵉ siècle se rattachent d'autres travaux, qui contribuèrent malheureusement à fausser encore l'aspect déjà compromis de l'édifice. L'évêque de Cariati, Nicola Golia (1839-1873), prescrivit la restauration de la façade selon l'aspect qui est encore le sien aujourd'hui. Il semble que la façade originelle se trouvait dans une position moins avancée que l'actuelle.

L'église fut pendant un temps fermée au culte à la suite des dommages causés par le tremblement de terre de 1908.

En 1949 a été entrepris, par les soins du surintendant aux monuments et aux musées de la Calabre, l'architecte Gisberto Martelli, une intervention de remise en état qui, si elle a eu le mérite de remettre au jour de nombreux éléments propres à éclairer la configuration originelle des structures architecturales, s'est révélée discutable sous d'autres aspects, engageant certaines opérations qui n'étaient peut-être pas indispensables. A l'intérieur ont été éliminées les superstructures baroques, ainsi que du mobilier et des aménagements liturgiques d'époque ultérieure eux aussi et donc étrangers à la conception originelle; on démolit la chapelle nobiliaire des Giuranna, du XVIIIᵉ siècle, qui se trouvait près de l'entrée; en outre on remit en évidence la série des arcades originelles des murs de la nef centrale et au-dessus les fenêtres simples aux voussures de brique comme les arcades (pl. 105 et 106). L'examen du mur de l'arc triomphal effectué par Martelli a révélé qu'à l'origine l'église était moins haute qu'elle ne l'est aujourd'hui : une évidente solution de continuité dans le plan vertical des murs indique la limite de la construction primitive. L'architecte a aussi retrouvé les logements des poutres de la couverture originelle de la nef latérale de droite. Au cours de la restauration on a démonté, sans le remonter ensuite, l'autel majeur en marbre polychrome, du début du XVIIIᵉ siècle, qui gît désormais en pièces détachées dans l'abside.

Des travaux de remise en état sont en cours dans la crypte depuis quelques années.

Visite

L'église Saint-Donat à Umbriatico, jadis cathédrale, est située au centre de la modeste agglomération. Altérée par des interventions répétées, opérées tant à l'intérieur qu'à l'extérieur, la construction, par ailleurs totalement dépourvue d'ornement et d'aspect plutôt rude (pl. 110) n'offre pas au premier abord de traits charmeurs aux yeux du visiteur, qu'elle déçoit encore davantage par sa médiocre façade d'époque moderne. Un examen plus attentif permet cependant de relever un bon nombre d'éléments intéressants, avant tout celui du caractère unique du plan choisi, qui dans la région calabraise n'a pas son pareil sinon d'une certaine manière dans la cathédrale vieille de Santa Severina (basilique à piliers), tandis qu'il révèle des liens avec la technique architecturale occidentale, et en particulier avec l'architecture ottonienne des débuts du roman.

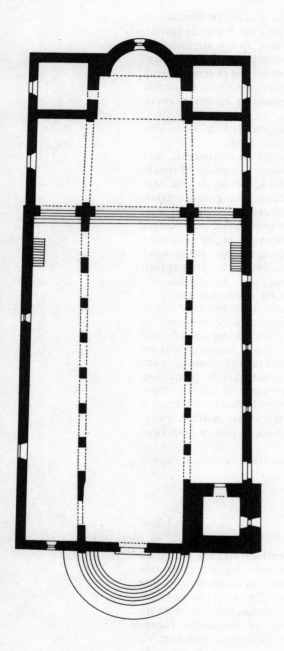

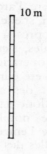

10 m

UMBRIATICO
SAN DONATO

Le plan est du type basilical; le bras longitudinal est divisé en trois nefs – celle du centre plus large et plus haute – par des arcs en brique au cintre légèrement brisé retombant sur de lourds piliers presque carrés sans chapiteaux intermédiaires, comme dans les pièces ravennates attribuées aux premières décennies du XIe siècle (pl. 106). Le long des murs de la nef centrale se déploie une rangée de six fenêtres simples (reconstituées à la restauration), disposées en alternance avec les arcades, presque toutes avec des voussures en brique. Les quatre arrivées de lumière qui se trouvent au-dessus, de plus grandes dimensions, sont d'une époque ultérieure (pl. 105). Sont demeurés sans résultat positif les sondages effectués par Martelli au cours de la restauration de 1949 pour retrouver les ouvertures originelles dans les murs gouttereaux; ceux-ci sont donc probablement l'œuvre d'une réfection opérée peut-être à l'occasion des interventions du XVIIe siècle (même si l'examen du mur à l'extérieur a révélé à Martelli une surélévation à peu près jusqu'au niveau du linteau du portail de 1610).

La couverture de la nef fut réalisée en charpente apparente. La hauteur du toit était différente de la hauteur actuelle : elle était plus basse d'environ 3 m. Ainsi les proportions de la nef sont aujourd'hui faussées; comme le remarque Bozzoni, «il y avait en effet entre la hauteur et la largeur de la nef un rapport très proche de l'égalité, qui devait accentuer, dans la faible luminosité apportée par les modestes ouvertures, l'impression d'un espace fermé et resserré par les murs lourds et massifs et par l'ombre profonde régnant dans les nefs latérales, de saveur substantiellement romane primitive». Faussé aussi l'effet de lumière, du fait encore «de la proportion malheureuse de l'ombre et de la lumière entre l'enduit des surfaces neuves et trop étendues et les portions subsistantes de la maçonnerie ancienne» qui «produit un effet brutal et fastidieux».

En outre, avant la restauration de la façade au XIXe siècle, la nef avait probablement un moindre développement en longueur et devait se terminer là où se greffe le clocher – situé dans la première section de la nef latérale de droite –, et où le manque de continuité dans l'alignement du mur de gauche fait penser que s'y élevait la façade primitive. Entre les dimensions en plan de la nef centrale devait donc exister le rapport simple de 1 à 3, très voisin de celui que l'on trouve dans la cathédrale vieille de Santa Severina (1 à 3,2).

Le transept, non saillant, est surélevé de quelques marches, en raison de la crypte qui s'étend au-dessous. Selon un schéma propre à l'architecture ottonienne (voyez par exemple les églises Sainte-Marie de Mittelzell et Saint-Georges d'Oberzell, dans l'île de Reichenau), le transept est divisé par des grandes arcades. Les bras du transept et la nef étaient de même hauteur (plus maintenant, à cause de la surélévation du corps longitudinal), comme le prouvent les quatre grandes arcades en pierre de mêmes dimensions, en plein cintre, qui définissent l'espace presque carré de la croisée. La particularité mentionnée ci-dessus renvoie elle aussi à des modèles germaniques de la première moitié du XIe siècle. A ces mêmes modèles se rattache la tour carrée au-dessus de la croisée, probablement tour-lanterne et couverte d'un toit.

Sur cette croisée se greffe le *bêma* central, au plan trapézoïdal comme à la cathédrale de Spire, couvert de voûtes en berceau et terminé par une abside semi-circulaire. Les deux chapelles carrées qui

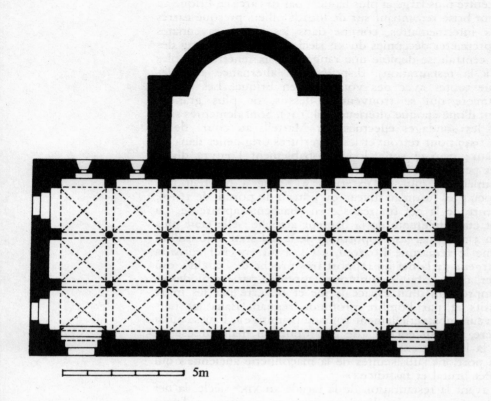

5m

UMBRIATICO
SAN DONATO
crypte

flanquent le *bêma* sont des adjonctions tardives : en effet sur les murs du *bêma* à l'endroit des chapelles on a retrouvé au cours de la restauration deux fenêtres à voussures multiples (aujourd'hui transformées en portes d'entrée). L'absence à Saint-Donat de la triple abside qui caractérise par contre la cathédrale vieille de Santa Severina et le plus grand développement de l'espace du sanctuaire distinguent de cette cathédrale, encore fortement liée à la thématique byzantine, notre édifice dont ils font un épisode plus avancé de la recherche architecturale.

En dehors de la Calabre, mais en Italie méridionale, on peut établir un lien avec la cathédrale d'Otrante (cf. *Pouilles romanes,* pl. 29). Bien que dotée d'un plan plus monumental, celle-ci a une nef basilicale à colonnes qui présente en plan le même rapport de 1 à 3 relevé à Saint-Donat, et un transept également non saillant divisé par des grandes arcades. Mais la cathédrale apulienne a en commun avec Saint-Donat une autre particularité, à savoir les proportions du sanctuaire, inhabituelles dans les constructions de la fin du XIe siècle et du XIIe. Dans l'église d'Umbriatico, les proportions de l'abside et des quatre arcades de la croisée sont exceptionnellement basses et larges et présentent entre la fenêtre et la hauteur un rapport proche de l'égalité ; des proportions semblables, mais relatives à l'abside et aux deux arcades longitudinales qui séparent la croisée des bras du transept (bas) – l'arc triomphal est plus haut – se rencontrent à Otrante. On a supposé (Bozzoni) pour l'édifice calabrais que la hauteur du sanctuaire primitif avait été réduite en raison de l'établissement, plus tardif, de la crypte ; le corps longitudinal aurait en conséquence été refait, rehaussant le niveau du pavement mais reprenant le schéma de la construction plus ancienne. Ainsi s'expliquerait aussi la discordance entre les arcs au cintre brisé de la nef et ceux en plein cintre du sanctuaire. Les *dissonances* doivent, selon Cleofe Giovanni Canale, être attribuées à *l'adjonction* du sanctuaire à la basilique à trois nefs et trois absides existant avant le XIe siècle ; la crypte encore postérieure (fin du XIIe siècle), modifiera « les proportions en hauteur du sanctuaire mais surtout rendra moins évidentes les correspondances de la structure formelle et le groupement asymétrique des espaces cubiques sur l'axe transversal cruciforme (arcades de la croisée) » : le thème venu d'Europe centrale étant utilisé ici comme alternative au thème axial de la tradition paléochrétienne.

La crypte, dernièrement l'objet de travaux de remise en état, s'étend, on l'a dit, sous le transept ; elle est donc orientée transversalement et de plan rectangulaire. Construite en briques, elle a son autonomie : on peut en effet y accéder directement de l'extérieur par une rampe le long du flanc droit de l'église (le pavement est surélevé par rapport à la chaussée), et a un éclairage direct. Elle est divisée en trois nefs couvertes de vingt et une voûtes d'arêtes (décorées de stucs baroques), portées par vingt piliers adossés aux murs et douze colonnettes isolées (pl. 109). Celles-ci sont de section variée, circulaire, polygonale et torse. Les chapiteaux qui les surmontent sont aujourd'hui méconnaissables, car ils ont été bûchés aux XVIIe-XVIIIe siècles pour y faire adhérer le stuc, à l'exception d'un seul en forme d'entonnoir, qui confirme les préférences occidentales des équipes. Les ouvertures sont récentes. Ont peut-être fait partie de la construction originale quelques fenêtres à double ébrasement retrouvées sous le crépi sur le mur oriental, aux côtés de l'espace correspondant au *bêma* et à l'abside «qui semble n'avoir jamais été utilisé, vu l'ancienneté et la forte épaisseur du mur qui l'obturait». Actuellement sont visibles deux fenêtres dans les dernières travées du mur, derrière lesquelles se trouvent deux espaces destinés à des chapelles funéraires. L'espace de gauche, exploré au milieu du siècle, renfermait les dépouilles de six évêques parés des vêtements sacrés.

Le plan de la crypte représente un type différent de celui qui est habituel, et n'a pas d'équivalent sinon dans celui de la crypte de San Nicola in Plateis à Scalea, divisée elle aussi en trois nefs couvertes de voûtes d'arêtes; mais il s'agit là d'une vague analogie, car à Scalea la crypte a un rapport différent avec la construction qui la surmonte, et se présente sous un aspect plus grossier. Les études récentes proposent de ne pas placer la crypte d'Umbriatico avant la fin du XIe siècle, en considération de la disposition des murs gouttereaux, due à la saillie des piliers, de l'ordonnance rigoureuse de la structure des voûtes, de la présence aussi d'arcs-doubleaux longitudinaux et transversaux; on ne peut exclure une datation vers le milieu du XIIe siècle, époque à laquelle peut-être le diocèse fut latinisé. Canale, on l'a dit, estime la crypte – la *Querhauskrypta* – postérieure à la construction qui la surmonte, la datant de la fin du XIIe siècle; il y trouve cependant la confirmation des ascendances lombardes déjà manifestes dans le transept; «le rythme proportionnel des voûtes de la crypte reprend le *quadratischer Schematismus* du transept. La régularité de la composition confirme la nécessité d'une parfaite cohésion avec les éléments architecturaux existants».

Unique note décorative – la seule du moins qui demeure – de l'église, autrement caractérisée par la plus absolue nudité : les carreaux de pierre en forme de losange où sont gravés de modestes reliefs, semblables aux motifs en brique présents dans l'église Saint-Ferrant d'Alvignano et dans quelques édifices de la région de Ravenne; disposés en alternance avec les fenêtres sur les murs hauts de la nef centrale à l'extérieur, il n'en reste que deux, l'un avec une croix (pl. 108), l'autre avec une étoile aux branches spiralées (pl. 107), visibles aujourd'hui en raison de la surélévation de la construction sur le mur intérieur au-dessus des arcs de la nef latérale de droite.

CE VOLUME
SOIXANTE-DIXIÈME DE LA COLLECTION
"la nuit des temps"

CONSTITUE
LE NUMÉRO SPÉCIAL DE NOËL POUR
L'ANNÉE DE GRACE 1988 DE LA REVUE
D'ART TRIMESTRIELLE "ZODIAQUE",
CAHIERS DE L'ATELIER DU CŒUR-
MEURTRY, ÉDITÉE A L'ABBAYE SAINTE-
MARIE DE LA PIERRE-QUI-VIRE (YONNE).

LES PHOTOS
TANT EN NOIR QU'EN COULEURS SONT DE
ZODIAQUE.

LES CARTES
ET PLANS ONT ÉTÉ DESSINÉS PAR DOM
NOËL DENEY A PARTIR DES DOCUMENTS
FOURNIS PAR L'AUTEUR.

COMPOSITION
ET IMPRESSION DU TEXTE ET DES
PLANCHES COULEURS (CLICHÉS BUSSIÈRE
ARTS GRAPHIQUES A PARIS) PAR LES ATE-
LIERS DE LA PIERRE-QUI-VIRE (YONNE).
PHOTOCOMPOSITION LASER PAR L'AB-
BAYE N.-D. DE MELLERAY (C.C.S.O.M.,
LOIRE-ATLANTIQUE). PLANCHES HÉLIO
PAR HAUTES-VOSGES IMPRESSIONS A
SAINT-DIÉ.

RELIURE
PAR LA NOUVELLE RELIURE INDUS-
TRIELLE A AUXERRE. MAQUETTE DE L'ATE-
LIER DU CŒUR-MEURTRY, ATELIER MO-
NASTIQUE DE L'ABBAYE SAINTE-MARIE DE
LA PIERRE-QUI-VIRE (YONNE).

Directeur-Gérant : José Surchamp

ISSN 0768-0937
ISBN 2-7369-0044-8

Dépôt légal : 1403-10-88

la nuit des temps 70